高职经管类精品教材

现代企业管理

主　编　朱吉玉　汤　飚
副主编　高道友

中国科学技术大学出版社

内容简介

本书系统而简要地阐述了现代企业管理的基本原理和方法。在体系构建上，第一章为基础理论，后九章为生产、营销、财务等具体管理理论和方法。本书内容简洁、通俗，体例设计新颖、活泼，充分体现了“必需、够用、实用”的原则，符合高职学生的学习特点。

本书是高职工商管理类专业的通用教材，也可作为高等专科学校、成人高校等工商管理类专业的参考用书。

图书在版编目(CIP)数据

现代企业管理/朱吉玉，汤飚主编.—合肥：中国科学技术大学出版社，2013.11
ISBN 978-7-312-03266-0

Ⅰ.现… Ⅱ.①朱… ②汤… Ⅲ.企业管理 Ⅳ.F270

中国版本图书馆 CIP 数据核字（2013)第 132470 号

出版 中国科学技术大学出版社
安徽省合肥市金寨路 96 号，230026
http://press.ustc.edu.cn
印刷 中国科学技术大学印刷厂
发行 中国科学技术大学出版社
经销 全国新华书店
开本 710 mm×960 mm 1/16
印张 21.5
字数 419 千
版次 2013 年 11 月第 1 版
印次 2013 年 11 月第 1 次印刷
定价 36.00 元

前　　言

《现代企业管理》是中国科学技术大学出版社按照教育部有关高职高专人才培养的精神，以提高学生整体素质为目标，以培养学生专业基本技能为主线组织编写的高职工商管理专业系列教材之一。

本书在编写过程中，紧紧围绕培养岗位第一线所需要的能够直接上岗的工商管理专门人才的目标，内容上与我国国情和工商管理专业教育实际紧密结合，充分反映该学科的最新成果，吸收国内外教材的合理内核，基本观点、基本理论、基础知识以够用为度。为此，本书在内容和体例的设计上，设置了学习目标、引例、管理寓言、补充阅读、小思考、伴随案例等栏目，并在每章章后设置案例分析、实践训练等内容。本书形式多样、内容活泼，以提高学生的学习兴趣，增强学习效果。

本书是为高职高专工商管理类专业学生所编写的通用教材，也可作为成人高校和本科院校所属的二级职业技术学院工商管理类专业的参考用书。本书由安徽商贸职业技术学院朱吉玉、汤飚副教授任主编，高道友副教授任副主编。其中，朱吉玉编写第一、四、十章，汤飚编写第二、三、六、七章，高道友编写第五、八、九章。

本书在编写过程中参阅了大量文献，并得到中国科学技术大学出版社的大力协助和指导，在此一并致谢！

由于作者水平有限，书中不妥与疏漏之处在所难免，敬请同行专家和读者批评指正。

编　者

2013年5月

目　　录

第一章　现代企业管理概述

学习目标

1. 掌握现代企业及其管理的内涵；
2. 了解企业管理理论的发展和演变；
3. 熟悉现代企业管理的基本原理；
4. 认识现代企业制度内涵及其特征。

【引例】

海尔——中国企业现代化管理的典范

海尔集团是1984年在原青岛电冰箱总厂的基础上发展起来的国家特大型企业。海尔集团在总裁张瑞敏提出的“名牌战略”思想指导下，通过技术开发、精细化管理、资本运营、兼并控股及国际化，先后实施名牌战略、多元化战略和国际化战略，通过20多年的努力拼搏，使一个濒临倒闭的集体小厂迅速成长为在海内外享有较高美誉的大型国际化企业集团，并成为中国家电第一名牌。

目前，海尔集团是世界白色家电第一品牌、中国最具价值品牌。2010年9月15日，“中国最有价值品牌100榜”揭晓，海尔以855.26亿元的品牌价值连续9年蝉联榜首。2008年3月，海尔第二次入选英国《金融时报》评选的“中国十大世界级品牌”。2008年6月，在《福布斯》“全球最具声望大企业600强”评选中，海尔排名第13位，是排名最靠前的中国企业。2008年7月，在《亚洲华尔街日报》组织评选的“亚洲企业200强”中，海尔集团连续五年荣登“中国内地企业综合领导力”排行榜榜首。

海尔在管理和企业文化上的创新与贡献也引起了世界管理界的关注与高度评价。在创新实践中，海尔探索实施的“日事日毕，日清日高”的“OEC”管理模式、“市场链”管理及“人单合一”发展模式引起国际管理界高度关注。“海尔文化激活休克鱼”管理案例被纳入哈佛大学商学院案例库，海尔“市场链”管理案例被纳入欧盟案例库。目前，海尔已有30多个管理案例被世界12所大学写入案例库，已有10多个案例分别被收进哈佛大学、欧洲工商管理学院、瑞士洛桑国际管理学院等世界著名学府的MBA案例库，成为全球商学院的通用教材案例。

【分析启示】 纵观海尔的发展历程，我们可以看出，海尔的成功得益于它运用了现代化的管理思想和科学的管理手段；得益于它有一个传奇性的企业家——张瑞敏。海尔——作为中国企业现代化管理的光辉典范，广大的现代企业管理者应该学习海尔的成功经验，认真学习现代企业管理理论，树立现代管理思想和观念，掌握现代化的管理方式和手段。只有这样，才能使现代企业在市场和国际竞争大潮中不断发展壮大，实现企业可持续发展目标。

管理活动自古有之，可以说，凡是有人群的地方，就需要管理。社会越发展，经济越发达，生产越社会化，管理就越重要。20 世纪以来，尤其是第二次世界大战以后，全世界掀起了管理发展热潮。当今管理已发展成为一门科学，管理队伍已成为一支大军。国际上公认管理、科学、技术是现代社会的三大支柱。有人说："19 世纪是工业世纪，20 世纪则作为管理世纪载入史册。"美国在二战后一举成为世界第一经济强国的秘诀就是：三分靠技术，七分靠管理。日本也不甘落后，他们在 20 世纪 50 年代末期总结经验的基础上，结合自己的国情，在全国迅速掀起了学习科学管理的高潮，60 年代，终于靠科学和管理两个车轮使经济开始腾飞，一跃成为世界第二经济强国。他们自己总结说："管理与设备，管理更重要。管理出效率，管理出质量，管理可以提高经济效益，管理为采用更先进的技术准备条件。"

在我国，管理水平不高是制约经济腾飞的瓶颈。诸多国外考察者认为：中国企业急需解决的问题，第一是管理，第二是管理，第三还是管理。

第一节　现代企业及其管理概述

一、现代企业概述

（一）现代企业的含义

现代企业是在社会化大生产条件下产生的，它反映现代生产力的要求。一般来讲，现代企业是指所有者和经营者分离，并达到技术现代化和管理现代化的企业组织形式，是具有现代企业制度、采用现代化大生产方式、从事大规模产销活动的经济组织。

(二) 现代企业的特征

1. 所有者和经营者相分离

现代企业的一个重要特点,就是所有权与经营权相分离。"公司制"成为现代企业的重要组织形式。

2. 拥有现代技术

技术作为第四个生产要素,在企业中起着越来越重要的作用。古典企业中生产要素的集合方式和现代企业中生产要素的集合方式,可以用下面两个关系式来概括:

古典企业生产要素=土地+劳动力+资本+技术

现代企业生产要素=(土地+劳动力+资本)×技术

现代企业在生产全过程中广泛应用现代最新科学技术,不仅把繁重的体力劳动交给机器去做,而且把重复的、例行的脑力劳动也移交给电脑,人们将着重于创造性的劳动。

3. 拥有现代化的管理

现代企业内部生产社会化程度空前提高,使劳动分工更加细致,劳动协作更加严密。现代企业生产自动化程度的提高,要求有更严格的计划性、比例性和节奏性,因而要求在精细分工的基础上实行更加科学的管理。现代企业的管理,是适应现代生产力发展的客观要求,运用科学的思想、组织、方法和手段,对企业的生产经营进行有效管理,创造最佳经济效益的过程。

4. 企业规模不断扩大

现代企业的成长过程,就是企业规模的扩张过程。实现规模扩张主要有以下三种形式:① 垂直型或纵向型扩张;② 水平型或横向型扩张;③ 混合型扩张。

也有学者把现代企业的特征简单表述为三点:一是具有现代企业制度,二是采用现代化大生产方式,三是从事大规模产销活动。

二、现代企业管理概述

(一) 现代企业管理的概念

现代企业管理是指现代企业管理者对企业的生产经营活动进行计划、组织、领导、控制和创新,以适应外部环境变化,并通过内部管理机制运作以合理配置和有效利用企业资源,最终实现预期经济效益等目标的一系列综合性活动。它包含以下四点含义:

第一，现代企业管理的主体是管理者。根据美国管理学者彼得·德鲁克(Peter F. Drucker)的观点，在一个现代的组织里，每一个知识工作者如果能够由于他们的职位和知识，对组织负有做出贡献的责任，因而能够实质性地影响该组织经营及成果的，即为管理者。因此，管理者包括企业领导者和全体职工。在社会化大生产不断发展、市场竞争日趋激烈、知识经济日益突出的今天，管理者只有具备创新的素质与能力，才能实现有效而成功的管理。

第二，现代企业的管理客体包括管理对象和管理环境。管理对象是指各类社会组织及其构成要素、职能活动，它们都受管理行为的作用，共同影响着管理的成效和组织目标的实现。管理环境是指存在于社会组织内部与外部的影响管理实施和管理效果的各种力量、条件和因素的总和。管理是管理者作用于管理对象的过程，并且总是在一定环境下发生作用的。因此，作为管理客体的管理对象和管理环境是影响现代企业管理功效的重要变量。

第三，现代企业管理的目的是基于经济学原理，从劳动分工和协作上，从纵横交错的相互关系上，从时间和空间的相互衔接上，合理配置和有效利用企业资源，形成一个有机整体，保证企业整个生产经营活动统一协调，使“投入—转换—产出”形成良性循环，最终实现预期经济效益等目标。

第四，现代企业管理的基本职能是计划、组织、领导、控制和创新。管理各职能之间是相互联系、相互制约的关系。管理正是通过计划、组织、领导、控制和创新这些基本过程来开展和实施的。为了实现组织目标，管理者首先应根据企业内外环境变化，确立组织目标，制定出相应的工作计划和工作方案；其次，管理者要进行组织工作，落实计划，调动组织成员的积极性，并加强领导工作；再次，管理者要控制偏差，确保各项工作顺利开展；最后，管理者要顺应环境变化，发挥主观能动性，推动企业不断改革、创新与发展。

（二）现代企业管理的要素

作为管理的直接对象，现代企业管理要素各有其特定的属性与功能，只有对这些要素进行科学的配置与组织，才能有效地发挥作用。关于管理要素的构成，不同的管理学者有不同的见解，一般认为主要包括以下几个方面：

1. 人(Men)

人的要素包括职工的招聘、培训、考核、奖惩、升降、任免等。人的管理是管理者最重要的职能，它要求管理者一方面通过合理运筹与组织，实现劳动者在数量和质量上的最佳配置，以提高劳动效率和效益；另一方面通过科学的领导和有效的激励，在人与人的互动中，最大限度地调动人的积极性。

2. 财(Money)

资金是现代企业管理对象的关键性要素。要保证职能活动正常进行，经济地、高效地实现组织目标，就必须对资金进行科学管理。对资金来源、资金运用、成本控制、财务分析等过程加强管理，以增收节支，这也是管理者重要的经常性的管理职能。

3. 物(Material and Machines)

物是指企业在生产经营活动中所需要的劳动手段和劳动对象，是实现企业目标的物质条件与保证。基于经济学原理，合理配置和有效利用物质资源，也是管理者的一项经常性工作。

4. 时间(Time)

时间是现代企业重要的管理要素，是一项动态资源。在市场经济条件下，管理者要树立时间观念，重视时间价值，充分运用好运筹学方法，遵循"时间就是金钱""时间就是效率"的市场导向，保证企业运转的高效性和目标实现的时效性。

5. 信息(Information)

信息贯穿于企业人、财、物运动的全过程，并形成信息流，是企业的无形资源或要素，是管理者进行一切决策的依据。在信息时代，管理者要保证信息的真实、安全、实效，并借助信息手段，实现管理的现代化。

6. 精神(Moral)

工作精神包括提高工作效率，把员工的工作兴趣、热情、志向引导到生产或工作上，最大限度地发挥员工的主观能动性。因此，在实际工作中，管理者要领导科学，管理有方，提供良好的工作环境，营造和谐的工作氛围，激活员工潜力，激发员工活力，以有效调动员工的工作主动性、积极性和创造性。

【小思考 1.1】

管理的中心是什么？为什么？

答：管理应以人为中心，因为人是生产力中最活跃的因素，也是管理中最重要的要素和资源。

（三）企业管理的性质

企业管理具有二重性。一方面，它具有同社会生产力发展水平相联系的自然属性；另一方面，它又具有同社会生产关系相联系的社会属性。

1. 企业管理的自然属性

管理的自然属性是指它在生产过程中处理人与自然的关系，合理组织生产力的属性，表现为管理的一般职能。管理是由分工协作的集体劳动所引起的，是社会劳动的一般要求，是劳动过程的普遍形态，体现了管理的共同属性。因此，与生产力相联系的生产力配置、生产力诸要素的结合形式、手段、方法，在任何社会制度下都没有本质的区别。它决定于生产力发展水平和劳动社会化程度，不取决于生产关系的性质。随着社会化大生产的要求越来越高,现代企业生产规模越来越大,分工越来越细,利用的资源越来越多,管理无疑变得越来越重要了,同时也对管理水平提出了更高的要求。

2. 企业管理的社会属性

管理的社会属性是指它在管理过程中要处理人与人之间的关系,维护一定社会生产关系的属性,表现为管理的个性职能。人是社会的组成部分,都生存在一定的生产关系下和一定的社会文化中,必然受到生产关系的制约与影响。而管理是人类的社会活动,所以管理必然涉及人与人之间的关系,并最终体现为阶级、社会集团、劳动者之间的经济利益关系。管理或多或少是为了实现生产资料所有者的特殊利益而进行的。生产关系性质不同,管理的社会性质、目的就不同,它表现为劳动过程的特殊历史形态。这一属性既是生产关系和社会文化的体现和反映,又反作用于生产关系和社会文化。

管理的二重性是客观存在的,是由生产过程的二重性所决定的。现代企业的生产过程是生产力和生产关系的统一体,它一方面是物质资料的再生产过程,另一方面又是生产关系的再生产过程。在管理实践中,管理的二重性总是结合在一起发挥作用的。只有科学把握和理解管理的二重性,才能正确认识管理在生产中的作用。对于现代企业而言,凡是可以极大地提高组织生产能力和水平的科学理论与方法,就要为我所用,不能因其个性而一概拒绝;同时,针对社会属性在不同的国度和具体条件下的不同表现形态,不能一概照搬,要辩证地借鉴和吸取,并结合我国现代企业的具体情况,加以改造和发展创新。

【小思考 1. 2】

有人说:“管理既是一门科学,又是一门艺术。”对吗?

答:正确。管理既有一定的规律,又需要灵活掌握,创造性地发挥。

(四) 企业管理的职能

企业管理的职能是管理系统功能的体现,是管理系统运行过程的表现形式。一般认为管理活动包括计划、组织、领导和控制四大基本职能。这是管理学界普遍接受的观点。

1. 计划

计划职能是指管理者为实现组织目标对工作所进行的筹划活动。计划职能一般包括调查与预测、制定目标、选择活动方式等一系列工作。任何管理者都要执行计划职能,而且要想把工作做好,无论大事小事都不可缺少事先的谋划。可见,计划职能是管理的首要职能。

2. 组织

组织职能是管理者为实现组织目标而建立与协调组织结构的工作过程。组织职能一般包括：设计与建立组织结构，合理分配职权与职责，选拔与配置人员，推进细致的协调与变革等。合理、高效的组织结构是实施管理、实现目标的组织保证。因此，不同层次、不同类型的管理者总是或多或少地承担不同性质的组织职能。

3. 领导

领导职能是指管理者指挥、激励下级，以有效实现组织目标的行为。领导职能一般包括：选择正确的领导方式；运用权威，实施指挥；激励下级，调动其积极性，进行有效沟通；等等。凡是有下级的管理者都要履行领导职能，不同层次、类型的管理者领导职能的内容及侧重点各不相同。领导职能是管理过程中最经常、最关键的职能。

4. 控制

控制职能是指管理者为保证实际工作与目标一致而进行的活动。控制职能一般包括制定标准、衡量工作、纠正出现的偏差等一系列工作过程。工作失去控制就会偏离目标，没有控制很难保证目标的实现，控制是管理者必不可少的职能。但是，不同层次、不同类型的管理者控制的重点内容和控制方式则有很大差别。

【管理寓言】

什么样的鹦鹉值钱

一个人去买鹦鹉，看到一只鹦鹉前标明：此鹦鹉会两门语言，售价二百元。另一只鹦鹉前则标明：此鹦鹉会四门语言，售价四百元。该买哪只呢？两只都毛色光鲜，非常灵活可爱。这人转啊转，拿不定主意。结果突然发现一只老掉了牙的鹦鹉，毛色暗淡散乱，标价八百元。这人赶紧将老板叫来，问："这只鹦鹉是不是会说八门语言？"店主说："不。"这人奇怪了，又问："那为什么又老又丑，又没有能力，会值这个数呢？"店主回答："因为另外两只鹦鹉叫这只鹦鹉'老板'。"

第二节 管理理论的产生和发展

人类的管理活动源远流长。在古代，世界各国就已经有了许多成功的管理实践，体现了人类对管理活动的渐进性认识和创造性。但是，早期管理思想的发展比较缓慢，也未能形成系统的管理理论。直到19世纪末20世纪初，随着科学技术的飞速发展和生产力水平的快速提高，出现了科学管理，才标志着人类系统的管理理论的诞生。纵观管理理论的发展历程，大致经历了传统管理理论、近代管理理论、现代管理理论和管理理论新发展等几个阶段。

一、近代管理理论

近代管理理论阶段是指 19 世纪末 20 世纪初到 20 世纪 40 年代，即二次大战结束前。期间，管理理论主要沿着两个方向发展，一是强调组织技术的作用，注重对组织与工作加强科学管理与控制，形成了组织技术流派，如古典管理理论，包括泰罗的科学管理理论、法约尔的一般管理理论、韦伯的行政组织理论；二是强调人的作用，注重对人的行为与人群关系的研究，形成了人际关系流派，如梅奥的人际关系理论。

（一）科学管理理论

泰罗（Frederick W. Taylor，1856～1915），出生于美国费城一个富有的律师家庭，中学毕业后考上大学法律系，因眼疾被迫中途辍学；1875 年进入一家小机械厂当学徒工；1878～1897 年转入费城米德维尔钢铁厂，从机械工人做起，先后被提升为工长、技师、车间主任和总工程师，并在业余学习的基础上获得了机械工程学士学位；1898～1901 年受雇于伯利恒钢铁公司；1901 年后，他以大部分时间从事咨询、写作、演讲等工作，用于宣传他的一套理论——“科学管理”，即通常所称的“泰罗制”。1911 年，他出版了《科学管理原理》一书，奠定了科学管理理论基础，标志着科学管理思想的正式形成，泰罗也因此被誉为“科学管理之父”。

泰罗的科学管理理论的主要观点为：

1. 科学管理的中心问题是提高劳动生产率

泰罗的研究主要是在工作现场，最关注的就是劳动生产率的提高问题。他认为“科学管理的根本就在于此，因为科学管理如同节省劳动的机器一样，其目的正在于提高每一单位劳动力的产量”。

2. 工作定额原理

为了发掘工人劳动生产率的潜力，就要制定出有科学依据的工作量定额。定额可以通过调查研究的方法科学地加以确定。泰罗创造了用科学的观测分析方法对工人的劳动过程进行分析与研究，提出了时间研究和动作研究方法。所谓时间研究，就是研究人们在工作期间各种活动的时间构成，包括工作日写实与测时。所谓动作研究，就是研究工人干活时动作的合理性，即研究工人在干活时身体各部位的动作，经过比较分析之后，去掉多余的动作，改善必要的动作，从而减少人的疲劳，提高劳动生产率。

3. 标准化原理

泰罗主张用科学的方法对工人的操作方法、使用的工具、劳动和休息的时间，以及机器设备的安排和作业环境的布置进行分析，消除各种不合理的因素，将最好的因素结合起来，形成标准化方法，以利于提高劳动生产率。

4. 职能化原理

泰罗主张管理职能和作业职能分离，实行职能工长制。企业设立计划部门，负责调查研究，并根据调查结果确定定额和标准化的操作方法、工具，负责拟定计划并发布命令。工人和工头只负责执行，即按照计划部门制定的操作方法和指示，使用规定的标准化工具从事实际操作，不得自行改变。

5. 差别计件工资制

即按照工人是否完成其定额而采取不同的工资率。如果工人完成或超额完成定额，按比正常单价高出25%计酬；如果工人完不成定额，则按比正常单价低20%计酬，从而激励工人的劳动积极性。

6. 能力原则

为了提高劳动生产率，泰罗认为必须为工作挑选“第一流工人”。第一流工人必须具备两个条件：具有做某种工作所需要的能力，愿意从事该种工作。因此，管理者要努力把“科学和科学地选择、培训出来的工人结合在一起”，对工人进行培训，教会他们科学的工作方法，激发他们的劳动热情。

7. 例外原则

所谓例外原则，就是企业的高级管理人员把一般的日常事务授权给下级管理人员去处理，自己处理例外事项，如企业的发展战略、重要人事任免等。

【补充阅读】

铁锹试验

泰罗通过对工人劳动过程的观察，特别是使用秒表和量具来精确计算工人铲煤的效率与铁锹尺寸的关系，发现每锹重量为22磅时效率最高，探索出实现铲煤最高效率的铁锹尺寸大小与铲煤动作的规范方式，并相应设计出大小12种规格的铁锹。工人每次劳动，除指派任务外，还要指定所用铁锹的规格，以提高劳动效率。实验前，工人干不同的活拿同样的锹，铲不同的东西每锹重量不一样；实验后，铲不同的东西拿不同的锹，生产效率得到大幅度提高。

（二）一般管理理论

法约尔（Henri Fayol，1841～1925），出生于一个小资产者家庭，1860年从圣艾帝安国立矿业学院毕业后进入法国一流的康门塔里-福尔香堡采矿冶金公司工作，先后任采矿工程师、矿井经理直至公司总经理；1918年离开矿业公司，开设了“管理研究所”，为他的管理理论的宣传和应用进行不懈的努力。法约尔的著述很多，1916年出版了《工业管理和一般管理》一书，标志着一般管理理论的形成。法约尔是直到20世纪上半叶为止，欧洲贡献给管理运动的最杰出的大师，被后人誉为“现代经营管理之父”。

法约尔的一般管理理论的主要观点是：

1. 六类经营活动

法约尔通过对企业经营活动的长期观察和总结，提出了企业所从事的一切活动可以归纳为六大类，即技术活动、商业活动、财务活动、安全活动、会计活动及管理活动，并将其称为六大经营职能。在各类企业中，下属人员的主要能力是具有企业特点的职业能力，而较上层人员的主要能力是管理能力，并且随着地位的上升，管理越重要。

2. 五大管理职能

法约尔在对管理活动进行分析研究的基础上，提出了管理五要素，即计划、组织、指挥、协调和控制。管理五要素是现代管理中研究管理职能的基础。

3. 十四项管理原则

法约尔对企业管理经验进行总结，实现了管理原则的系统化，提出了十四项一般原则：① 劳动分工；② 职权与职责一致；③ 纪律；④ 统一指挥；⑤ 统一领导；⑥ 个人利益服从整体利益；⑦ 报酬的公平合理；⑧ 权力的集中与分散；⑨ 等级链；⑩ 秩序；⑪ 公平；⑫ 人员稳定；⑬ 首创精神；⑭ 团结精神。

4. 管理教育的必要性和可能性

法约尔认为，人的管理能力可以通过教育来获得，企业对管理知识的需要是普遍的，而单一的技术教育适应不了企业的一般需要，应尽快建立管理理论，并在学校中进行管理教育。

（三）行政组织理论

韦伯(Max Weber，1864～1920)，出生于德国一个有着广泛的社会和政治关系的富裕家庭；1882年进入海德堡大学学习法律，后就读于柏林大学、哥丁根大学；先后担任过柏林大学教授、政府顾问，并成为作家，是德国著名的社会活动家，他对法学、经济学、政治学、历史学和宗教学都有广泛的兴趣。他在管理学上的贡献是出版了《社会组织与经济组织》一书，提出了理想的行政组织理论，也因此被誉为“组织理论之父”。

韦伯的行政组织理论的主要观点是：

1. 权力论

韦伯认为组织中存在三种纯粹形式的权力：一是法定的权力，是以组织内部各级领导职位所具有的正式权力为依据的；二是传统的权力，是以古老传统的神圣不可侵犯性和执行这种权力的人的地位的正统性为依据的；三是超凡的权力，是以对个别人的特殊的、神圣英雄主义或模范道德的崇拜为依据的。韦伯强调,传统的权力效率较差,超凡的权力过于带有感情色彩并且是非理性的,只有法定的权力才能作为行政组织体系的基础。

2. 理想的行政组织体系

所谓"理想的",是指这种组织体系并不是最合乎需要的,而是组织的"纯粹的"形态。韦伯就理想的行政组织体系的管理制度、组织结构提出了具有深刻影响的思想。主要观点有:

(1) 明确的分工。每个职位的权利和义务都有明确的规定,人员按职业专业化进行分工。

(2) 权力体系。组织内的各个职位按照等级来组织,形成一个自上而下的等级严密的指挥体系,每个下级都必须接受上级的控制和监督。

(3) 人员的任用。要根据职务的要求,通过正式的教育培训,考核合格后任命,严格掌握标准。

(4) 严格纪律。管理人员必须严格遵守组织中规定的规则和纪律以及办事程序。

(5) 职业管理人员。管理与资本经营分离,管理者应成为职业工作者,而不是所有者。

(6) 非人格性。组织中人员之间的关系完全以理性准则为指导,只是职位关系而不受个人情感的影响。组织内部是这样,组织与外界的关系也是如此。

(四) 人际关系理论

梅奥(George Elton Mayo,1880～1949),是原籍澳大利亚的美国行为科学家,曾在哈佛大学任教,从事过哲学、医学和心理学方面的研究。1927 年梅奥应邀参加并指导在芝加哥西方电器公司霍桑工厂进行有关管理的实验,研究工作环境、物质条件与劳动生产率的关系,通常称"霍桑实验"。梅奥于 1933 年出版了《工业文明中的人的问题》一书,提出了人际关系理论的一系列思想。

梅奥的人际关系理论的主要观点是:

1. 人是"社会人"

梅奥认为人是"社会人",而不是科学管理理论所描述的"经济人"。人们从事工作并不只是追求金钱,他们还追求人与人之间的友情、安全感、归属感和受人尊重等。

2. 生产效率主要取决于工人的工作态度和人们的相互关系

霍桑实验认为,生产效率的高低主要取决于工人的士气,而士气的高低,则取决于社会因素特别是人群关系对工人的满足程度,即一个人的工作是否被上级、同伴和社会所承认。满足程度越高,士气也越高,生产效率也就越高。这要求改变传统的领导方式,使职工有机会参与管理,建立和谐的人际关系。

3. 重视"非正式组织"的作用

霍桑实验发现,企业中除了"正式组织",还存在着"非正式组织"。"非正式组织"是企业成员在共同工作的过程中,由于具有共同的社会情感而形成的非正式团体。这种无形组织有它特殊的感情、规范和倾向,左右着成员的行为。"非正式组织"对组织有积极的一面,也有消极的一面。管理者要实施有效的管理,既要重视"正式组织"的作用,也要重视"非正式组织"的作用。

二、现代管理理论

现代管理理论产生与发展的时期为20世纪40年代末到70年代。这一时期管理思想的发展尤为活跃,创立了大量科学而实用的管理理论,形成了诸多管理学派。美国管理学家哈罗德·孔茨(Harold Koontz)将这一现象形象地称为"管理理论丛林"。

1. 管理过程理论

该理论是在法约尔管理思想的基础上发展起来的,主要研究管理的过程及其职能,并以管理职能作为其理论的概念结构。其代表人物是美国的哈罗德·孔茨和西里尔·奥唐奈(Cyril O'Donnell),代表作为《管理学》等。管理过程理论的主要观点为:

(1) 任何组织,尽管它们的性质不同,不同管理者的具体任务也不同,但所履行的基本管理职能是相同的,一般都有计划、组织和控制职能。

(2) 可以对管理人员的职能从理性上加以剖析,总结出一些基本道理或规律,这就是管理原理,并用来指导管理工作,以更好地提高组织效率,实现组织目标。

(3) 这个学派提供了一个分析研究管理的思想框架,主张按职能分析、研究、阐明理论。

2. 经验管理理论

该理论通过分析经验(通常就是案例)来研究管理,其代表人物主要有欧内斯特·戴尔(Ernnest Dale)和彼得·德鲁克(Peter F. Drucker),代表作为《有效的管理者》等。他们通过分析一大批组织或管理者成功或失败的实例,研究在类似情况下,如何采用有效的策略和方法来达到改良的目标。通过分析总结,加以概括,找出他们成功的经验中具有的共性的东西,然后使其系统化、理论化,以建立一套完整的理论和技术体系。

3. 社会系统理论

该理论将组织看作是一种社会系统,是一种人的相互关系的协作体系,组织是社会大系统的一部分，受到社会环境各方面因素的影响。管理者的作用就是要围绕物质的、生物的和社会的因素去适应总的合作系统。其代表人物是美国管理学家切斯特·巴纳德(Chester Barnard)，代表作为《经理的职能》。社会系统理论的主要观点有：

(1) 组织存在着共同的目的、协作的意愿和信息的沟通三个基本要素。

(2) 组织效力和组织效率是组织发展的两项重要原则。

(3) 经理人员的三项职能是：建立和维持一套信息传递的系统，激励组织成员为实现组织目标而做出贡献，确定组织目标。

4. 决策管理理论

这一理论是在社会系统理论上发展而来的，认为管理的关键在于决策，管理必须采用一套制定决策的科学方法及合理的决策程序。其代表人物是美国管理学家赫伯特·西蒙(Herbert Simon)，代表作为《管理决策新科学》。决策理论的主要观点有：

(1) 决策贯穿于管理的全过程，管理就是决策。

(2) 在决策标准上，用"令人满意"的准则代替"最优化"准则。

(3) 不仅要注意在决策中应用定量方法、计算技术等新的科学方法，而且要重视心理因素、人际关系等社会因素在决策中的作用。

5. 权变管理理论

权变管理理论的核心思想是，不存在一成不变的、无条件适用于一切组织的最好的管理方法，强调在管理中要根据组织所处的内外环境的变化而随机应变，针对不同情况寻找不同的方案和方法。其代表人物是美国人弗雷德·卢桑斯(Fred Luthans)，代表作为《管理导论：一种权变学》。该理论的主要观点有：

(1) 环境变量和管理变量之间存在着函数关系，即权变关系。环境变量是自变量，既包括组织的外部环境，也包括组织的内部环境；管理变量是因变量，指管理者在管理中所选择和采取的管理观念和技术。

(2) 如果环境条件一定，就必须采用与之相适应的管理原理、方法和技术，以有效实现企业目标。

(3) 管理模式不是一成不变的，要适应不断变化的环境而有所变革，要根据组织的实际情况来选择最适宜的管理模式。

【管理寓言】

为什么不自己拿

有一个只有5岁的孩子，一天，妈妈带着他到杂货店去买东西。老板看到这个可爱的小孩，就打开一罐糖果，要孩子自己拿一把糖果。

但是这个孩子却没有拿。几次邀请之后，老板亲自抓了一大把糖果放进他的口袋中。回到家中,母亲很好奇地问孩子:"为什么自己没有去抓糖果而要老板抓呢?"

孩子回答得很妙:"因为我的手比较小呀!而老板的手比较大,所以他拿的一定比我拿的多很多!"

三、管理理论新发展

进入20世纪80年代以后,随着社会、经济、文化的飞速发展,特别是以科技进步为基础的知识经济的出现,世界形势发生了极为深刻的变化,迅速改变着人类社会的生产结构和关系。同其他领域一样,管理学也处于不断地发展和变革之中,面向未来的管理思想与理论的形成已经成为时下管理创新的主流。其中,比较突出的有组织文化、公司再造、学习型组织、虚拟公司和知识管理等。

(一) 组织文化

20世纪70年代后,在石油危机的冲击下,美国企业的竞争力被大大削弱,日本企业迅速崛起。许多美国学者在对日、美两国企业进行比较分析之后,提出了有关组织文化理论。80年代初,美国先后出版了四部重要的著作:威廉·大内(William G. Ouchi)的《Z理论——美国企业怎样迎接日本的挑战》、理查德·帕斯卡尔(Richaud T. Pascale)和安东尼·阿索斯(Antony G. Athos)的《日本企业管理艺术》、特伦斯·迪尔(T. Dill)和爱伦·肯尼迪(A. Kennedy)的《企业文化》、托马斯·彼德斯(Thomas Peters)和小罗伯特·沃特曼(Robert Waterman Jr.)的《追求卓越——美国管理最佳公司的经验》,标志着组织文化的诞生。组织文化是指组织在长期的生存和发展中所形成的为组织多数成员所共同遵循的基本信念、价值标准和行为规范。组织文化包括精神文化、制度文化和物质文化三个部分。

(二) 公司再造

20世纪80年代,人们的教育水平日益提高,信息技术革命使组织的经营环境和运作方式发生了变化,而西方国家经济的长期低增长又使得市场竞争日益激烈,企业面临着严峻挑战。在这种背景下,1993年美国著名管理学家迈克·哈默(Michael Hammer)和詹姆斯·钱皮(James Champy)出版了《再造公司——企业革命宣言》一书,总结了过去几十年来成功企业的经验,阐述了生产流程、组织流程在企业决胜于市场的决定性作用,提出了应对市场变化的新方法——公司再造。所谓公司再造是指将公司的作业流程做根本的重新思考与彻底翻新,以便在成本、质量、服务与速度上获得戏剧性的改善。其中心思想是强调公司必须采取激烈的手段，彻底改变方法，强调组织流程要“一切重新开始”，摆脱以往陈旧的流程框架。

（三）学习型组织

20 世纪 90 时代以来，知识经济的到来使信息与知识成为重要的战略资源，而信息技术的发展又为获取这些资源提供了可能，并相应诞生了学习型组织理论。1990 年，美国管理学家彼得·圣吉(P. M. Senge)在《第五项修炼——学习型组织的艺术与实务》一书中提出了“学习型组织”的概念。彼得·圣吉认为“应变的根本之道是学习”，所谓“学习型组织”是指通过培养弥漫于整个组织的学习氛围，充分发挥员工的创造性思维能力而建立起来的一种有机的、高度柔性的、扁平化的、符合人性的、能持续发展的组织。其五项修炼包括：

第一项修炼：自我超越。组织成员应能不断认识自己，认识外界的变化，不断给予自己新的奋斗目标，全心投入，不断创造，不断超越，成为一种真正的终身学习。

第二项修炼：改善心智模式。要求组织成员要善于改变传统的认识问题的方式、方法，要用新的眼光看世界。

第三项修炼：建立共同愿景。共同愿景是指一个组织形成的共有目标、共同价值观和使命感。进行这项修炼的目的是强调把组织建成为一个生命共同体，使全体成员为之共同奋斗。

第四项修炼：团队学习。目的是为了组织成员学会集体思考，以激发群体智慧。团队学习是一种集体进行的修炼，一般采用“深度汇报”和“讨论”两种不同的团队交谈方式，由于团队成员理解彼此的感觉和想法，因此，能凭完善的协调和一体的感觉，发挥出综合效率。

第五项修炼：系统思考。强调把组织看成是一个系统，并把它融入社会的大系统中。这要求人与组织要有系统观察、系统思考的能力，并以此来观察世界，从而决定我们正确的行动。

【补充阅读】

学习型组织的核心理念是创新与成长

彼得·圣吉认为，学习型组织的本质特征用两个字概括叫“创造”，用四个字概括叫“持续创造”。据此，学习型组织的核心理念是创新和成长，即知识创新、学习方法创新、企业成长和员工成长。因为在知识经济时代，知识成为最重要的生产要素，是价值、财富形成的主要来源。企业的创新能力在很大程度上取决于自身的知识创新能力；取决于能够进行创造性劳动的高素质管理者和员工队伍的质量与数量；取决于管理者、员工学习力、创新力的提升和全面发展。

(四) 虚拟公司

虚拟公司(Virtual Firms/Virtual Corporation),是指利用高科技通信和流通技术组成的不受地域时空限制的经营性组织。虚拟公司可能没有办公室,没有组织,没有系统层次与垂直整合。虚拟公司是看不见的公司,也称之为"影子公司"。

虚拟公司追求的是一种商业性的精英结构和精英文化。它利用高信息技术手段,在全球范围内营造其软性操作机构;每个地区无需正式存在该地域的办公人员,总公司直接受理各地区业务并随时处理全球性的工作。

虚拟公司的主要特征是它的高智能性。它能够适应知识经济时代自身发展的需求,使低信息、低知识、低技术含量的劳动密集型产品和产业淘汰掉,取而代之的是高信息、高知识、高技术含量的知识密集型产品和产业。

虚拟公司以任务信息为彼此联系的纽带。只要能及时有效地提供产品和服务就可以了,消费者没有必要也不可能去关心何时何地由哪个厂家完成任务,他们需要的只是最终的产品和服务,只要用得好即可。从顾客的角度来看,虚拟公司的服务提供者以及管理机制都是隐形的,消费者完全不必要也不可能知道每项服务是由谁提供的。

(五) 知识管理

20世纪60年代初,彼得·德鲁克首先提出了知识管理的概念,指出我们正在进入知识社会,在这个社会中最基本的经济资源不再是资本、自然资源和劳动力,而应该是知识,知识工作者将发挥主要作用;并提出"未来的典型企业以知识为基础,由各种各样的专家组成,这些专家根据来自同事、客户和上级的大量信息,自主决策和自我管理"。根据卡尔·费拉保罗的观点,知识管理的概念可定义为"是运用集体的智慧提高应变和创新能力,是为企业实现显性知识和隐性知识共享提供的新途径"。

知识经济时代决定企业成败的不仅仅是企业掌握了多少显性知识和物化了的知识,而更重要的是能够使那些隐性知识转换为显性知识。隐性知识集中储存在人的脑海里,是个人所获得的经验和技能的体现、结合与创造性转化和发挥。知识管理就是要有效地实现这两类知识的转换并在转换中创新,它使企业能够明智地运用内部资源并预测外部市场的发展方向及其变化,对外部需求做出快速反应。

1. 知识管理重视对组织成员进行精神激励

组织成员拥有不断创新和创造新的有用知识的能力,他们是组织知识创新的主体。因此,采取恰当的激励机制就显得尤其重要,它不仅注重物质激励,更注重精神激励——一种新型的精神激励,即赋予组织成员更大的权力和责任,使其更好地发挥自觉性、能动性和创造性。

2. 知识管理重视知识的共享和创新

未来组织间的竞争取决于其整体创新能力,有效的知识管理要求把集体知识共享和创新视为赢得竞争优势的支柱,创造一种组织知识资源能够得到共享和创新的环境。其目的是通过知识的更有效利用来提高个人或组织创造价值的能力。

3. 知识管理强调运用知识进行管理

传统管理是经验管理,而经验只是知识中的一个层次。管理科学产生后,管理的知识也是不完整、有失偏颇的。在知识管理中,管理的知识应当是完整的、全面的、有机统一的,它要求管理者能够掌握并在管理过程中综合地运用各种相关知识,使得管理活动卓有成效;将知识视为组织最重要的战略资源,把最大限度地掌握和利用知识作为提高竞争力的关键。

【补充阅读】

"管理"名家名言

管理,从根本上讲,意味着用智慧代替鲁莽,用知识代替习惯与传统,用合作代替强制。

——彼得·德鲁克

管理是要使资源成本最小化,因此效率是管理的极其重要的组成部分,而仅仅有效率是不够的,管理还必须使活动实现预定的目标,即追求活动的效果。通常,效率和效果是相互联系的,但在现实生活中,有效率却无效果的组织和以低效率来取得效果的组织并不少见。使活动达到目标,而且做得尽可能有效率,这就是学习管理的最终使命。

——斯蒂芬P·罗宾斯

管理意味着根据目标进行管理,它要求采取行动实现预定的效果。管理的具体职责就是把想要达到的目的先变成可能的东西,然后再变成实际存在的东西;换句话说,以有意识和有目的的行动来改变环境,这才是真正的管理。

——彼得·德鲁克

管理使得组织不再是一群乌合之众,它是一个有效的、能使组织一体化、能给予组织以生命力的器官。在一个"组织的社会"里,实行管理成为一项关键的社会功能,管理已成为现代社会中一个基本的、普遍的、通用的、决定性的器官。

——唐纳利

(资料来源:吴照云.管理学[M].北京:经济管理出版社,2006.)

第三节　现代企业管理原理

现代企业管理原理是对管理活动基本运动规律的概括，是对管理现象内在本质的反映，因而对企业的管理工作具有普遍的指导意义。现代企业管理原理包括系统管理原理、人本管理原理、动力管理原理、能级管理原理和效益管理原理等五大原理。

一、系统管理原理

系统是现代社会普遍存在的现象，一切组织和活动都是以系统的形式存在的。管理也是一个系统，管理的各要素及其过程不是孤立的，而是相互影响和制约的，具有发展的内在规律性。因此，要实现管理目标就必须对企业经营管理活动及其要素进行系统分析、综合管理，这就是系统管理原理。系统管理原理应坚持以下原则：

1. 整体原则

企业系统是由若干个从属于它的子系统构成的有机整体，各个子系统之间、各个子系统与整体之间都存在着有机联系，各个子系统的作用和效益都会影响整个企业系统的作用和效益。因此，管理系统的设计和运行应该反映整体的规律，使各要素按一定的结构优化组合起来，使系统的整体功能大于各要素局部功能之和，实现企业的最佳效益。

【小思考 1.3】

“1＋1＞2”表示什么含义？

答：这是系统论的著名算式，“1＋1＞2”表示系统的整体功能大于各部分功能之和，也可通俗地解释为一个事物和另一个事物混合，可以实现它们无法单独达成的目标。

2. 动态原则

任何系统都是处在运动状态之中的，并在运动中产生、发展和消亡。系统运动的实质就是物质、能量和信息的流动。对于企业而言，就是构成企业的人、财、物、技术和信息等要素的流动，以及这些要素的有机结合所形成的生产经营活动过程。企业的动态性活动应坚持有序性和适应性要求。所谓有序性是指系统内的要素、运动及功能运动都要遵循系统自身发展的客观规律而有条不紊地进行，并保持有始有终、环环相扣的动态循环状态。所谓适应性是指系统针对内外环境的变化而变化，以适应系统发展的需要。

3. 整分合原则

现代高效率的管理，都要求在整体规划下明确分工，在分工的基础上有效地综合，这就是整分合原则。管理作为一个系统，首先要从整体上把握系统的目标，充分了解系统的整体全貌及其内在联系；其次要根据总目标进行合理的分工或分解，以形成有序的系统结构体系，使系统各组成要素都有明确具体的任务和目标；再次就是将系统中有机联系着的诸要素，进行有效地综合、协调。这种对系统的"整体把握、科学分析、组织综合"的要求，就是整分合原则，也就是我们常说的"统分结合"。

4. 开放原则

系统理论认为，任何一个系统都是既相对封闭又相对开放的。所谓封闭，是指现代企业作为一个独立的商品生产者和经营者，必然具有内在的自我调节、自我发展的能力，对于市场经济而言，开放则是系统的生命。所谓开放就是指系统要持续不断地进行着内部与外部环境的物质、能量和信息的交换。没有开放，没有与外部环境的交换，系统所消耗的能量就不能得到补充，系统就不能得到生存和发展。在管理工作中，那些试图把本系统封闭起来与外界隔绝的想法和做法都是错误的。中国因近代闭关锁国而落后，又因改革开放而迅速发展，就是活生生的例子。

二、人本管理原理

人的问题，从来都是管理的根本问题。所谓"人本管理"就是以人为本的管理，即把人视为管理的主要对象及企业的最重要资源，通过激励、调动和发挥员工的积极性和创造性，引导和团结员工去实现组织预定的目标。人本管理原理应坚持以下原则：

1. 个性化发展原则

企业中以人为本的管理从根本上来说，应该是以企业成员全面自由的发展为出发点的。而个性化发展，又是人的全面自由发展的起步。因此，企业应允许成员在"发展"企业合理要求的技能时，可按自己的意愿进行特质发展。但一般的组织均有功利性的目标，在功利性目标的引导和约束下，企业对其成员为管理目标的实现而进行的投入是可以有直接回报的。相较而言，企业对成员个性化发展的投入很难说有直接回报。所以，个性化发展原则要求企业在成员的岗位安排、教育培训、工作环境、文化氛围、资源配置过程等诸多方面均以是否有利于员工按其本意、特性潜质为出发点，并考虑企业发展的长远目标，绝不能简单处理。

2. 目标一致性原则

在以人为本管理的条件下,企业决策是全体成员共同的责任。管理主体不仅仅要将管理作用于他人,而且更要将管理作用于自己,平等地、友好地团结协作,和谐发展,共同实现企业的预期目标。因此,企业的目标和个人的目标是一致的,企业的发展不能脱离个人的发展,不能单方面地要求企业成员修正自己的行为模式、价值观念等来适应企业,而是要求企业的发展去适应成员个性发展并产生共同的价值观念、行为模式。企业与个人共同发展的最终目标实质上是在个人的个性化全面发展的基础上,建立一个真正的以人为本的管理组织,即把企业成员的个人价值和社会、企业价值相结合,使个人利益和国家、企业利益相一致,使每个成员在为满足市场(社会)需要而劳动的同时,也是在为满足个人的需要而劳动。

3. 人力资源开发原则

在管理活动中,人是管理的主体又是管理的客体,是企业最重要的资源。因此,企业的一切管理都应以做好人的工作,调动人的积极性、主动性,实现人的自身价值为根本。要鼓励参与,挖掘潜能,激励进取,创造一个使员工热心参与、心情愉快、关系和谐、深感激励的企业文化和工作氛围。这要求企业应做好人力资源开发,重点在于对企业成员在其服务期间的全过程开发,即从企业成员的招聘、使用、评价到培养和激励。而人本管理意义上的人力资源开发,更集中在对企业成员的培养和激励上。如构建学习型组织、加强企业文化建设,建立竞争机制、约束机制和激励机制等,充分发挥人的潜能,不断提高人的素质,逐步凸显企业生存和发展中软实力的作用。

三、动力管理原理

现代管理是以人为中心的管理,人的主动性和创造性的发挥是企业发展的根本保证。因此,要使企业的管理活动持续而有效地进行下去,就要求在管理系统和管理过程中,探寻各方面需求,充分利用各种管理要素、环境、机制,满足各方面需求,创造、激励人的各种动力,人的行为才可能朝着有助于企业整体目标实现的方向运动。这就是管理的动力原理。企业要根据不同的环境、时间、条件和对象,有针对性地选择不同的动力,这样才能够综合协调及有效地发挥各种动力的推动作用和合力作用。

1. 物质动力

物质动力是反映由于物质利益驱动而产生的对企业活动发展的推动作用。辩证唯物主义认为,物质是第一性的,正是物质的存在决定了人们的认识,所以物质动力是根本的动力。物质不仅是个人的物质刺激,更重要的还表现为企业经济效益的提高。企业的本性就是盈利,经济效益是检验管理实践好坏的标准,因此,要充分运用好奖金、加薪、红利等物质动力杠杆。当然,物质动力不是万能的,使用不当就会产生副作用。企业还必须将物质动力和其他类型的动力结合起来运用。

2. 精神动力

精神动力是指通过培植企业及其成员的观念、理想、信仰等精神方面的追求所形成的动力。精神动力既包括政治信仰、先进思想、爱国主义与集体主义精神,也包括先进称号、表扬等精神激励,还包括日常思想政治工作。精神动力不仅可以补偿物质动力的缺陷,而且本身就具有强大的能动作用,在特定条件下,它还可以成为决定性的动力,特别是当物质生活越来越丰富的时候,人的精神追求也就越来越丰富。精神追求必须用精神的激励来满足。

3. 信息动力

信息动力是指各种信息传递所构成的反馈对组织活动发展的推动作用。从管理角度来看,信息是一种超越物质和精神的、具有相对独立性的推动力。信息沟通可以对人的行为产生特殊的推动作用,如可以使上级了解下属的要求,制定正确的符合实际的政策措施;可以激发员工潜力,表现为工作积极和努力自我完善;可以将信息冲击产生的压力转变为竞争动力;等等。因此,善于运用信息动力,可以收到物质刺激和精神激励无法实现的效果。

4. 工作动力

工作动力是指管理者通过工作设计和任务与职权的授予而产生的对企业活动发展的推动作用,包括工作的挑战性、刺激性,组织成员的使命感、责任感、荣誉感。这些都使他们积极主动地投入到共同奋斗的事业中。如在工作中,管理者增加工作的挑战性,赋予下属所处职位的使命感、责任感,激发下属谋求高级职位的强烈愿望等都是工作动力形成的基础。

【伴随案例】

一支神奇的粉笔

1912年,美国钢铁大王安德鲁·卡耐基以100万美元年薪聘请查理·斯瓦伯为该公司第一任总裁时,全美企业界为之议论纷纷。因为在当时,百万年薪已是全美的最高薪资,而斯瓦伯对钢铁并不十分内行,卡耐基为何要付那么高的薪水呢?原来卡耐基看上的是他激励部属的特殊才干。

斯瓦伯上任不久,他管辖的一家钢铁厂产量落后,他问该厂长:“这是怎么一回事?为什么你们的产量老是落后呢?”厂长回答:“说来惭愧,我好话与丑话都说尽了,甚至拿辞退来恐吓他们,没想到工人们软硬不吃,依然懒懒散散。”

那时正是日班快下班,即将由夜班接班之时。斯瓦伯向厂长要了一支粉笔,问日班的领班:“你们今日炼了几吨钢?”领班回答:“6吨。”斯瓦伯用粉笔在地上写了一个很大的“6”字后，默不做声地离去了。

夜班工人接班后，看到地上的“6”字，好奇地问是什么意思。日班工人说：“总裁今天来过了，问我们今天炼了几吨钢，领班告诉他6吨，他便在地上写了一个‘6’字。”

次日早上，斯瓦伯又来到此工厂，他看到昨天地上的“6”已被夜班工人改写为“7”了。

日班工人看到地上的“7”字，知道输给夜班工人，内心很不是滋味，他们决心给夜班工人一点颜色看看，大伙儿加倍努力，结果那一天炼出了10吨钢。在日夜班工人不断地竞赛之下，这家工厂的情况逐渐改善，不久，其产量跃居所有钢铁厂之冠。

（资料来源：林永顺.企业管理学[M].北京：经济管理出版社，2002.）

【分析启示】 斯瓦伯只用一支粉笔，就创造出极高的劳动效率。这是运用任务激励手段调动员工积极性的典型案例，这也是他获得全美最高薪资的主要原因之一。

四、能级管理原理

“能级”是现代物理学中一个重要的概念。能是做功的本领，能量有大小，把能量按大小排列，形如梯级，所以叫能级。在一个企业的管理中，机构、人员、制度、方法等都有能量问题。能量既有大小之分，就必有等级之差。能级分等就是要建立一定的秩序、规范、标准，使所用的人能与等级相适应。所谓能级管理原理就是指在企业中根据系统、岗位、职责的要求，按照部门和个人能量的大小序列，建立一套完整的、有层次的、动态的、尽责尽才的管理能级，以保证管理最大能量的发挥。在管理中，运用好能级管理原理应坚持以下原则：

1. 结构稳定性原则

能级的确定必须保证组织结构的稳定性，这也是管理系统正常运转的先决条件。稳定的管理能级结构是正三角形或正宝塔形，倒三角形、倒宝塔形或菱形都会形成多头领导，呈现不稳定的状态。对于一个完整的管理系统而言，管理正三角形一般可分为三个层次，即战略决策层、职能管理层、基层管理层。三个层次使命不同，标志着三大能级的差异。企业能级就是要求每个要素都要各在其位，各谋其政，各行其权，各尽其责，以保证企业结构的稳定和发展目标的实现。

2. 权责利对等原则

不同的能级应该表现出不同的权力、责任和利益。权、责、利是能量的一种外在体现，必须与能级相对应。权力应当能保证该能级正常履行职责，完成任务，达到目标;责任应该能使该能级的工作目标与组织的整体目标相联系;利益应能激励该能级发挥最大能量。对各级管理者要贯彻在其位、谋其政、行其权、负其责、取其酬、获其荣、惩其误这一能级原则。有效的管理,不是扯平或消除这种权和利上的差别,而是要给予相应于能级差别的待遇差别,从而把外在的压力和内在的动力有机地结合起来。

3. 动态对应性原则

各类能级应当动态地对应。在现代企业中,各种管理岗位有不同能级,人也有各种不同的才能,应当使相应才能的人处于相应的能级岗位上,人尽其才,各尽其能。同时,还要动态地实现能级对应,因为管理环境和管理任务是动态的,人的能力是变化的,所处的能级也应有所变化。实现动态对应,就是要充分调动"能者"的积极性,以求最佳的管理效能。

五、效益管理原理

效益和对效益的不断追求是管理活动的永恒主题。所谓效益管理就是指现代管理的根本目的在于充分发挥企业组织的职能作用,取得更多更好的经济效益和社会效益,实现经济效益和社会效益的和谐统一。管理的效益观应包括以下几点:

一是效益是管理活动结果的体现。不同的管理方式会产生不同的结果,带来不同的效益。有效地管理会带来正效益,而管理不善会产生负效益。

二是树立正确的效益观。管理工作必须克服在传统体制下以生产为中心的管理思想,使其转变为以效益为中心。

三是正确处理一些重大关系。如效率、效果与效益的关系,局部效益与整体效益的关系,经济效益与社会效益的关系,短期效益与长期效益的关系等。

效益管理原理应坚持以下几个原则:

1. 价值原则

效益管理原理在管理实践中具体化为价值原则。因为效益是由价值体现的,现代企业经营管理者所追求的经济效益与社会效益统一的目标,体现在具体的管理工作中,就是经济价值和社会价值的统一。因此,在管理过程中,每个环节、各项工作都要紧紧围绕提高社会经济效益这个中心,科学有效地组织好财力、物力、人力、智力以及时间等资源,以创造最大的经济效益和社会效益。

2. 优化原则

现代企业管理为了以尽可能少的综合耗费获取尽可能大的经济效益和社会效益,就要对生产经营活动中的一切因素、条件及其相互之间的关系进行全面、系统地分析,并在此基础上拟订出多种可供选择的方案,通过比较、论证,选择其中能够实现管理目标的方案，并进行充实、优化，从而形成最后的实施方案。

3. 反馈原则

反馈作为控制论的一个基本概念，也是现代管理中的一种普遍现象。所谓反馈原则就是指企业组织必须对市场环境变化和每一步行动结果进行“追踪”，掌握有关信息和动态，把行动结果与原来的目标相比较，找出差距并及时调整，以确保经济效益和社会效益双重目标的实现。在现代企业管理中，要有效而正确地指挥，企业必须建立强有力的反馈系统。基于效益管理原理，领导者就应善于在反馈系统的信息和智囊团提供可选择的方案中做出正确的决策。只有决策、执行、反馈、再决策、再执行、再反馈，如此无穷地螺旋式上升，使社会经济效益不断提升，管理目标不断创新，才能使企业在竞争中不断取胜，在发展中不断强大。

【小思考 1.4】

有人说，管理也是生产力，为什么？

答：科学的管理可以提高效率，产生效益。从这个意义上说，管理也是一种生产力。

第四节　现代企业制度概述

一、企业制度的概念及其发展

（一）企业制度的概念

企业制度是企业运行方式的原则规定，是建立在一定财产组织形态基础上企业各方的责、权、利关系的总和。现代企业制度是适应市场要求、与现代企业特征相适应的一种新型的企业管理制度。现代企业制度及其法人治理结构是形成一个企业良好管理框架的前提条件。企业制度是一个动态的范畴，它随着商品经济的发展而不断创新和演进，现代企业制度的运行状态和变革创新的程度从根本上决定了企业的未来发展状况。

（二）企业制度的发展

从企业发展的历史来看，具有代表性的企业制度有以下三种：

1. 业主制

这一企业制度的物质载体是小规模的企业组织，即通常所说的独资企业。在业主制企业中，出资人既是财产的唯一所有者，又是经营者。企业主可以按照自己的意志经营，并独自获得全部经营收益。这种企业形式一般规模小，经营灵活。正是这些优点，使得业主制这一古老的企业制度一直延续至今。但业主制也有其缺陷，如资本来源有限，企业发展受限制；企业主要对企业的全部债务承担无限责任，经营风险大；企业的存在与解散完全取决于企业主，企业存续期限短等。因此，业主制难以适应社会化商品经济发展和企业规模不断扩大的要求。

2. 合伙制

这是一种由两个或两个以上的人共同投资，并分享剩余收益、共同监督和管理企业的企业制度。合伙企业的资本由合伙人共同筹集，扩大了资金来源；合伙人共同对企业承担无限责任，可以分散投资风险；合伙人共同管理企业，有助于提高决策能力。但是合伙人在经营决策上也容易产生意见分歧，合伙人之间可能出现偷懒的道德风险，所以合伙制企业一般都局限于较小的合伙范围，以小规模企业居多。

3. 公司制

现代公司制企业的主要形式是有限责任公司和股份有限公司。公司制的特点是公司的资本来源广泛，使大规模生产成为可能；出资人对公司只负有限责任，投资风险相对降低；公司拥有独立的法人财产权，保证了企业决策的独立性、连续性和完整性；所有权与经营权相分离，为科学管理奠定了基础。

二、现代企业制度的概念和特征

（一）现代企业制度的概念

现代企业制度是指以企业法人制度为基础，以企业产权制度为核心，适应社会主义市场经济要求的产权清晰、责权明确、政企分开、管理科学的一种新型企业制度。现代企业制度是最大限度发展和解放生产力的制度，它以公司制为企业组织制度的主体形态。这里的“现代”一词，绝不仅仅是一种自然时间的概念，它起码是针对以下两种企业制度而言的：一是古典企业制度，即个人业主制和合伙制企业；二是计划经济体制下的工厂制国有企业。

在我国，建立现代企业制度主要是针对计划经济体制下的工厂制国有企业而言的，这是使国有企业适应社会主义市场经济体制要求的必然选择。现代企业制度也是理顺产权关系的组织形式，是解决政企分开的组织方法，是使国有企业成为独立市场主体的组织保障，是变革国有企业领导制度和组织制度，实现科学管理的现实选择。

一个优秀的企业要实现永续发展，就要使企业管理者的岗位上永远屹立着优秀的管理者，这就要靠制度。从企业来讲，这个制度就是现代企业制度。解决了制度问题，创新精神、经营管理变革等就会随之而来。有了好的制度，企业管理者的岗位上就可以永远屹立着优秀的管理者。可见现代企业制度是企业永续发展的保障。

（二）现代企业制度的基本特征

从企业制度演变的过程来看，现代企业制度是指适应现代社会化大生产和市场经济体制要求的一种企业制度，也是具有中国特色的一种企业制度。十四届三中全会把现代企业制度的基本特征概括为“产权清晰、权责明确、政企分开、管理科学”十六个字。1999 年 9 月党的十五届四中全会再次强调要建立和完善现代企业制度，并重申了对现代企业制度“十六字”基本特征的总体要求。

1. 产权清晰

所谓“产权清晰”，主要有两层含义：一是有具体的部门和机构代表国家对某些国有资产行使占有、使用、处置和收益等权利；二是国有资产的边界要“清晰”，也就是通常所说的“摸清家底”——首先要搞清实物形态国有资产的边界，如机器设备、厂房等；其次要搞清国有资产的价值和权利边界，包括实物资产和金融资产的价值量，国有资产的权利形态（股权或债权，占有、使用、处置和收益权的分布等），总资产减去债务后净资产数量等。

2. 权责明确

“权责明确”是指合理区分和确定企业所有者、经营者和劳动者各自的权利和责任。所有者、经营者、劳动者在企业中的地位和作用是不同的，因此，他们的权利和责任也是不同的。

(1) 权利。所有者按其出资额，享有资产受益、重大决策和选择管理者的权利，企业破产时则对企业债务承担相应的有限责任。企业在其存续期间，对由各个投资者投资形成的企业法人财产拥有占有、使用、处置和收益的权利，并以企业全部法人财产对其债务承担责任。经营者受所有者的委托在一定时期和范围内拥有经营企业资产及其他生产要素并获取相应收益的权利。劳动者按照与企业的合约拥有就业和获取相应收益的权利。

(2) 责任。与上述权利相对应的是责任。严格意义上说，责任也包含了通常所说的承担风险的内容。要做到“权责明确”，除了明确界定所有者、经营者、劳动者及其他企业利益相关者各自的权利和责任外，还必须使权利和责任相对应或相平衡。此外，在所有者、经营者、劳动者及其他利益相关者之间，应当建立起相互依赖又相互制衡的机制，这是因为他们之间是不同的利益主体，既有共同利益的一面，也有不同利益甚至冲突的一面。相互制衡就要求明确彼此的权利、责任和义务，相互监督。

3. 政企分开

“政企分开”的基本含义是政府行政管理职能、宏观和行业管理职能与企业经营职能分开。

(1) 政企分开要求政府将原来与政府职能合一的企业经营职能分开后还给企业，改革以来进行的“放权让利”“扩大企业自主权”等就是为了解决这个问题。

(2) 政企分开还要求企业将原来承担的社会职能分离后交还给政府和社会，如住房、医疗、养老、社区服务等。应注意的是，政府作为国有资本所有者对其拥有股份的企业行使所有者职能是理所当然的，不能因为强调“政企分开”而改变这一点。当然，问题的关键还在于政府如何才能正确地行使而不是滥用其拥有的所有权。

4. 管理科学

“管理科学”是一个含义宽泛的概念。从较宽的意义上说，它包括了企业组织合理化的含义；从较窄的意义上说，它要求企业管理的各个方面，如质量管理、生产管理、供应管理、销售管理、研发管理、人事管理等方面的科学化。管理致力于调动人的积极性、创造性，其核心是激励、约束机制。要使“管理科学”，当然要学习、创造，引入先进的管理方式，包括国际上先进的管理方式。对于管理是否科学，虽然可以从企业所采取的具体管理方式的“先进性”上来判断，但最终还要从管理的经济效益上，即管理成本和管理收益的比较上做出评判。

三、现代企业制度的主要内容

根据以上分析，在较为具体的层面，现代企业制度大体可包括以下内容：

(1) 企业资产具有明确的实物边界和价值边界，具有确定的政府机构代表国家行使所有者职能，切实承担起相应的出资者责任。

(2) 企业通常实行公司制度，即有限责任公司和股份有限公司制度，按照《公司法》的要求，形成由股东代表大会、董事会、监事会和高级经理人员组成的相互依赖又相互制衡的公司治理结构，并有效运转。

(3) 企业以生产经营为主要职能，有明确的盈利目标，各级管理人员和一般职工按经营业绩和劳动贡献获取收益，住房分配、养老、医疗及其他福利事业由市场、社会或政府机构承担。

(4) 企业具有合理的组织结构，在生产、供销、财务、研究开发、质量控制、劳动人事等方面形成了行之有效的企业内部管理制度和机制。

(5) 企业有着刚性的预算约束和合理的财务结构，可以通过收购、兼并、联合等方式谋求企业的扩展，经营不善难以为继时，可通过破产、被兼并等方式寻求资产和其他生产要素的再配置。

四、现代企业制度与以往企业制度的区别

现代企业制度与传统的国有企业制度不同，与改革以来形成的过渡性企业制度也不同。这种不同绝不是形式上的、次要方面的，而是实质性的、主要方面的，表现在：

(1) 通过建立和完善现代企业制度，国家依其出资额承担有限责任，企业依法支配其法人财产，从而改变以往政企不分，政府直接经营管理企业、承担无限责任，企业则全面依赖于政府的状况。

(2) 企业内部建立起由股东大会、董事会、监事会、经理层构成的相互依赖又相互制衡的治理结构，党组织在贯彻党的路线、方针、政策上发挥监督保证作用，从而改变以往企业领导体制上权利不明、责任不清，要么“一元化”领导，缺少监督制约；要么相互扯皮摩擦，内耗过大的状况。

(3) 企业以生产经营为主要职责，有明确的盈利目标，改变以往“企业办社会”，职工全面依赖企业，企业对职工承担无限责任的状况。

(4) 企业按照市场竞争的要求，形成适宜的企业组织形式和科学的内部管理制度，从而改变以往作为政府行政体系附属物，大而全、小而全，内部管理落后的状况。

(5) 企业各种生产要素有足够的开放性和流动性，与外部的资本市场、经营者市场、劳动力市场及其他生产要素市场相配合，通过资产的收购、兼并、联合、破产，经营者的选择和再选择，劳动者的合理流动，使企业结构得以优化，竞争力得到有效提高，从而改变以往生产要素条块分割、封闭呆滞，优不胜、劣不汰，行政性重复建设严重的状况。

五、国有企业建立现代企业制度的途径

1. 改革企业产权制度

产权制度改革是国有企业建立现代企业制度的关键。

(1) 理顺国有企业产权关系，处理好国家所有权与企业法人财产权的关系。国有企业的产权关系应该是：国家是国有企业财产所有权的唯一主体，拥有对企业财产的最终支配权，但政府和监督机构不得直接经营或支配企业的法人财产。企

业拥有独立行使的法人财产权,并以其全部法人财产承担民事责任。

(2) 建立经营者的所有权制约机制。两权分离后,国有资产所有者的利益仍要在企业经营者那里得到实现。为此必须建立一套能保证国有资产在真正具有经营才能的人手上经营、能明晰企业应负的国有资产保值与增值的责任、能对经营者"用脚投票"等所有权制约机制。

(3) 明确产权关系上的自负盈亏责任。目前,国有企业的自负盈亏主要限于收入分配上,而在产权关系上仍有许多亏损企业把债务包袱推给国家或者拖欠其他企业的债务,国家实际上为企业承担着无限责任。产权制度改革是要在产权关系上明确企业承担的债务责任和破产责任。当企业破产时,国家只以投入企业的资本额为限承担有限责任。

(4) 在明晰企业产权关系的基础上,建立和完善产权市场。国有企业进入产权市场可以使一定量的国有资产吸收和组织更多的社会资本,放大国有资产的产权功能,提高其控制力、影响力和带动力;同时又能使国有企业经营受到更多国有产权的制约,以保证国有资产营运效益的提高。

此外,国有企业还可以通过产权市场实现产权转让和流动,推动国有资产存量流向经济效益好的企业,流向国民经济需要重点发展的部门,实现国有资产存量的优化配置。

2. 改革企业组织制度

(1) 要改革政府管理职能和管理体制,真正做到政企分开。政府作为国有资产所有者,可以建立一套科学、有效的国有资产管理制度,对国有资产实行国家所有、分级管理、授权经营、分工监督。政府作为社会管理者,可以依据法律制定各种必要的规章制度,培育和促进市场体系的发展,形成比较完善的市场规则和社会秩序。政府作为宏观经济的调控者可以合理确定经济发展战略目标,制定和运用相应的政策来引导和协调整个社会经济的发展。但政府不能再用行政管理的方法使国有企业运行行政化,否则国有企业组织制度的改革将流于形式。

(2) 国有企业组织制度改革的重点是建立公司制企业,为此,必须建立符合市场经济规律和我国国情的企业领导体制与组织管理制度。即建立包括股东会、董事会、监事会和经理层在内的公司法人治理结构,处理好党委会、职代会和工会与股东会、董事会、监事会的关系;建立由国务院向大型国有企业派驻稽查特派员制度,地方政府向所属大中型企业派财务总监制度。再次,对国有企业进行战略性调整,即通过国有资产的流动和重组,改变国有资产过度分散的状况,集中力量发展和加强国家重点产业和重点企业,扩大企业组织规模。

3. 加强和改善企业的经营管理

(1) 要更新企业经营管理上旧的思想观念,确立以市场为中心和依托的现代化管理观念。

(2) 要实现管理组织现代化，建立市场适应性能力强的组织命令系统，健全和完善各项规章制度，彻底改变无章可循、有章不循、违章不究的现象。

(3) 要建立高水平的科研开发机构和高效率的决策机构，加强企业发展的战略研究，制定和实施明确的企业发展战略、技术创新战略和市场营销战略，并根据市场变化适时调整。

(4) 要广泛采用现代管理技术方法和手段，包括用于决策与预测的、用于生产组织和计划的、用于技术和设计的现代管理方法，以及采取包括电子计算机在内的各种先进管理手段。

国有企业建立现代企业制度除就企业制度本身这三方面进行改革外，还需要进行其他方面的配套改革，包括转变政府职能，建立健全的宏观经济调控体系，进行金融、财政、税收、投资、计划等方面的改革，为企业进入市场自主经营创造良好的宏观经济环境；大力培育市场体系、建立市场中介组织和加强市场经济法律规章制度的建设，为企业走向市场创造市场条件；加快社会保障制度改革和福利分配社会化、市场化步伐等。

复习思考题

1. 什么是现代企业？现代企业有哪些基本特征？
2. 怎样理解现代企业管理的概念及其属性。
3. 现代企业管理的职能包括哪些？其构成要素如何？
4. 企业管理理论的发展经历了哪几个阶段？有哪些代表人物？
5. 如何理解现代企业管理的基本原理？
6. 现代企业制度的概念及其特征是什么？
7. 简述建立现代企业制度的途径。

案例分析

联合邮包服务公司(UPS)的科学管理

联合邮包服务公司(UPS)雇佣了15万名员工，平均每天将900万个包裹发送到美国各地和世界180多个国家和地区。他们的宗旨是：在邮运业中办理最快捷的运送。UPS的管理者系统地培训他们的员工，使他们尽可能高效率地从事工作。

让我们看一下他们的工作情况。UPS的工业工程师们对每一位司机的行驶路线所耗费的时间进行了研究,对每种货物的送货、取货和暂停活动设立了工作标准。这些工程师们记录了红灯、通行、按门铃、穿过院子、上楼梯、中间休息喝咖啡甚至上厕所的时间,将这些数据输入计算机中,从而给出每一位司机每天工作中的详细时间标准。

为了完成每天取送130件包裹的目标,司机们必须严格遵守工程师们设定的程序。当他们接近发送站时,他们松开安全带、按喇叭、拉起紧急制动,这一系列动作的程序极为严格。然后司机从驾驶室出来,右臂夹着文件夹,左手拿着包裹,右手拿着车钥匙。他们看一眼包裹上的地址,把它记在脑子里,然后快步走到顾客的门前,先敲一下门以免浪费时间找门铃。送货完毕,他们在回去的路途中完成登记工作。

(资料来源:浙江理工大学现代企业管理教学案例)

问题:

1. 你如何评价UPS公司的工作程序?
2. 科学管理的产生已逾百余年,你认为在今天的企业中它仍然有效吗?
3. UPS公司这种刻板的工作时间表为什么能带来效率呢?

实践训练

调查了解本地区一家著名企业的管理状况,并分析他们实现现代化管理的主要举措。

第二章　现代企业战略管理

学习目标

1. 掌握现代企业战略管理的基本概念、构成要素和层次；
2. 熟悉产业竞争中的五种力量；
3. 理解企业三大基本竞争战略的优、缺点；
4. 了解企业成长战略的内容，掌握成长战略的优、缺点及适用范围。

【引例】

迪斯尼差异化战略

迪斯尼公司是由美国著名动画片制作家沃尔特·迪斯尼于1955年在美国本土创立的，它的核心产品就是"娱乐"。迪斯尼乐园的经典招牌形象"米老鼠"和"唐老鸭"，深受少年儿童甚至成人的欢迎。1983年，"迪斯尼"决定走向海外，建成了日本迪斯尼乐园，完全采用美国"迪斯尼"的标准化的经营模式，在经营和营销方面获得了显著的成功，并成为企业跨国经营的典范。

雄心勃勃的迪斯尼公司在1992年4月于法国巴黎建造了另一个海外乐园——欧洲"迪斯尼"，然而这项投资却未能取得预期的成功。当年只有40%的法国游客来此参观，更让人惊讶的是其中很大一部分是到欧洲旅行的日本人，至1994年底，欧洲迪斯尼乐园共亏损20亿美元。为什么在美国和日本如此成功的经营模式在法国却行不通呢？忽视欧洲与美国的文化差异，对营销策略没有做适应性的本土化调整是失败的根本原因。

从1999年开始，公司采取适应性的经营策略，对该乐园的经营进行了多项"文化调整 "，包括：将乐园更名为巴黎迪斯尼乐园，从心理上寻求法国人民的认同感，同时用巴黎这个代表浪漫和时尚的城市名称有利于人们产生美妙的联想；增加法语为工作语言，同时配备多语种导游为欧洲其他国家的游客提供服务；在娱乐项目上增加受法国科幻小说启发而建成的探索岛；增设可360度播放欧洲历史影片的环幕影院，以及增加会说德语的白雪公主等具有当地特色的节目；餐间售酒等。采取了上述措施后，巴黎迪斯尼乐园的经营状况有了极大改善。

【分析启示】 从迪斯尼公司的经历中我们可以清晰地看出，跨国企业应充分利用文化差异的竞争优势，促进国际营销。国际文化差异的客观存在也可以成为跨国公司实行差异化竞争战略的基本诉求点。

第一节　现代企业战略管理概述

战略“Strategy”一词来源于希腊文，原来的含义是“将军”，到中世纪，这个词演变为军事术语，指对战争全局的筹划和谋略。除军事领域之外，战略的价值同样适用于政治、经济等领域。再后来演变为泛指重大的、全局性的、左右胜败的谋划。将战略思想运用于企业经营管理之中，便产生了企业战略这一概念。

一、企业战略的概念

企业战略是指企业面对激烈变化、严峻挑战的经营环境，为求得长期生存和不断发展而进行的总体性谋划。它是企业为实现其宗旨和目标而确定的组织行动方向和资源配置纲要，是制订各种计划的基础。

具体而言，企业战略是在符合和保证实现企业宗旨的条件下，在充分利用环境中存在的各种机会和创造新机会的基础上，确定企业同环境的关系，规定企业从事的经营范围、成长方向和竞争对策，合理地调整企业结构和配置企业的资源，从而使企业获得某种竞争优势。其实质是达到企业外部环境、内部条件及战略目标三者之间的动态平衡。企业战略具有全局性、长远性、纲领性、竞争性和风险性等特征。

【管理寓言】

新龟兔赛跑

兔子与乌龟赛跑输了以后，总结了经验教训，并提出与乌龟重赛一次。赛跑开始后，乌龟按规定线路拼命往前爬，心想：这次我输定了。可当到了终点，却不见兔子，正在纳闷时，见兔子气喘吁吁地跑了过来。乌龟问：“兔兄，难道你又睡觉了？”兔子哀叹：“睡觉倒没有，但跑错了路。”原来兔子求胜心切，一路上埋头狂奔，恨不得三步两蹿就到终点。估计快到终点了，它抬头一看，发觉竟跑在另一条路上，因而还是落在了乌龟的后面。

竞争道路上，即使你的实力再强、条件再好，也要依赖于明智的战略指导。可以说，战略决定胜负，这对企业具有重要的借鉴作用。

二、企业战略的构成要素和层次

(一) 企业战略的构成要素

从狭义战略的角度来讲,企业战略由以下四个要素组成:

1. 经营范围

经营范围是指企业从事生产经营活动的领域,它反映出企业与其外部环境相互作用的程度,也反映出企业计划与外部环境发生作用的要求。企业应该根据自己所处的行业、自己的产品和市场来确定自己的经营范围。

2. 资源配置

资源配置是指企业过去和目前对资源和技能进行配置、整合的能力与方式。资源配置的优劣极大地影响着企业战略的实施能力。企业只有注重对异质战略资源的积累,形成不可模仿的自身特殊能力,才能很好地开展生产经营活动。如果企业的资源匮乏或缺乏有效配置,企业对外部机会的反应能力会大大削弱,企业的经营范围也会受到限制。因而,战略资源学派强调资源配置是企业战略最重要的构成要素。

3. 竞争优势

竞争优势是指企业通过其资源配置模式与经营范围的决策,在市场上所形成的优于其竞争对手的竞争地位。竞争优势既可以来自企业在产品和市场上的地位,也可以来自企业对特殊资源的正确运用。

4. 协同作用

协同作用是指企业从资源配置和经营范围的决策中所能寻求到的各种共同努力的效果。就是说,分力之和大于各分力简单相加的结果。协同作用的值可以是正值,即“1+1>2”的效应,但协同作用也会出现负值。从大量的实践可以看出,当一个企业进入全新的行业进行多种经营时,如果新行业的环境条件与过去的经营环境截然不同,则以往的管理经验发挥不了作用。在这种情况下,管理协同作用的值便为负值。

(二) 战略层次

企业的目标是多层次的,它包括企业的总体目标、企业内各个层次的目标以及各经营项目的目标,各层次目标形成一个完整的目标体系,如图 2.1 所示。企业的战略,不仅要说明企业整体目标以及实现这些目标的方法,而且要说明企业内每一层次、每一类业务以及每一个部门的目标及其实现方法。因此,企业的总部制定总体战略，事业部或经营单位制定经营单位战略，部门制定职能战略。

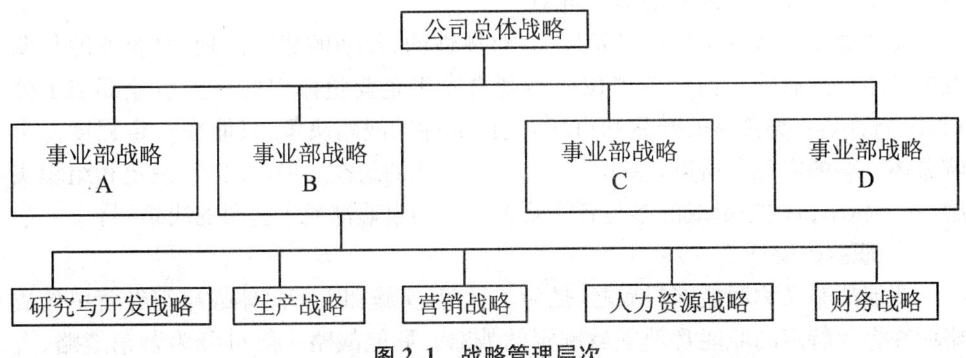

图 2.1 战略管理层次

1. 总体战略（公司战略）

总体战略又称公司战略，是企业的战略总纲，是企业最高管理层指导和控制企业的一切行为的最高行动纲领。在大型企业里，特别是多元化经营的企业里，它需要根据企业的宗旨和目标，选择企业可以竞争的经营领域，合理配置企业经营所必需的资源，决定企业整体的业务组合和核心业务，促使各经营业务相互支持、相互协调。总体战略主要有发展战略、稳定战略和收缩战略。

总体战略主要回答企业应该在哪些经营领域内进行生产经营的问题。因此，从战略的四种要素上看，经营范围和资源配置（投资组合问题）是总体战略中主要的构成要素。竞争优势和协同作用两个要素则因企业不同而需要进行具体分析。在生产相关产品的多元化经营企业中，竞争优势和协同作用很重要，它们主要是解决企业内部各产品的相关性和在市场上进行竞争的问题。在多种行业联合的大型企业里，竞争优势和协同作用相对来讲不是非常重要，因为企业中各经营业务之间存在一定的协调性，可以共同形成整体优势，即使某项经营业务略有不善，其他的经营业务也还可以支持整个企业形成优势。

2. 经营单位战略（事业部战略、经营战略）

经营单位是战略经营单位的简称，是指公司内其产品和服务有别于其他部分的一个单位。一个战略经营单位一般有着自己独立的产品和细分市场。它的战略主要针对不断变化的环境，在各自的经营领域里有效地竞争。为了保证企业的竞争优势，各经营单位要有效地控制资源的分配和使用。同时，战略经营单位还要协调各职能层的战略，使之成为一个统一的整体。经营单位战略主要有基本竞争战略、投资战略，以及针对不同行业和不同行业地位的经营战略。

从战略构成要素的角度来看，竞争优势与资源配置通常是经营单位战略中最重要的组成部分。但这里的资源配置主要是指产品和市场寿命周期问题。在多数情况下，经营范围与产品和细分市场的选择有关，与产品和市场的发展阶段有关，而与产品和市场的深度与广度的关系甚少。在这个层次上，协同作用是指把经营单位中不同职能领域的活动加以协调。

总体战略是涉及企业全局发展的、整体性的、长期的战略计划，对企业的长期发展产生深远影响。而经营单位战略则着眼于企业整体中的有关事业部或子公司，影响着某一类具体的产品和市场，是局部性的战略决策，只能在一定程度上影响总体战略的实现。所以，总体战略主要由企业的最高层参与决策、制定和组织实施，而经营单位战略形成的参与者主要是具体的事业部或子公司的决策层。

3. 职能战略

职能战略又称职能部门战略，是为了贯彻、实施和支持总体战略与经营单位战略而在企业特定的职能管理领域制定的战略。职能战略一般可分为营销战略、人力资源战略、财务战略、生产战略、研发战略等。

从战略构成要素来看，协同作用和资源配置是职能战略的关键要素，而经营范围则通常不用职能战略考虑。要根据经营单位战略的要求，在各职能部门中合理地配置资源，并确定各职能的协调与配合。

与企业总体战略相比，职能战略用于确定和协调企业短期的经营活动，期限较短，一般在一年左右；职能战略是为负责完成年度目标的管理人员提供具体指导的，所以它较总体战略更为具体。

三、企业战略管理的过程

战略管理是制定和实施战略的一系列管理决策与行动。一般认为，战略管理由几个相互关联的阶段所组成，这些阶段有一定的逻辑顺序，包含若干必要的环节，由此形成一个完整的体系。详见图 2.2。

【小思考 2.1】

战略也是一种计划，正确吗？

答：正确。组织中开展的一切以未来为工作内容的管理活动都可以纳入计划职能。

第二节　战略环境分析

对企业经营活动有着直接而且重要影响的因素，可能来源于不同的层面。通常，按照环境因素是对所有相关企业都产生影响，还是仅对特定企业具有影响，将企业的外部环境分为宏观环境、行业环境和微观环境。本节将着重分析影响企业战略的行业环境。

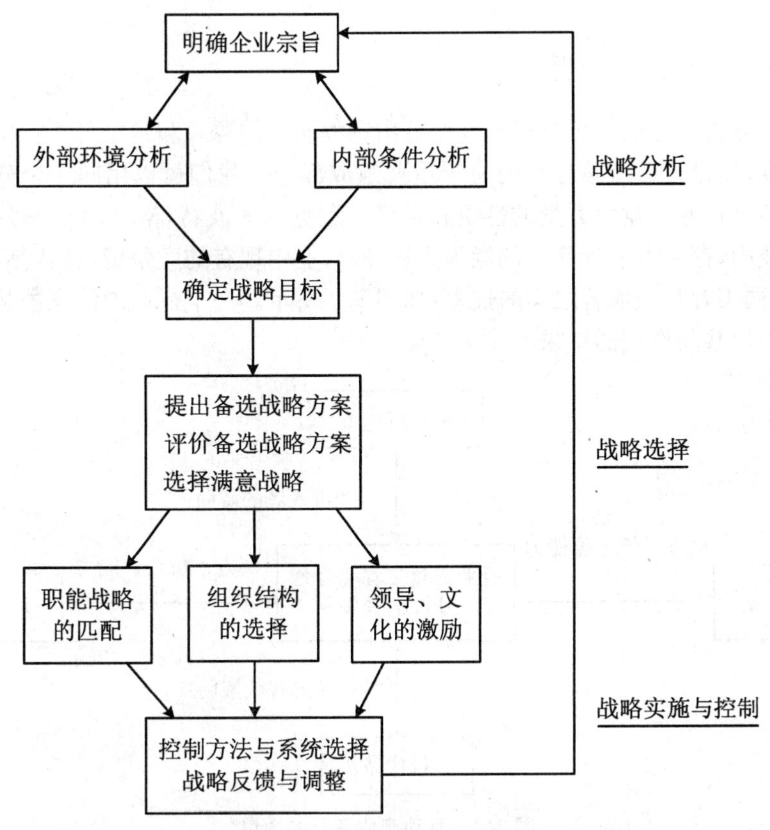

图 2.2 企业战略管理过程图

一、企业宏观环境分析

宏观环境也就是企业活动所处的大环境，主要由政治环境(Political)、经济环境(Economic)、社会环境(Social)、技术环境(Technological)等因素构成，即 PEST 分析。宏观环境对处在该环境中的所有相关组织都会产生影响，这种影响通常间接地、潜在地影响着企业的生产经营活动，而且其作用是根本的、深远的。详细内容在第三章第二节“市场营销环境”中再作阐述。

二、行业环境分析

（一）行业竞争分析

深入分析行业的竞争过程从而挖掘出竞争压力的源泉和确定各个竞争力量的强大程度，这是行业竞争分析的一个重要组成部分。我们可以用同一个分析框架来分析各个行业中竞争力量的性质和强度。迈克尔·波特（M. E. Perter）指出，在一个行业中，存在着五种基本的竞争力量，即行业中现有的竞争者、替代品、潜在的加入者、购买者和供应者之间的抗衡，如图 2.3 所示。一个行业中的竞争状态是各个竞争力量共同作用的结果。

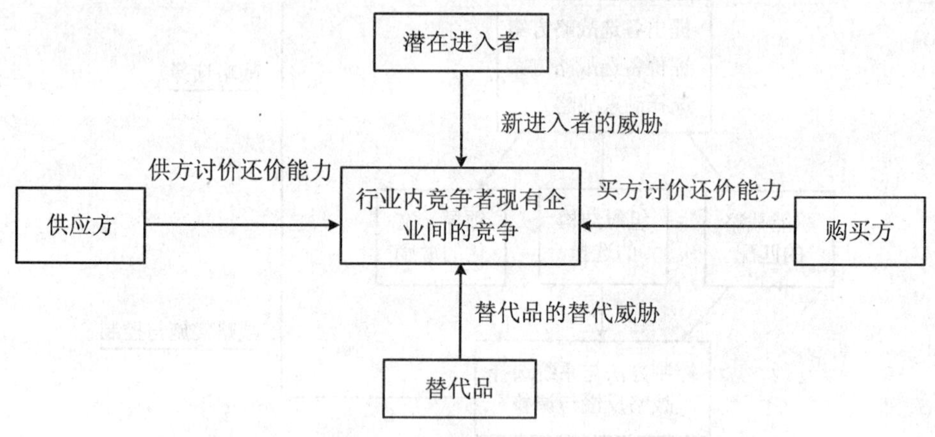

图 2.3　驱动产业竞争的力量

1. 新进入者的威胁

研究表明，多数企业未能对新进入者所造成的威胁给予足够的重视。事实上，许多新进入者往往都携带大量的资源，以至于给行业内当前企业造成极大的不良影响。它致使行业内现有企业不得不提高生产效率，扩展全新的领域。企业进入一个行业的可能性的大小由两个因素决定：一是进入障碍，二是对当前企业报复的预期。

（1）进入障碍

行业内的企业总是不欢迎那些新进入的企业，因此就会想方设法设置进入障碍。相反，潜在的进入者也会精心挑选那些进入障碍较低的行业。比较显著的进入障碍包括：

① 规模经济。当企业逐渐增加规模时，企业的边际利润随之递增。从成本的

角度看，也就是企业在生产经营过程中，在单位变动成本不变的情况下，产量越高单位产品对于固定成本的分摊越少，从而达到降低单位成本的目的。

规模经济所制造的障碍可以通过各种经济活动来实现，包括生产、研发、营销、采购、服务等。在这种情况下，新进入者就会踌躇，如果规模较大，可能会存在诸多的进入风险，遭到竞争报复；如果规模较小，又无法降低成本，处于成本劣势。

② 产品差异化。企业只有为顾客提供个性化的产品或服务，展现产品或服务的特性，才能够有机会赢得顾客。这样企业才能优先于其他公司向顾客提供产品或服务，使广告变得更加有效。不难理解，为什么众多的知名品牌，比如可口可乐、丰田、海尔、玉兰油等厂商投入如此巨大的广告费，就是为了宣传其产品区别于其他产品的特性，建立消费者对于自己产品的信任和忠诚。鉴于此，新进入者会花费大量的广告和宣传投入来消除顾客对原有产品的忠诚，或者用更低的价格相抗衡，这无疑会减少企业的利润。

③ 资本要求。在新的行业，竞争意味着大量的投资。除了厂房设施和设备之外，生产、市场营销活动和其他重要的企业职能，都需要大量的资本。因此，即使新的行业有很好的发展前景，新进企业也可能无法承担企业的各项开销。

④ 转换成本。转换成本是指由于顾客转向新供应商所引起的一次性成本，如购买新的辅助设备就属于转换成本。

⑤ 分销渠道。产品进入市场必须通过良好而有效的分销渠道，企业一旦与分销商建立起经销关系，就会悉心培育市场，为新进入者的进入制造转换成本。

⑥ 政府政策。政府可能通过授权或特许经营对进入特定行业进行控制。在烟草制造、酒类生产、烟酒零售、银行业务、证券交易等行业，政府的决定和法规限制了进入的可能性。

(2) 预期的报复措施

想要进入某个行业的企业还要估计现有行业企业的反应。如果意料到反应将会很激烈，进入的成功可能性就会很小。行业中的某个企业如果与这个行业的利益攸关，或者它有相当的资源，或者行业的增长缓慢或受到限制，那么这个企业采取激烈报复措施的可能性就会很大。这时新进入者可以寻找还未提供服务的市场缝隙进入，避开障碍。小的创业企业一般最好是寻找并服务于那些被忽视的细分市场。吉利汽车进入汽车市场时，专注于节能小型轿车，这个市场一直被大的汽车企业所忽视。吉利通过避开与强大对手的竞争，迅速地占有这一市场，并为更全面的市场介入创造了基础。

2. 供应商讨价还价的能力

供应商可能通过提高价格或降低产品质量来对行业内的竞争企业显示自己的力量。如果企业无法通过价格结构消化增长的成本，它的利润就会因为供应商的行为而降低。供应商在以下情况时更有讨价还价的能力：

(1) 商品供应掌握在少数几个大公司手中。

(2) 没有很好的替代品供应。

(3) 对于整个供应行业来说，买方企业不是它们的重要客户。

(4) 供应商的产品对买方很关键。

(5) 供应商的产品已经给企业制造了很高的转换成本。

(6) 供应商前向整合进入企业所在行业的可能性很大。

3. 买方讨价还价的能力

企业总是追求更高的投资回报率，而买方也就是消费者总是期待用最小的支出获得最好的产品和最优质的服务。这个价格支出将会使企业获得所能接受的最小的投资回报率。为了减少支出或降低成本，买方通常会讨价还价，寻求更好的产品，更多更好的服务，以及更低的价格。顾客在以下情况下更有讨价还价的能力：

(1) 他们购买了行业产出的一大部分。

(2) 从这个行业购买产品支出的成本占买方成本的很大部分。

(3) 他们能够不花费很大代价就转移到其他产品。

(4) 行业产品差别不大或已形成标准化，并且买方向后整合进入行业的可能性很大。

4. 替代品的威胁

替代品是指那些来自不同行业的产品或服务，这些产品或服务的功能与该行业的相同或相似。一般来说，如果顾客面临的转换成本很低甚至为零，或者当替代品的价格更低，或质量更好、性能相似甚至超过竞争产品时，替代品的威胁就会很强。在顾客认为具有价值的地方进行差异化，如价格、质量、服务、地点等，可以降低替代品的竞争力。

比如中国移动通信公司在面对中国电信和中国网通推出的小灵通业务时，推出了包含免费短信的“动感地带”套餐，既满足了消费者的需求，又极大地降低了消费者的花费。

5. 现有竞争对手之间竞争的激烈程度

因为行业内的企业相互制约，一个企业的行为必然会引发竞争反应。因此，在许多行业，企业为了追求战略竞争力和超额利润，都积极投身竞争。如果企业受到挑战，或者有一个显著的改善其市场地位的机会，激烈的竞争行为就不可避免。看得见的竞争舞台包括价格、质量和创新。一般来说，企业总是尽力在具有顾客价值的方面和它们有优势的方面使自己的产品差异化。像格兰仕微波炉就很好地利用了其最有优势的一面，将其产品的价格降至最低点，使其市场地位得到显著改善和稳固。

总之,一个行业的竞争程度和行业利润潜力是由上述五种力量模型的竞争力量来决定的。对这些问题的解析,可以对企业的外部竞争环境有一个充分的认识和理解,有利于企业更积极主动地面对竞争,获取超额利润。

(二) 行业中主要竞争对手分析

主要竞争对手是指那些对企业现有市场地位构成直接威胁或对企业目标市场地位构成主要挑战的竞争者。如果一个企业不去监测其主要竞争对手的各种行动,不去分析它们的战略,不去预测它们下一步最可能采取的行动,它就不可能战胜竞争对手。

1. 识别主要竞争对手

现在,谁是主要的竞争对手,这一点通常很明显。但是,在今后一段时间内,情况可能会有变化。有些企业可能会失去锐气,有些新的竞争者可能会加入进来,有些企业可能会快速成长。所以,要注意下列潜在的竞争对手:可以轻易克服进入壁垒的企业,进入本行业后可产生明显协同效应的企业,其战略的延伸必将导致加入本行业的企业,可能通过一体化进入行业的客户或供应商,可能通过购并而快速成长的企业等。对于主要竞争对手,要进行有效的信息收集和分析活动。企业进行战略决策所需要的信息中,有95%都可以从公开渠道中得到,包括行业杂志、招聘广告、报纸、政府文件、行业资料、用户、供应商、分销商和竞争者本人。

2. 主要竞争对手分析

对主要竞争对手的分析包括四个方面:主要竞争者的目标、战略假设、现行战略、资源和能力,如图2.4所示。大部分企业至少对于他们对手的现行战略、优势和劣势有一定的直观感觉,即能够大致了解竞争对手在做什么和能够做什么,而对图2.4左侧内容的关注要少得多。他们对竞争对手的未来目标和战略假设知之甚少,因为对这两个因素的观察要比对竞争对手的实际行为的观察难得多,但这却是确定竞争对手未来行动的主要因素。

(1) 主要竞争者目标分析

了解竞争者的目标就可以了解每位竞争对手对其目前的地位和财务状况是否满意,推断出竞争者的战略发展方向和可能采取的行动,从而在战略管理一开始就能针对主要竞争者可能采取的行动设计应对方法。对竞争对手目标的了解也有助于预测它对战略变化的反应,从而帮助企业避免那些会招致引发“激烈战争”的战略行动。竞争对手的公开战略目标可以通过各种公开资料获得,如上市公司的公告。即使是通过不公开的途径来获得,也不太困难,因为战略目标总是要让很多人知晓的。困难的是,竞争者不愿公开的目标,以及各种目标的权重。以下信息有助于弄清竞争者的目标体系：竞争对手的价值观或信念、对待风险的态度、组织结构、控制和激励系统、领导层的构成、该业务单位在母公司中的地位、母公司的业务组合等。

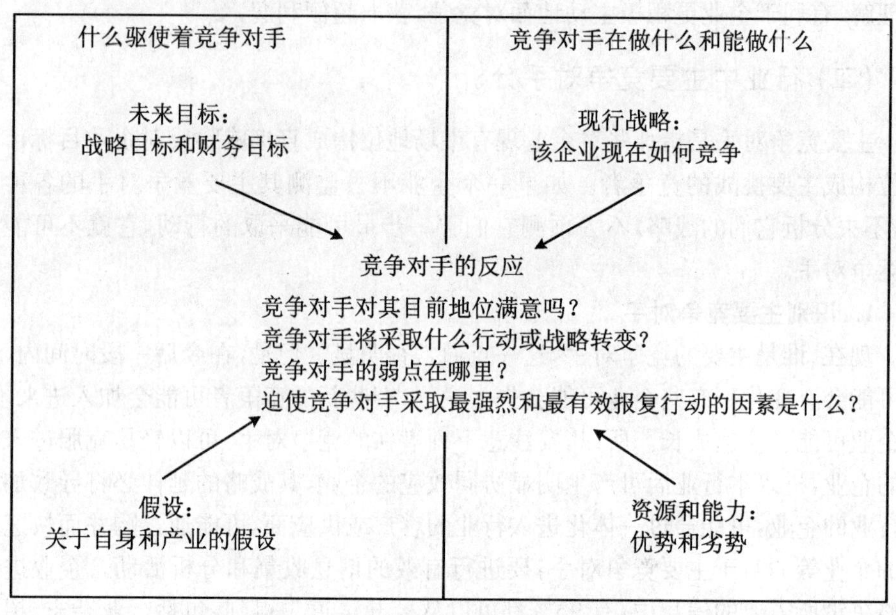

图 2.4　主要竞争对手分析的内容

(2) 主要竞争者的假设分析

竞争者的目标是建立在对环境和对自己的认识之上的，这些认识就是竞争者的假设。竞争者的战略假设有两类：第一类是竞争者对自己的力量、市场地位、发展前景等方面的假设，称为竞争者自我假设；第二类是竞争者对自己所在行业及行业内其他企业的假设，包括竞争者对产业构成、产业竞争强度和主要产业威胁、产业发展前景、产业潜在获利能力等方面的认识和判断。

应分析竞争对手的战略假设是否正确，竞争对手错误的或过时的假设常常会使企业找到战略契机。假如某竞争对手相信它的产品拥有极高的顾客忠诚度，而事实并非如此，则刺激性地降价就是抢占市场的好办法。这个竞争对手很可能拒绝作相应降价，因为它相信该行动不会影响它的市场占有率，只有在发现已丢失一大片市场时，它才会认识到其假设是错误的。了解竞争对手的战略假设，不但可以理解竞争对手当前的战略，进而推断它可能采取的战略行动，还可以了解它的认识方式，针对其特定的认识方式选择有针对性的竞争方式。

(3) 主要竞争者的现行战略分析

对竞争者现行战略进行分析的重点在于，通过竞争者的产品和市场行为来推断它的现行战略，预计目前战略的实施效果，分析竞争者现行战略对本企业的影响。分析该企业当前的业绩，分析它继续实施当前战略的前景，竞争者改变目前战略的可能性。对当前业绩及前景持满意态度的企业可能会继续实施现行战略，当然，它也可能做一些调整，这与它的目标和假设有关。但是，业绩很差的竞争对手则一般会推出新的战略行动。

（4）主要竞争者的资源和能力分析

最后，要对竞争对手的资源和能力做实事求是的评估，把握它的优势和劣势。竞争对手的目标、假设和现行战略会影响它反击的可能性、时间、性质和强度。而它的优势和劣势将决定它发起战略行动的能力以及处理所处环境中突发事件的能力。

3. 预测主要竞争对手下一步行动

（1）预测竞争对手的下一轮行动

① 对现行地位和业绩的满足。将竞争者的目标与其现行地位和业绩相比较，谁可能想要实行战略性转变？

② 可能采取的行动。根据竞争者的目标、假设、资源和能力，它最有可能做出什么样的战略变化？

③ 行动的强度和严肃性。对某个竞争者的目标、资源和能力进行的分析，能够被用来评估这类可能采取的行动的预期强度。

（2）分析竞争对手的防御能力

① 易受攻击性。竞争者最易受到攻击的是哪些战略行动和哪些事件？什么事件具有不对称的获利后果，即对某个竞争者利润的影响比对发起行动企业的利润的影响是大还是小？哪些行动可能需要太大的代价去报复或仿效，以至于使该竞争者无法冒险去采取这类行动？

② 什么行动或事件将会挑起竞争者们之间的报复？

③ 报复的有效性。报复会不会迅速进行？报复可能以什么形式展开？采取何种行动能使竞争者报复的有效性下降？

三、企业内部环境分析

企业内部环境是指企业内部自身能够加以控制的因素。企业战略的制定及选择不仅要客观地分析企业的外部环境，而且要对企业自身的内部资源、能力及核心能力加以正确地分析，以此掌握企业目前的资源、能力状况，明确自身的优势和劣势。这里着重介绍企业核心能力分析。

（一）核心能力的概念

核心能力是企业在长期生产经营过程中积累的知识和特殊的技能（包括技术的、管理的等）以及相关的资源（如人力资源、财务资源、品牌资源、企业文化等）组合成的一个综合体系，是企业独具的、与他人不同的一种能力。企业持续竞争的源泉和基础在于核心能力。

【补充阅读】

知名企业的核心能力如表 2.1 所示。

表 2.1　知名企业的核心能力

企业名称	核心能力
耐克公司	销售能力和设计能力
戴尔公司	直销能力
索尼公司	微型化技术
佳能公司	精密仪器研制
NEC 公司	数字技术
松下公司	加工技术和分销能力
海尔公司	市场整合能力
长虹公司	技术吸收创新和低成本扩张能力

（二）企业核心能力组成要素

企业核心能力组成要素包括五个方面：

1. 全体员工的知识和技能水平

这不仅包括每个员工的知识与技能水平，还包括企业全体员工的知识结构和技能结构。

2. 企业技术体系

这不仅包括企业技术的硬件体系，还包括企业技术的软件体系。

3. 企业的管理体系

企业的管理体系包括企业的管理思想、管理理念、企业管理的方式方法及手段、企业战略管理及其他职能管理等。

4. 企业文化

企业文化也是企业核心能力的重要组成部分。

5. 整合集成

集成从管理角度来说，是创造性融合的过程，是由最适宜的要素组成，优势互补，以最合理的结构形式结合成有机体的过程。因此，管理集成能够成倍地提升核心能力的整体效果，是优胜劣汰及动态变化的过程，是核心能力全方位与企业内外资源要素相互作用的过程，也是发挥人的创造性思维的过程。

（三）企业核心能力分析

1. 主营业务分析

主营业务分析是要分析企业是否有明确的主营业务，企业优势是否体现在主营业务上，其主营业务是否有稳定的市场前景，本企业在该领域中与竞争对手相比的竞争地位如何等。一个企业如果没有明确的主营业务，经营内容过于分散，则很难形成核心能力；或者企业虽有主营业务，但在该业务领域中的竞争地位很弱，也不能说具有核心能力。在主营业务分析中，企业可以运用主营领域明确程度、主营领域市场占有率及其行业排名、主营领域收益占总收益的份额、主营市场前景预测等指标和方法进行具体评价。

2. 核心产品分析

核心产品是核心能力的体现。通用汽车公司的发动机、英特尔公司的微处理器都是其核心产品。企业核心能力的分析需要分析企业是否有明确的核心产品，核心产品的销售现状如何，企业的竞争地位、市场前景怎样，扩大销售的可能性等。分析核心产品的具体指标包括核心产品的市场份额、美誉度、行业延展性、销售收入增长速度及市场发展速度等。

3. 核心能力分析

核心能力分析主要分析以下内容：支持企业主营业务的核心产品的核心技术和专长的价值性、独特性、难于模仿性和不可替代性；这些核心技术和专长是否得到了充分发挥，为企业带来何种竞争优势；保护、保持和发展这些核心技术和专长的现时做法、方案和未来计划。

核心能力具有动态性，昔日的核心能力今天可能已退化为一般能力。企业为了具有长久的竞争优势，必须不断保护和发展自己的核心能力，因此对企业核心能力的分析，还应涉及更深层次的内容，即企业发展核心能力的分析。

（四）企业核心能力的培育

1. 培育一支高水平的人才队伍，营造“学习型”组织

市场竞争的核心在于人才，企业要在激励的市场竞争中占有一席之地，就必须建设一支高素质的人才队伍。虽然核心能力并不存在于单个人中，但核心能力的形成归根结底是知识、技能的学习与积累，而人才是这些智力资源的载体。

2. 培养核心技术能力

企业要形成核心竞争能力，关键是要有核心技术，有了核心技术，才能使企业形成专业化优势，从而提高效率，降低成本，牢靠地占据市场，占领“先机”，形成企业特殊的优势。核心技术的培养必须立足于创新，立足于企业自身实际优势的创新，不断形成专利性技术。

3. 形成有效的管理机制

培育适宜核心能力成长的管理机制是提高企业核心竞争能力的重要途径。实施有效管理主要包括制度管理、质量管理、文化管理、创新管理等。

4. 信息化体系的建设

及时获取有关技术、市场信息并在组织内部迅速准确地传递、处理是企业成功的前提。因此，企业信息体系的建设与完善是构成企业核心竞争力的重要方面。

5. 塑造先进的企业文化

企业文化是一个企业的个性与核心竞争力的深层次因素，它强烈影响着企业员工的行为方式与偏好，并通过经营决策过程和行为习惯体现在企业技术实践和管理实践中。企业文化最能持久地影响整个企业。

四、SWOT 分析法

SWOT 分析法，是一种综合考虑企业内部条件和外部环境的各种因素，进行系统评价，从而选择最佳经营战略的方法。这里 S 是指企业内部的优势(Strengths)，W 是指企业内部的劣势(Weaknesses)，O 是指企业外部环境的机会(Opportunities)，T 是指企业外部环境的威胁(Threats)。

SWOT 分析法依据企业的目标，列出对企业生产经营活动及发展有着重大影响的内部及外部因素，并且根据所确定的标准，对这些因素进行评价，从中判定出企业的优势与劣势、机会和威胁。常用的方法是对所列出的因素逐项打分，然后按因素的重要程度加权并求和，以判断其中的内部优劣势以及外部环境的机会和威胁。企业在此基础上，选择所要从事的战略。例如，某企业对影响其发展的内、外部各种因素进行了系统分析，画出如表 2.2 所示的 SWOT 分析表，并选择了相应的战略。

表 2.2　SWOT 分析表

Ⅰ　劣　　势	
因　　素	启　　示
(1) 管理方面 ① 本公司有 6 类产品,但因集权型管理,效力发挥不佳 ② 中级主管效绩欠佳者过多 (2) 市场及产品方面 ① 甲产品早已过时,市场占有率急剧下降 ② 一客户采购量占乙产品销量的 50%	(1) 管理方面 ① 宜采用分权型组织 ② 加强管理,拟订培训计划 (2) 市场及产品方面 ① 须对产品加以改造 ② 开拓新市场,降低对单一客户的依赖
Ⅱ　优　　势	
(1) 管理方面 研究及发展部门能力较强 (2) 市场及产品方面 丙产品在发展的市场中占有率日渐上升	(1) 管理方面 宜兼顾模仿 (2) 市场及产品方面 宜再投资,提高投资报酬率
Ⅲ　威　　胁	
因　　素	策略意义
(1) 环境方面 一分厂可能遭受政府提高安全标准之累,但该标准近期似难以达到 (2) 竞争方面 丁产品的原材料价格可能上涨	(1) 环境方面 着手设计新生产方法,以期符合新标准的要求 (2) 竞争方面 努力改进工艺,降低成本
Ⅳ　机　　会	
(1) 市场方面 预测甲产品的需求将上升 (2) 财务方面 现金充裕	(1) 市场方面 宜进行研究,是否提高生产能力 (2) 财务方面 考虑是否引进新的生产线

从图 2.5 可以看出,第Ⅰ类型的企业,具有很好的内部优势以及众多的外部机会,应当采取增长型战略,如开发市场、增加产量等。第Ⅱ类企业,面临巨大的外部机会,却受到内部劣势的限制,应采用扭转型战略,充分利用环境带来的机会,设法清除劣势。第Ⅲ类企业,内部存在劣势,外部面临强大威胁,应采用防御型战略,进行业务调整,设法避开威胁和消除劣势。第Ⅳ类企业,具有一定的内部优势,但外部环境存在威胁,应采取多种经营战略,利用自己的优势,在多样化经营上寻找长期发展的机会。

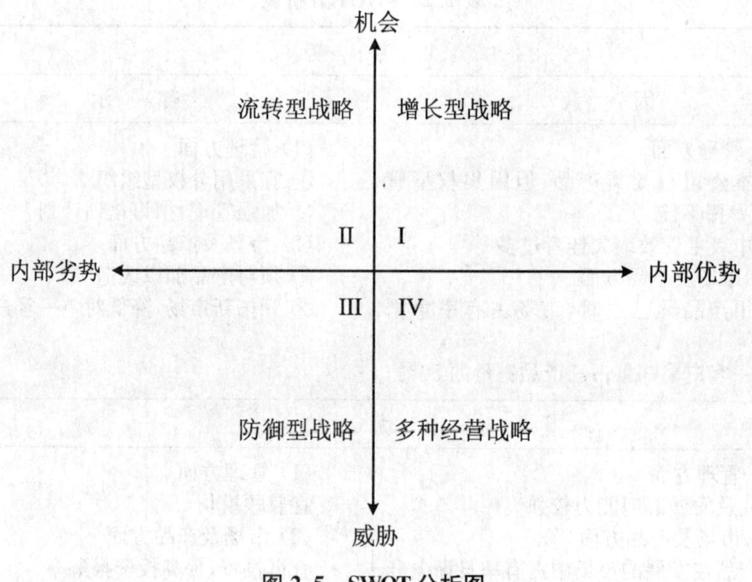

图 2.5 SWOT 分析图

第三节 企业竞争战略

竞争战略关系到企业如何在所选择的行业或领域内与竞争对手展开有效的竞争。基本的竞争战略有三种:成本领先战略、差异化战略和重点集中战略。

一、成本领先战略

(一) 成本领先战略的概念

成本领先战略(Overall Cost Leadership)是指企业能以低于产业平均水平的成本为顾客提供相同的产品或价值,由此获得竞争优势。

【伴随案例】

格兰仕低成本战略

格兰仕通过整合国际微波炉生产价值链,不断扩大自己的规模,以规模降低成本,而成本优势则意味着价格优势。比如,当格兰仕生产规模达到 100 万台时,它按照80万台规模的成本定价；当规模达到400万台时，它按照200万台规模的成本定价；而在规模达到1000万台以上时，又将价格降到规模为500万台企业的成本价以下。格兰仕除了充分利用经济杠杆以外，还通过引入JIT管理模式实现零库存、大流水，获得成本领先优势。在组织结构和人力资源管理上，格兰仕的做法也与成本领先战略的要求一致。格兰仕提出"用工厂的方式"来管理整个集团公司，引入"扁平化"的内部管理机制，千方百计减少层级，尽量保持组织结构以直线为主的简明化。同时，格兰仕要求格兰仕人不但能独当一面，还要是以一当三的好手。这一系列措施都使管理成本得以大大地减缩。

【分析启示】 格兰仕的奇迹源于其成功实施了低成本领先战略。通过成本领先战略从而在市场中取得更强的讨价还价能力，企业再以这种讨价还价能力为先导，不断地发动价格战，把运营成本高于行业平均水平的企业挤出竞争行列的同时提高自身的市场份额。

(二) 成本领先战略的优势和弱点

1. 成本领先战略的优势

(1) 形成进入障碍。无论是规模经济还是其低成本优势，都对新进入者构成必须克服的进入障碍。

(2) 增强企业面对供应商和买方的讨价还价能力，可以使企业占有更多的市场份额。

(3) 降低或缓解替代品的威胁，使企业处于有利的竞争地位。

2. 成本领先战略的弱点

(1) 为降低成本而采用的大规模生产和技术设备过于专一化，在技术和市场迅速变化的时期，易造成企业的退出风险。例如，20世纪20年代福特汽车公司在"简单、坚固、廉价"的生产理念指导下，曾一度只生产清一色的黑色T型汽车。而随着人们收入的增加，人们越来越重视汽车的式样、颜色、型号、质量、性能等，于是福特公司不得不耗费巨资彻底改造只能生产"黑色T型汽车"的大规模生产线。

(2) 对顾客需求的适应性较差，尤其当企业过分追求低成本时，可能会降低产品的质量，或忽视顾客的偏好，从而影响顾客的满意度。

(3) 成本领先战略是一种格外依赖于先发制人策略的战略。当产业中众多企业都争先采取此战略并相持不下时，则可能对产品营利能力和产业结构带来不良后果。

3. 实施成本领先战略的途径

(1) 规模经济。规模生产和规模分销，是实现成本领先的关键。信息技术、网络技术的发展和管理手段的不断完善，使企业的全球生产、全球采购、全球配送、全球销售成为可能。因此,技术要素在企业规模经济实现过程中发挥着越来越重要的作用。

(2) 充分利用企业生产能力,特别是那些固定成本较高的资金密集型行业。

(3) 尽量降低各种投入要素的成本。

(4) 积极采用先进的工艺技术,如节省能耗的新工艺、新技术。

(5) 改进产品设计,提高标准化程度。

【小思考 2.2】

成本领先战略是否等同于低价格战略?

答:成本领先战略不是低价格战略,而是低成本战略。当成本领先的企业的价格相当于或低于其竞争厂商时,它的低成本优势就会转化为高收益。

二、差异化战略

(一) 差异化战略的概念

差异化战略(Differentiation)是指企业向顾客提供的产品或服务在行业里别具特色,并能带来较高的顾客理解附加值,形成产品溢价。如果一个企业能够使产品溢价大于因差异化而追加的成本,那么,拥有这种差异化的企业就具备有利的竞争优势。在这种战略指导下,企业的目标就是要力求在顾客重视的产品或服务的特性方面独树一帜。

(二) 差异化战略的优势和弱点

1. 差异化战略的优势

(1) 形成进入障碍。产品的差异性或特色,往往会产生高度的品牌忠诚,从而形成对新进入者的有效障碍。

(2) 差异化能给企业产品带来较高的溢价。差异化程度越大,所具有的特性或功能越是难以替代和模仿,顾客就越愿意为这种差异化支付高价,由此企业可以获得丰厚的利润。

(3) 获取顾客对企业的品牌忠诚。由于被企业产品的差别化特色强烈吸引住,使得顾客的价格敏感度降低,从而成为企业稳定的顾客群。

2. 差异化战略的弱点

(1) 如果企业形成差异化的成本过高,使大多数顾客难以接受,或者与其他同类产品相比,二者的价格差额足以抵消差异化产品带来的理解附加值,那么,差异化战略就将面临风险。所以,如果企业试图通过差异化来取得竞争优势,就必须明确产品的差异性必须是市场认可的，并与顾客的支付能力相匹配。

(2) 顾客需要的产品差异性的地位和作用会逐渐下降。顾客的需求是在不断变化的，特别是在成熟的消费环境中，顾客对"差异化"的理解更加理性，这可能会大大降低顾客对产品的差异化地位和作用的理解值。例如，过去许多人对外国产品有一种盲目崇拜的消费热情，但随着消费者消费经验的积累和市场产品的日益丰富，这种盲目崇拜已经变成了理性地比较。

(3) 顾客可察觉的产品差异性可能会逐渐缩小。这主要是由于技术扩散、管理手段的不断完善，以及竞争对手的不断模仿，使得产业中出现"产品趋同性"现象，这在成熟产业中表现得最为明显。

(三) 实施差异化战略的途径

1. 提供能够降低顾客使用企业产品总成本的产品特性和服务特色

例如，减少购买者的人工成本、采购订货成本、配件配料成本、维修成本，提供更周全的售后服务，提高产品的技术性能等。这要求企业必须具备产业领先的技术。

2. 塑造无形差异化，提高顾客的满意度

无形差异化是指通过塑造特殊的品牌风格、企业文化特色、企业形象特色等来打动人心，提高顾客的心理需求和满意度。例如，CHANEL 精致一流的品牌气质，MARLBORO 独树一帜的牛仔形象，麦当劳清洁、快速、优质、亲切的企业形象，海尔"中国造"的民族品牌的气概，等等。

3. 通过竞争对手缺乏或不能模仿的竞争能力来为顾客创造价值

应该说，具备竞争对手没有或不能模仿的能力，即企业的核心能力，是企业获取持续竞争优势的源泉，而这些能力可能存在于企业价值链的诸多环节上。例如，麦当劳控制全球连锁店食品标准和服务质量的能力，微软的技术专利和一支优秀的程序员队伍，等等。可以说，持久的差异化来源于企业的核心能力，它能保证企业具备长久的竞争优势。

三、重点集中战略

集中战略(Focus)是指企业将目标集中在特定的细分市场上，在产业中很小的竞争领域内建立独特的竞争优势。

成本领先战略与差异化战略是企业面向全行业并在全行业范围内进行的活动。而集中战略则是在一个特定的范围，针对非常集中的目标顾客进行生产经营活动，争取优于竞争对手的优势。在所选定的、狭隘的市场范围内，企业同样可采取成本领先和差异化战略。因此,也可以把集中战略称为集中成本领先战略和集中差异化战略。三种战略的关系如图 2.6 所示。

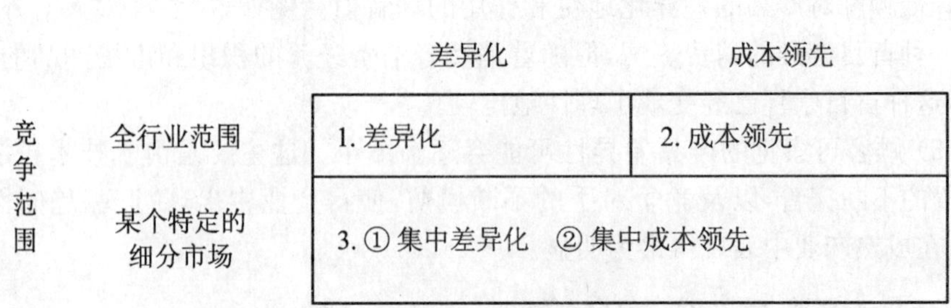

图 2.6 三种基本竞争战略的关系

集中战略主要适合用于一些实力和技术还不是很强的中小企业。从产业领域来说,在某些难以形成规模经济或产品难以标准化的产业中,实施集中战略可以使企业在专用产品、复杂产品上建立自己独特的竞争优势。

第四节 企业成长战略

企业成长战略是一种使企业在现有战略基础上向更高一级的目标发展的战略。该战略以成长为导向,引导企业不断地开发新的产品,开拓新的市场,采用新的生产和管理方式。正确运用成长战略,能够使一个企业由小到大,由弱到强,不断地增长和发展。企业成长战略包括密集型发展战略、一体化发展战略和多样化发展战略。

一、密集型发展战略

密集型发展战略是指企业在原有生产范围内充分利用在产品和市场方面的潜力,以快于过去的增长速度来求得成长与发展的战略。该种战略又称为集中型发展战略或集约型成长战略,是较为普遍采用的一种公司战略类型。主要包括市场渗透战略、市场开发战略和产品开发战略。

(一) 市场渗透战略

市场渗透战略是指以现有产品在现有市场范围内通过更大力度的营销努力提

高市场份额的战略。

1. 实施市场渗透战略的基本途径

(1) 增加现有产品的使用人数。

① 转化非使用者。市场上一般总存在没有使用过该产品的消费者,他们或是由于支付能力有限,或是由于其他原因,企业可以采取相应的措施,如分期付款、降低产品的价格等,使这些消费者成为本企业的顾客。

② 发掘潜在的使用者。企业可以通过有效的信息传播,把产品介绍、推销给从未使用过企业产品的用户。如本来为妇女生产的洗发剂,现在又成功地推销给男士及儿童使用。

③ 吸引竞争对手的顾客。如提供比竞争对手更为周到的服务,在市场上树立更好的企业形象和产品信誉,努力提高产品质量等,尽可能把竞争对手的顾客吸引到本企业的产品上来。

(2) 增加现有产品使用者的使用量。一般来说,可从如下两方面考虑如何刺激顾客潜在需求:

① 刺激现有顾客更频繁地消费本企业的现有产品。如肉联厂宣传它生产的火腿肠不仅可以夹在面包里吃,还可以放在菜里和汤里吃,味道同样鲜美;牙膏厂家向目标顾客宣传养成早起、饭后、睡前都刷牙的保持口腔卫生的良好习惯,其目标在于增加消费者的使用次数。

② 刺激顾客增加产品单次使用的使用量。如油漆公司可以给用户暗示,使用本企业的产品油漆家具时,起码要上三遍油漆,上油漆的次数愈多,则家具会愈光亮、美观。

(3) 增加产品的新用途。产品附带的新用途会增加产品使用人数,新用途将使得现有产品的使用量增加。

(4) 改进现有产品的特性。一般来说,可从以下三个方面考虑进行产品改进:

① 提高产品质量,如增强产品的功能特性;

② 在尺寸、重量、材料、添加物、附件等方面增强产品特点,提高其使用的安全性、便利性,如在开罐头的工具上添加动力装置以增强其便利性与安全性;

③ 改进产品的式样,如化妆品包装瓶子的颜色和形状应不断变换以招徕顾客。

2. 实施市场渗透战略的一般条件

当企业的产品或服务在当前市场中还未达到饱和时,即市场处于成长期,采取市场渗透战略具有潜力;当现有用户对产品的使用率还可显著提高时,企业可以通过营销手段进一步提高产品的市场占有率;在整个行业的销售额增长时,竞争对手的市场份额却呈现下降趋势,企业就可通过市场份额的增加获得收益;企业在进行产品营销时，随着营销力度的加大，其销售呈上升趋势，且二者的相关度能够保证市场渗透战略的有效性；企业通过市场渗透战略带来市场份额的增加，使企业达到销售规模的增长，且这种规模能够给企业带来显著的市场优势。

（二）市场开发战略

市场开发战略是密集型发展战略在市场范围上的扩展，是将现有产品或服务打入新市场的战略。比市场渗透战略具有更多的战略机遇，能够减少由于原有市场饱和而带来的风险，但不能降低由于技术的更新而使原有产品遭受淘汰的风险。

1. 实施市场开发战略的基本途径

(1) 市场瓜分。企业将现有产品打入销售同类产品的市场中去，以进行市场的争夺和重新瓜分。

(2) 市场创造。即开辟新市场，包括企业在当地发掘潜在顾客，进入新的细分市场；在当地开辟新的营销渠道，包括雇佣新类型的中间商和增加传统类型中间商的数目；开拓区域外部或国外市场。

(3) 市场撤离。企业在原有市场已经饱和衰退的情形下，及时从现有市场撤离，迅速转移到新的市场中去，这既可以进入同类产品的市场进行市场瓜分，又可以进入一个新兴的市场进行市场创造。

2. 实施市场开发战略的一般条件

在空间上存在着未开发或未饱和的市场区域；企业可以获得新的、可靠的、经济的、高质量的销售渠道；企业拥有扩大经营所需的资金、人力和物质资源；企业存在过剩生产能力；企业的主营业务是全球化惠及的行业。

（三）产品开发战略

产品开发战略是密集型成长战略在产品上的扩展。它是企业在现有市场上通过改造现有产品或服务，或开发新产品或服务而增加销售量的战略。从某种意义上讲，产品开发战略是企业成长和发展的核心，实施这一战略可以充分利用现有产品的声誉和商标，吸引对现有产品有好感的用户对新产品的关注。这一战略的优势在于企业对现有市场有充分的了解，产品开发针对性强，容易取得成功。但另一方面，由于企业局限于现有的市场上，也容易失去获取广大新市场的机会。

1. 实施产品开发战略的基本途径

(1) 产品革新。即企业在现有市场上通过新技术的应用，推出新一代产品。

(2) 产品发明。即企业在现有市场上在产品线内开发新产品。

2. 实施产品开发战略的一般条件

企业拥有很高的市场信誉度，过去的产品或服务的成功，可以吸引顾客对新产品的使用；企业参与竞争的行业属于迅速发展的高新技术产业，在产品方面进行的各种改进和创新都是有价值的；企业所处的行业高速增长，必须进行产品创新以保持竞争优势；反之，如果企业所处行业增长缓慢或趋于稳定，则进行产品创新要承担较大的风险；企业在进行产品开发时，提供的新产品能够保持较高的性能价格比，比竞争对手更好地满足顾客的需求；企业具备很高的研究和开发能力，不断进行产品的开发创新；拥有完善的新产品销售系统。

二、一体化发展战略

一体化发展战略是指企业充分利用自身产品（业务）在生产、技术和市场等方面的优势，沿着其产品（业务）生产经营链条的纵向或横向，通过扩大业务经营的深度和广度来扩大经营规模，提高收入和利润水平，不断发展壮大。一体化发展战略分为纵向一体化战略和横向一体化战略。

（一）纵向一体化战略

纵向一体化战略是指企业在业务链上沿着向前和向后两个可能的方向上，延伸、扩展企业现有经营业务的一种发展战略，具体又包括前向一体化战略、后向一体化战略和双向一体化战略。

前向一体化发展战略是指以企业初始生产或经营的产品（业务）项目为基准，生产经营范围的扩展沿其生产经营链条向前延伸，使企业的业务活动更加接近最终用户，即发展原有产品的深加工业务，提高产品的附加值后再出售，或者直接涉足最终产品的分销和零售环节。

后向一体化发展战略是指以企业初始生产或经营的产品（业务）项目为基准，生产经营范围的扩展沿其生产经营链条向后延伸，发展企业原来生产经营业务的配套供应项目，即发展企业原有业务生产经营所需的原料、配件、能源、包装和服务业务的生产经营。也就是企业现有产品生产所需要的原材料和零部件等，由外供改为自己生产。

双向一体化战略是前述两种战略的复合，是企业在初始生产经营的产品（业务）项目的基础上，沿生产经营业务链条向前、后分别扩张业务范围。

1. 纵向一体化战略的优点

后向一体化能够使企业对所需原材料的成本、质量及其供应情况进行有效的控制，以便降低成本，减少风险，使生产稳定、正常地进行；前向一体化使企业能够控制销售及销售渠道，有助于企业更好地掌握市场信息和发展趋势，更迅速地了解顾客的意见和要求，从而增加产品的市场适应性。

对于一些原材料制造企业来说，前向一体化进入产品制造领域，有助于实现更大的产品差异性，从而摆脱价格竞争中的不利因素。此外，由于从原材料供应到产品形成的深加工过程，也是价值不断增加的过程，因此，前向一体化能够给企业带来更多的利益。

2. 实行纵向一体化战略的风险

实行纵向一体化时，需要进入新的业务领域。由于业务生疏，可能导致生产效率低下，而这种低效率又会影响企业原有业务的效率。纵向一体化的投资额比较大，而且一旦实行了一体化，就使企业很难摆脱这一产业；当该产业处于衰落期时，企业会面临巨大的危机。

纵向一体化还可能导致企业缺乏活力。因为这时的企业领导者往往过多地注意自成一体的业务领域，而忽视外界环境中随时可能出现的机会。

（二）横向一体化战略

横向一体化战略是指企业通过购买与自己有竞争关系的企业或与之联合及兼并来扩大经营规模，获得更大利润的发展战略。这种战略的目的是扩大企业自身的实力范围，增强竞争能力。横向一体化战略是企业在竞争比较激烈的情况下进行的一种战略选择。

1. 实行横向一体化的优点

首先是能够吞并和减少竞争对手；其次是能够形成更大的竞争力量去与别的竞争对手抗衡；再次是能够取得规模经济效益，获取被吞并企业在技术及管理等方面的经验。

2. 实行横向一体化的主要缺点

企业要承担在更大规模上从事某种经营业务的风险，以及由于企业过于庞大而出现的机构臃肿、效率低下的情况。

3. 实现横向一体化的主要途径

(1) 联合，即两个或两个以上相互竞争的企业在某一业务领域进行联合投资、开发或经营，共同分享盈利，共同承担风险。

(2) 购买，即一个实力雄厚的企业购买另一个与自己有竞争关系的企业。

(3) 合并，即两个实力相当，并有竞争关系的企业合并成一个企业。

(4) 集团公司，即由业务相互关联、有竞争关系的一群企业共同以契约形式组成具有经济实体性质的联合体。在这个联合体内，经济关系的密切程度不一样，集团公司的主要任务是协调内部各子单位的关系，承担一些单个企业无法进行或虽能进行但经济效果较差的项目，进行资源的合理调配，把握集团的最高发展方向等。

三、多样化发展战略

多样化发展战略又称为多元化发展战略、多角化发展战略，是企业为了更多地占领市场或开拓新市场，或避免经营单一带来的风险，而选择进入新领域的战略。

【伴随案例】

吉列公司从刀片到止咳糖浆

吉列公司数十年来都是一家经营单一产品的公司。自1901年创办公司以来，吉列公司依靠专利和庞大的广告支出，迅速扩大市场，到1920年触角已经遍布全球，世界上大约有2000万人在使用“吉列”刮胡刀和刀片。

但是，1921年“吉列”的专利权期限届满，竞争从那时就已经来临。1926年，亨利·盖斯曼发明了新式不易龟裂双面刮胡刀并拥有专利权。因吉列公司不愿购买这项专利，于是盖斯曼决定自己干，并很快推出了Probak刮胡刀和刀片。由于盖斯曼生产的刀片和刀锋质量优于吉列，使盖斯曼的销售额不断增加，而吉列的销售却每况愈下。到1930年末，当吉列公司愿意用自己的股票购进盖斯曼公司时，盖斯曼实际上已经积聚了相当多的吉列公司的股票，并已取得了控制权。至1931年，也就是盖斯曼第一次接触吉列公司之后的第五年、吉列专利权到期后的第十年，吉列安全刮胡刀公司已经完全不再是金C·吉列创办的公司了，吉列本人也被迫放弃持有的吉列公司的股票。

新的吉列公司不想犯同样的错误，它的现代历史实际上是一部多样化经营的历史。1948年，吉列公司收购了杜尼家庭用品公司。1954年自行开发出Viv品牌口红和泡沫刮胡膏。1957年推出了Hush牌女性除臭剂、Adorn喷发剂以及THorexin止咳糖浆。吉列一方面大力推出个人用品尤其是除臭剂和各种洗发精，另一方面又于1967年收购德国的Braun电动刮胡刀，借此来保护刮胡刀的市场。

【分析启示】 现在，吉列公司已经成了一家名副其实的多样化公司，从口袋装打火机公司、小型厨房家具公司、植物肥料公司到国际货运公司，而刮胡刀和刀片的销售额在其总销售额中所占比例至1980年还不到35%。至此，吉列公司不必再在“刀口”下讨生活了。吉列被宝洁花570亿美元收购后，实现了更高层次的多元化增长战略。

（一）水平多样化发展战略

水平多样化又被称为专业多样化，指以现有用户为出发点，向其提供新的、与原有业务不相关的产品或服务。水平多样化基于原有产品、市场和服务进行变革，因而在开发新产品、服务和开拓新市场时，可以较好地了解顾客的需求和偏好，风险相对较小。比较适合原有产品信誉高、市场广且发展潜力大的企业。

(二)同心多样化发展战略

同心多样化又被称为相关多样化或集中多样化,是指利用企业现有技术和营销力量,发展与现有产品相似的新产品、吸引新顾客的成长战略。比如,某制药企业利用原有的制药技术生产护肤美容、运动保健产品等。

采用这种发展战略,公司既可保持它的经营业务在生产技术上的统一性,同时又能将经营风险分散到多种产品上去。许多成功的企业通常都采取同心多样化战略。但值得指出的是,当公司由于采用同心多样化战略使得规模发展得越来越大时,往往无力同时兼顾许多方面。

(三)复合多样化发展战略

复合多样化又被称为混合多样化、不相关多样化或集团多样化,是指通过合并、购买、合资以及自我发展,使企业增加与现有业务大不相同的新产品或新劳务的发展战略。

1. 实行复合多样化发展战略的优点

可以通过向不同的产业渗透和向不同的市场提供服务,来分散企业经营的风险,增加利润,使企业获得更加稳定的发展;能够使企业迅速地利用各种市场机会,逐步向具有更大市场潜力的行业转移,从而提高企业的应变能力;有利于发挥企业的优势,综合利用各种资源,提高经济效益。

2. 实行复合多样化战略的缺点

导致组织结构的膨胀,加大了管理上的难度。一味地追求多样化,企业有可能在各类市场中都不占领先地位,当外界环境发生剧烈变化时,企业会首先受到来自各方面的压力,导致巨大的损失。

【小思考 2.3】

某企业开始专门生产白色家电,后发展到黑色家电,现在又涉足灰色家电,请问这个企业实施的是何种多元化战略?

答:这个企业实施的是相关多元化战略。

第五节 国际化经营战略

随着企业实力的不断壮大以及国内市场的逐渐饱和,有远见的企业家们开始把目光投向中国本土以外的全球海外市场。

一、国际化经营的战略分析

(一)国际化经营的目的

国际化经营是指在本国市场以外市场销售公司产品。实施国际化战略的主要原因是国际市场存在潜在的机会,在此基础上,公司以各种方式进入国际市场,争取全球竞争地位,取得竞争优势。

1. 扩大市场规模

在国外市场销售公司产品和服务,开辟新的市场,能提高收益,特别是那些处在有限增长阶段的本国市场的公司,进入国际市场对其有更大的吸引力。

2. 充分发挥生产能力和尽快收回投资

对于大规模投资,包括工厂、设备和研发,为得到应有的投资回报,需要巨大的市场规模,因此大多数企业都实行经营国际化,如科研密集型的飞机制造业。

3. 规模效应和学习效应

企业国际市场扩张后,会使企业规模进一步扩大,有可能取得优化的规模效应,如汽车工业。国际市场也为企业转移核心竞争力提供了机会,为跨越国界的资源和知识共享创造了条件。此外不同的市场和不同的实践为跨国公司提供了很多学习机会,包括发达国家的企业也能从新兴市场的运行中学到新的东西。

4. 提高成本竞争力

在劳动力、原材料或技术费用比较低的国家建立生产工厂可以降低成本。如制衣、制表、电子产品等产业的企业将其部分工厂转移到国外,明显增强了成本优势。

5. 充分利用公司的能力和资源优势

在本国市场建立竞争地位的同时,欲在国际市场上取得竞争优势,确立竞争地位。

6. 分散商业风险

公司通过在不同的海外市场上经营建立了广泛的市场基础,与完全依靠本国市场相比,分散了风险。

(二)国际化战略考虑的因素

实施国际化战略要分析国内外市场的需求特点、发展趋势、销售渠道及竞争状况等,除此之外,还有三个独特的重要因素。

1. 国家之间的成本变动

工资率、劳动生产率、通货膨胀率、能源成本、税率及政府管理条例等方面往往会导致国家之间在制造成本方面的巨大差异。有些国家劳动力及土地等投入成本低,政府管理条例宽松,有独特的自然资源,因此具有制造成本优势,成为主要的生产基地,因而在全球市场就具有了竞争优势。国际竞争中另外一个影响制造成本的因素是制造份额,如在美国市场上日本品牌录像机销售份额不到40%,但是所有的制造都是由日本完成的,即所有零部件全部从日本制造商那里外购。因此,要成为低成本制造商,制造份额比市场份额更重要,必须拥有最大的制造份额才能获得低成本领先地位。

2. 外汇汇率的变动

外汇汇率的变动使区域性成本优势变得复杂,可能使一个国家的低成本优势完全抵消,也可能使原来成本很高的地方变成一个很有竞争力的地方。例如,美元坚挺会使美国公司积极向国外发展;相反,如美元贬值,外国市场的成本优势就会下降,甚至可能会促使外国的公司到美国设立生产工厂。

【补充阅读】

汇率变动对一国国内经济的影响

食品、原料主要依靠进口的国家,其本币汇率的变动会立即对消费品及原材料的国内价格产生影响,对进口依赖越重,影响就越大。汇率变动以后,还会对进口原料加工的商品,或与进口商品相类似的国内商品的价格产生影响。

汇率的变动也会影响一国出口商品国内价格的变动。如果本币所表现的外币价格高涨,则外币购买力提高,国外进口商就会增加对本国出口商品的需求。在出口商品数量不能相应增加的情况下,出口商品的国内价格必然上涨。反之,则引起对本国商品需求减少,出口商品价格下降。

在经济高涨期,因国内外总需求增加,进口增多,对外汇需求增加,外币价格上涨,导致出口商品、进口商品在国内价格的提高,使整体物价水平高涨。

3. 各国贸易政策

政府制定各种政策和措施会影响国际贸易以及在其国内市场上进行经营和运作的外国公司。政府可能设置进口关税和额度,对那些外国公司在国内生产的产品设置一些要求,对进口商品进行管制。另外,外国公司还可能面临一系列有关技术标准、产品证书、投资项目的批准等事宜。有些国家还会以补贴和低息贷款来帮助本国公司与外国公司展开竞争。

二、国际化经营战略类型

国际化经营战略是指企业从国内经营走向跨国经营,从国内市场进入国外市场,在国外设立多种形式的组织,对国内外的生产要素进行配置,在一个或若干个经济领域进行经营活动的战略。企业国际化经营的战略基本上有四种类型,即国际化战略、多国本土化战略、全球战略与跨国战略。

1. 国际化战略

国际化战略是指企业将其具有价值的产品与技能转移到国外的市场,以创造价值的举措。大部分企业采用国际战略,是为了转移其在母国所开发出的具有差别化的产品到海外市场,从而创造价值。在这种情况下,企业多把产品开发的职能留在母国,而在东道国建立制造和营销职能。在大多数的国际化企业中,企业总部一般严格地控制产品与市场战略的决策权。例如,美国宝洁(P&G)公司过去在美国以外的主要市场上都有工厂。这些工厂只生产由美国母公司开发出来的差别化产品,并根据美国总公司研发的信息进行市场营销。

企业的特殊竞争力如果在国外市场上拥有竞争优势,而且在该市场上降低成本的压力较小时,企业采取国际化战略是非常合理的。但是,如果当地市场要求能够根据当地的情况提供产品与服务,企业采取这种战略就不合适了。同时,由于企业在国外各个生产基地都有厂房设备,形成重复建设,加大了经营成本,这对企业也是不利的。

2. 多国本土化战略

为了满足所在国的市场需求,企业可以采用多国本土化战略。这种战略与国际化不同的是根据不同国家的不同市场,提供更能满足当地市场需要的产品和服务。相同的是,这种战略也是将自己国家所开发出的产品和技能转移到国外市场,在重要的国家市场上从事生产经营活动。因此,这种战略的成本结构较高,无法获得经验曲线效益和区位效益。

在当地市场强烈要求根据当地需求提供产品和服务,并降低成本时,企业应采取多国本土化战略。但是,由于这种战略生产设施重复建设并且成本结构高,在成本压力大的行业中便不适合。同时,过于本土化,会使得在每一个国家的子公司过于独立,企业最终将指挥不动自己的子公司,不能将自己的产品和服务向这些子公司转移。

3. 全球化战略

全球化战略是指向全世界的市场推销标准化的产品和服务,并在较有利的国家中集中地进行生产经营活动,由此形成经验曲线和规模经济效益,以获得高额利润。企业采取这种战略主要是为了实行成本领先战略。在成本压力大而当地特殊要求小的情况下,企业采取全球化战略是合理的。但是,在要求提供当地特色产品的市场上,这种战略是不合适的。

4. 跨国战略

跨国战略是指在全球激烈竞争的情况下,形成以经验为基础的成本效益和区位效益,转移企业内的特殊竞争力,同时注意当地市场的需要。为了避免外部市场的竞争压力,母公司与子公司、子公司与子公司的关系是双向的;不仅母公司向子公司提供产品与技术,子公司也可以向母公司提供产品与技术。企业采取这种战略,能够运用经验曲线的效应,形成区位效益,能够满足当地市场的需求,达到全球学习的效果,实现成本领先战略或产品差别化战略。

应该看到,上述各种战略有其一定的适应条件。例如,在电子行业里,企业面临的区域性的细分市场的压力小,主要是成本竞争,可以采取全球战略;而在家电这样的消费品行业里,企业则需要采用跨国战略。因此,企业应根据自己的特点以及行业的环境,选择相应的国际化战略。

【伴随案例】

华为国际化迈大步

华为的国际化可分为三个阶段。第一阶段是1996～1999年,实现零的突破,从屡战屡败、屡败屡战到直接参与国际招标中标的突破。第二阶段是1999～2001年,赢得突破,到各个国家邀请客户来中国考察华为,参加各种展览会,并在印度班加罗尔、美国硅谷和达拉斯设立研发中心。第三阶段是从2001年到现在,华为在全球布网以后,寻求在欧美以外的全面突破,同时也大力拓展欧美市场。2004年,华为国际销售额占其全球销售额的41%。2005年,华为海外销售额超过50亿美元,首次超过国内销售额。华为的业务范围覆盖了90多个国家和地区的300多家运营商,不仅在发展中国家市场大步前进,在发达国家市场也有实质性的突破。

目前,华为的产品覆盖移动通信(含3G)、数据通信、光网络、固定通信、业务与软件、终端等领域。其中,3G跻身全球第一阵营,WCDMA在荷兰、阿联酋、中国香港、毛里求斯和马来西亚等26个国家和地区获得商用(截至2006年6月);NGN全球软交换出货量排名第一;智能网用户数全球第一;光网络产品全球市场排名第二;宽带产品IPDSLM全球市场排名第一;MSAN出货量全球排名第一;数据通信、路由器运营商市场全球排名第三。华为在印度、美国、瑞典、俄罗斯以及中国的北京、上海、南京等地设立了研究所,40000名员工中有48%的人在从事研发工作,截至2005年年底,已累计申请专利超过12500件,连续数年成为中国申请专利最多的单位。华为的营销及服务网络遍及全球,为客户提供快速优质的服务。目前华为的产品和解决方案已经用于28个全球50强的运营商,服务全球超过10亿的用户。

【分析启示】 总结华为的国际化经验:第一,面对国际市场和全球化的艰辛曲折以及各种压力,企业不能轻易放弃,要有信心,要持之以恒;第二,采取各种措施树立中国的高科技以及公司自己的品牌和形象;第三,自始至终真正地保护他人的知识产权;第四,建立一个全球化的研发营销和服务体系。

三、企业进入国际市场的方式

企业的目标市场选定之后,就必须确定进入该国市场的最佳方式。可供选择的方式主要有贸易出口进入、合同进入和投资进入三大类。

(一) 贸易出口进入方式

贸易出口分为间接出口、直接出口和反向贸易等三类。企业类型不同、规模不同、实力不同,往往选择不同的出口方式,并且随着企业的发展,实现由间接出口向直接出口方式的转变。

1. 间接出口

间接出口是指企业通过设在本国的各种外贸机构或国外企业设在本国的分支机构出口自己的产品和服务。间接出口的特点是经营国际化与企业国际化相分离。也就是说,企业的产品走出了国界,但企业生产经营活动却几乎完全是在国内进行的,并不参与自己出口产品的国际营销活动。

间接出口有两个好处。首先,这种方法所需的投资较少,可以使企业在不增加固定投资的前提下开展国际业务;其次,它所承担的风险较小,企业充分利用其他企业的专有知识、经验和资源,能够少犯错误。

但是,间接出口方式也有一些缺点。一是出口利润的一部分被中间商获得,降低了企业出口效益;二是中间商往往对企业生产情况和商品生产工艺、技术特征了解不深刻,这将给营销活动带来困难;三是企业不能迅速、准确地掌握国际市场信息,不能获取国际经营经验,很难树立企业在国际市场上的形象和信誉。所以,它通常是企业在进入国际市场初期所常用的方法。

2. 直接出口

直接出口,是指企业不通过中间机构,把生产的产品直接卖给国外的客户或最终客户。直接出口的形式有以下几种:国内出口部、公司驻外办事处、国外销售子公司、直接卖给最终客户、外国的经销商或代理商。

直接出口与间接出口相比,它使企业进一步掌握了市场主动权并增强了对市场的控制力。一方面企业能够直接掌握国际市场的需求状况、发展动态,对市场变化能做出迅速的反应;另一方面直接销售产品可以加强品牌的市场渗透,提高企业在国际市场的知名度和信誉,潜在的收益也会大些。这种方式要求企业有自己的国际营销体系,有专门管理部门,投资较大,企业需要承担较间接出口更大的风险。

3. 补偿贸易进入方式

补偿贸易是一种与信贷相结合的贸易形式。买方以信贷的方式,从卖方进口设备和技术,然后用产品或劳务予以偿还。通过这种贸易方式,买方可以利用外资和技术发展本国经济;卖方则可以突破进口国外汇支付能力的限制,扩大商品和技术出口。补偿贸易主要有以下几种形式:产品返销、互购方式、部分补偿、第三国补偿贸易。

我国企业在进行对外贸易时,往往需要引进外国的技术、设备,进行企业技术改造和扩大生产规模,如果能采用补偿贸易形式,不仅能引进国外先进设备和技术,还能带动本企业产品出口。

(二) 合同进入方式

合同进入方式是指一个国际化经营的企业与目标市场的企业之间在转让技术、工艺等方面订立长期的、自始至终的、非投资性的合作合同。该方式与出口进入方式的主要区别是:企业主要输出的是技术、工艺、品牌和管理等,尽管它可能会有开辟产品出口的机会。主要有以下几种合同进入的方式:

1. 许可证贸易

许可证贸易指授权人(许证方)与受权人(受证方)签订合同,提供专有技术或工业产权,并收取相应的费用和报酬。授权的内容有专利使用权、专有技术使用权、商标使用权等。许可的方式有独占许可、排他许可、普通许可、可转售许可等。这种方式一般适合中小企业,或大企业用于市场测试或占领次要市场。

2. 特许经营

特许经营是由特许授予人准许被授予人使用其企业商号、注册商标、经营管理制度与推销方法等从事企业经营活动的经营方式。这是商业和服务业中跨国公司经常采用的一种方式,如麦当劳。在这种方式中,总店都是在顾客中享有较高声誉的企业。营销总店对营销分店予以有效协助并进行监督与控制,营销分店向总店支付一定的费用。

特许经营和许可证贸易有类似之处,但在动因、提供的服务和有效期限等方面是不同的。在特许经营中,除了转让企业商号、注册商标和技术外,特许授予人还要在组织、市场及管理等方面帮助被授予人,以使专营能持续下去。

3. 合作生产

合作生产是指企业与国外制造商签订合同,由对方生产产品,本企业主要负责产品销售，一般是将产品销往制造商所在国家的市场或其他地区。为了使制造商生产的产品达到规定标准，企业一般要向其转让技术和提供技术帮助。

4. 管理合同

管理合同是指向国外企业提供管理经验、情报信息、专门技术知识的合同。即企业输出管理经验与劳务，其范围只局限于企业的日常运营。通过管理合同进入国际市场风险最小，但如果提供经营管理经验和知识的企业能在其他方面更有效地利用这种经营能力，或者单独经营可以取得更多的利润，则缔结这种合同就不是最佳选择。

5. 建筑或交钥匙工程合同

这种合同形式把标准的建筑工程合同向前推进了一步，它要求承建人在将国外项目交给其业主之前，应使其达到能够运行的程度，甚至在建筑工程全部完工后，为了帮助业主进行项目的准备，承建人有责任提供诸如管理和操作培训一类的服务。这种安排有时被称为“交钥匙附加承包”。

（三）直接投资进入方式

直接投资进入方式是指企业通过在国外投资设立子公司的方式进入目标市场。直接投资是国际化经营的高级形式，但风险较大，灵活性差，管理难度大。根据企业拥有子公司股权的多少可分为四种：全资子公司，即拥有子公司全部股份；控股子公司，即拥有子公司控制性的股权，这种股权可以是绝对控股（拥有51%以上的股份），也可以是相对控股（持股比例不到50%，但可对子公司的经营决策产生实质性的影响）；对等拥有，即企业与另一企业各拥有子公司50%的股份；参股子公司，即对子公司持股比例较低，且对其经营活动不具有控制性影响。后三种都可以称为合资经营。

1. 全资子公司（独资经营）

母公司拥有子公司全部股权和经营管理权，全部利润获取权。这种独资经营可以摆脱合资经营在利益、目标等方面的冲突，使子公司战略与母公司总体战略融为一体，有利于建立与实施公司文化。缺点主要是投资大、风险大及存在与当地政府、企业的合作协调等问题。

2. 合资经营

合资经营可以减少国际化扩张的投入，可以利用合资方国家的各种资源，如生产、管理、市场营销能力及融资渠道、信誉公共关系网络等。存在的问题是由于多方合资，在定价、利润分配、生产、销售等许多方面会产生冲突。

合资企业的建立可能是出于经济上或政治上的需要。当地的企业可能缺少资金、缺少物质资源或管理力量，不能单独经营一个企业；或者外国政府要求建立合资企业作为进入该国市场的交换条件。

许多公司都明显偏好某一种进入国际市场的方式。一家公司可能选择出口,因为这样风险较小。另一家公司可能倾向于许可证贸易,因为这是盈利的简便方法。第三家公司可能喜欢在国外建全资子公司,因为它想要完全控制投资,而不必满足合作伙伴的需要。但是,坚持使用某一种进入市场的方式是有局限的。有些国家不准许进口某种产品,也不允许国外公司独资经营,而只接受与外国人共同经营合资企业。因此,公司必须学会利用和掌握所有这些进入市场的方式。大多数聪明的企业都是同时采用几种不同的方式进入国际市场的。

(四)选择进入国际市场方式应考虑的因素

1. 公司自身条件

一是资源条件及目前经营状况与目标,如市场占有率、销售量、市场开发能力等。二是公司的产品特性及所需的技术和设备。

2. 公司国际化战略的目标及国际市场环境与条件

如决定采取独资形式在某个国家建立公司,但未被许可;准备经由国际贸易公司出口,但该公司却不熟悉目标市场。因此,公司要根据国际市场特点和公司战略目标选择拓展方式。

3. 国际化经营的控制程度及盈利目标

间接出口方式公司对产品销售、服务等没有控制能力,国外直接投资、独资经营有高度的控制力量,因此公司首先要确定准备达到何种控制程度,再选择进入方式。另外,每种进入方式的盈利水平不同,公司要考虑其盈利能力与公司利润目标。

4. 投资与人才需求

各种投资方式所需投资差别很大,对人才的需求也不相同。直接进入国际市场需要大量投资,需要具有国际经营能力和经验的人才,这两方面是公司开拓国际市场需要考虑的重要因素。

另外,还需要考虑国际市场竞争对手的状况,目标国家市场的政治、经济、法律、政策环境,以及汇率变动可能给公司带来的风险等。

四、战略联盟

(一)战略联盟的概念

战略联盟是指由两个或两个以上有共同战略利益和对等经营实力的企业(或

特定事业和职能部门),为达到共同拥有市场、使用资源等战略目标,通过各种协议、契约而结成的优势互补或优势相长、风险共担、生产要素水平式双向或多向流动的一种松散的合作模式。如东芝公司近年来已与多家公司组建了战略联盟,合作者包括摩托罗拉公司、IBM 公司、SUN 系统公司等,为公司进入新业务、新市场提供了帮助。

(二) 组建战略联盟的原因

1. 扩大市场份额

通过战略联盟双方可以利用彼此的销售网络进入新的市场,减少开拓市场的时间和费用,增加产品销售量及市场份额。

2. 迅速获取新的技术

技术创新是企业发展的动力,技术创新及推广的速度越来越快,企业通过战略联盟能够增强技术创新能力,缩短新产品、新项目开发时间,跟上科技发展的步伐。

3. 经营国际化

同国外公司进行联盟,通过合资、合作等方式进入国际市场,可以减少在国外直接投资存在的投资大、风险大等许多局限,顺利实现国际扩张。

4. 降低风险

战略联盟能够做到风险共担,降低企业风险。如共同开发新技术、新产品,增强科研能力,提高开发效率和效益。

(三) 战略联盟的形式

1. 合资

由两家或两家以上的企业共同出资、共担风险、共享收益而形成企业,是目前发展中国家尤其是亚非等国家普遍的战略联盟形式。合作各方将各自的优势资源投入到合资企业中,从而使其发挥单独一家企业所不能发挥的效益。

2. 研发协议

为了某种新产品或新技术,合作各方签订一个联发协议,汇集各方的优势,大大提高成功的可能性,加快开发速度,共担开发费用,降低各方开发费用与风险。

3. 定牌生产

如果一方有知名品牌但生产力不足,而另一方有剩余生产能力,则另一方可以为对方定牌生产。对于有剩余生产能力的一方,可充分利用闲置生产能力,谋取一定利益;对于拥有品牌的一方,则可以降低投资或并购所产生的风险。

4. 特许经营

一方具有重要无形资产,可以与其他各方签署特许协议,允许其使用自身品牌、专利或专有技术，从而形成一种战略联盟。无形资产拥有方不仅可获取收益，还可利用规模优势加强无形资产的维护，对方当然也可以扩大销售、谋取收益。

5. 相互持股

合作各方为加强相互联系而持有对方一定数量的股份。这种战略联盟中各方的关系相对更加紧密，而双方的人员、资产无需全部合并。

(四) 战略联盟的优势

1. 创造规模经济

小企业因为远未达到规模经济，与大企业比较，其生产成本就会高些。这些未达到规模经济的小企业通过构建联盟、扩大规模，就能产生协同效应，即“1＋1＞2”效应。

2. 实现企业优势互补，形成综合优势

企业各有所长，这些企业如果构建联盟，可以把分散的优势组合起来，形成综合优势，也就可以在各方面、各部分之间取长补短，实现互补效应。

3. 可以有效地占领新市场

企业进入新的产业要克服产业壁垒，企业进入新市场同样也要越过壁垒。通过企业间的联盟合作进入新市场，就可以有效地克服这种壁垒。

4. 有利于处理专业化和多样化的生产关系

企业通过纵向联合的合作竞争，有利于组织专业化的协作和稳定供给。而通过兼并实行联盟战略，从事多样化经营，则有利于企业寻求成长机会，避免经营风险。

(五) 组建战略联盟应注意的问题

1. 合作伙伴的选择

由于战略联盟中成员企业之间关系相对松散，市场和行政双重机制同时起作用，战略联盟的成功取决于企业之间真诚的合作，所以要选择有真正合作诚意的伙伴。同时，要考虑其产品和市场立足点能够对自己公司的产品和顾客形成有益补充。

2. 组织管理

战略联盟是一种网络式组织结构，应注意其管理方面的特点。在联盟之初就应该确定合理的组织关系，科学合理分配管理责任。不同形式的联盟管理模式不同，股权式联盟中管理权责集中于高层管理者，有些公司按功能链分散责任，有些公司则按业务单元进行管理。

3. 沟通与协作

战略联盟可以给企业带来竞争优势，实现企业战略目标，但却非常难以管理，在建立和运营过程中有很多复杂的问题和困难。因此,实施战略联盟并提高成功可能性,必须有一种联盟合作思维方式及合作意识,即要使所有与战略联盟形成及运作有关的人员都清楚地理解和意识到联盟能给企业带来的利益和风险,并且加强联盟成员之间的沟通与协作,在整体战略及企业文化方面达成共识。

除此之外,还需要彻底而快速地学习联盟中其他成员的技术和管理,尽快将那些宝贵的经验和实践转移到自己公司的经营和运作中去。

复习思考题

1. 运用波特的国家竞争力模型能够解决什么问题?试举例分析。
2. 如何对主要竞争对手进行分析?
3. 企业核心能力组成要素有哪些?如何培育企业核心能力?
4. 如何选择进入国际市场的方式?
5. 分析三种类型国际化战略的运用条件,以及各自的优势和劣势。
6. 密集型发展战略主要内容及其实施途径有哪些?
7. 战略联盟的形式有几种?
8. 三大基本竞争战略的优缺点是什么?它们适用的条件是什么?

案例分析

燕京啤酒的"口味"

1980年建厂的燕京啤酒是中国最大的啤酒企业集团之一。2006年,燕京啤酒销售量超过340万吨,在全国市场占有率超过12%。北京是燕京的基地,是一个年啤酒消费量达70万吨的大市场,其他大啤酒集团一直对这个市场虎视眈眈。然而,多年来,燕京啤酒一直牢牢地占据着北京市场的桥头堡,市场份额一直保持在85%左右。

1987年,燕京在顾问专家管敦仪的指导下,研制成功了11度清爽型啤酒,开创中国清爽型啤酒之先河。清爽型啤酒投放市场后,受到了广大消费者的欢迎,经久不衰,目前成为中国产销量最大的单一品牌。2006年5月,燕京又推出了燕京10度清爽啤酒。燕京10度清爽啤酒投放市场后,迅速被广大消费者认可。目前北京市场10度清爽啤酒的销售量已有直追11度销量之势头。

业内流传着这样一个故事。1996年燕京啤酒兼并了本地的另一家啤酒——华斯啤酒。兼并后,燕京啤酒决定把1214吨华斯啤酒全部倒掉,相当于把150万元人民币烧掉,这一时引起轰动。为什么要倒掉呢?燕京啤酒认为,华斯啤酒质量不过关，啤酒浊度值超标，二氧化碳含量偏低，而且还有一丝异味，有损消费者利益。10年来，燕京啤酒一直努力完善质量控制体系，提高质量管理水平，1997年燕京啤酒通过了ISO 9001认证，2002年通过了ISO 14001认证，2003年通过了食品安全控制体系HACCP认证，2004年通过了国家绿色食品啤酒认证。这些质量体系确保了燕京啤酒成为无污染、安全、健康的绿色啤酒，使燕京啤酒先后获得了多项国内外质量大奖。

燕京啤酒质量的基础是优质原料、优质水源和独特工艺。在原料方面，燕京啤酒选用的大麦是来自于澳洲的绿色大麦，大米是由国内几大绿色生产基地提供的，而绿色酒花则是由甘肃绿色基地提供的。所有原料全部有绿色证书，经过国家权威部门的严格质量检定，而且在使用前还要经过小规模的生产性试验。在水源方面，燕京啤酒采用地下200米以下的深井水，水质经国家地质矿产部、卫生部、国内贸易部、轻工总会等四部委的联审认定，锶、偏硅酸两项指标达到国家矿泉水标准。在工艺方面，燕京先后与中国食品发酵工业研究院合作开发了多种酿造技术和生产工艺，尤其对传统醇厚型酿造法进行了革命性的创新，奠定了燕京独特竞争优势的基础。

燕京啤酒还引进世界先进的啤酒检测设备，建立了燕京啤酒的风味图谱库，实现了对产品的全面质量分析和全程跟踪控制。燕京啤酒的全自动啤酒分析仪，每3分钟可检测一个酒样，每小时可对20个酒样进行全分析。通过采用气相色谱、液相色谱和离子色谱等技术手段，燕京啤酒的技术部门可以对燕京啤酒34种挥发性香味组分、17种氨基酸和多种有机酸进行全面分析。这些技术措施保证了燕京啤酒在质量和口味方面投消费者所好，最终“取悦于民”。

（资料来源：韦三水. 燕京天下：中国式基业长青[M]. 北京：当代中国出版社，2006.）

问题：

1. 为什么在日益激烈的市场竞争中燕京啤酒能立于不败之地？
2. 讨论燕京啤酒面临的新的战略挑战是什么，燕京啤酒应该如何应对。

实践训练

应用波特的五种竞争力量模型分析中国移动通信市场的竞争性质。评估未来5年内这一市场的竞争前景：是否会有新的竞争者进入？需求会上升还是下降？以及所有这些对未来竞争的影响。

第三章　现代企业市场营销管理

学习目标

1. 掌握市场营销微观环境和宏观环境的主要构成要素；
2. 理解消费者购买行为过程和影响购买行为的因素；
3. 熟悉选择目标市场和市场定位的策略；
4. 认识市场营销策略的基本内涵及其内容。

【引例】

王老吉的营销策略

凉茶是广东、广西地区的一种由中草药熬制、具有清热祛湿等功效的“药茶”。在众多老字号凉茶中，以王老吉最为著名。2003年以前，从表面上看，红色罐装王老吉(简称红罐王老吉)是一个“活”得很不错的区域品牌——在广东、浙南地区销量稳定，有比较固定的消费群，盈利状况良好，销售额连续几年维持在1亿多元。但发展至此，管理层发现一个核心的问题：红罐王老吉是应该当“凉茶”卖，还是当“饮料”卖？

2003年年初，王老吉新的品牌定位出炉了：明确红罐王老吉是在“饮料”行业竞争，竞争对手是其他饮料；品牌定位是“预防上火的饮料”，独特的价值在于“喝红罐王老吉能预防上火，让消费者可以无忧地尽情享受生活：吃煎炸、香辣美食、烧烤，通宵达旦看足球……”。

在传播上，尽量凸现红罐王老吉作为饮料的性质，更好地唤起消费者的需求，电视广告选用了消费者认为日常生活中最易上火的五个场景：吃火锅、通宵看球赛、吃油炸薯条、吃烧烤和夏日阳光浴。广告画面中人们在开心享受生活乐趣的同时，畅饮王老吉。

在地面推广上，除了强调传统渠道的POP广告外，还配合餐饮新渠道的开拓，为餐饮渠道设计了大量终端物料。比如，设计制作了电子显示屏、灯笼等餐饮场所乐于接受的实用物品，免费赠送。在传播内容选择上，将产品包装作为主要视觉元素，集中宣传一个信息：“怕上火，喝王老吉饮料。”餐饮场所的现场提示，有效地配合了电视广告。

同时，在针对中间商的促销活动中，加强了对餐饮渠道的开拓与控制，推行“火锅店铺市”与“合作酒店”计划，选择火锅店、酒楼作为“王老吉诚意合作店”，红罐王老吉迅速进入餐饮渠道，成为主要推荐饮品。

正是这种急风暴雨式的投放保证了红罐王老吉在短期内迅速进入了人们的头脑，给人们留下了深刻印象，并迅速红遍全国大江南北。

【分析启示】 红罐王老吉作为第一个预防上火的饮料推向市场，新的品牌定位加上急风暴雨式的广告和促销使人们知道并接受了这种饮料，最终红罐王老吉成为预防上火饮料的代表。

营销管理就是对企业的营销活动进行管理，它是一种有序和审慎地研究市场和进行规划的过程。这个过程始于对市场的调查以及对市场规律的认识，营销者通过环境分析确定市场机会，并通过市场细分的方法选择企业能够为其提供最好满足的目标市场。企业还需要形成一整套战略，制定具体的营销组合方案和行动计划，以实现企业的长期业绩最优化。

第一节　现代企业市场营销管理概述

市场经济条件下，企业市场营销的目标要通过营销管理加以实现，企业营销人员的基本职能就是从事营销管理。因此，现代企业必须十分重视营销管理。

一、市场营销管理的任务

营销管理是指为了实现企业目标，建立和保持与目标市场之间的互利的交换关系，从而对营销过程进行的分析、规划、实施和控制。营销管理的实质是需求管理。根据需求水平、时间和性质的不同，市场上的需求状况就不同。同样，市场营销管理的任务也各有所不同。

1. 转变市场营销

负需求是指绝大多数人对某个产品感到厌恶，甚至愿意出钱回避它的一种需求状况。在负需求情况下，市场营销管理的任务是改变市场营销，即分析市场为什么不喜欢这种产品，以及是否可以通过产品重新设计、降低价格和积极促销的市场营销方案，来改变市场的信念和态度，将负需求转变为正需求。

2. 刺激市场营销

无需求是指目标市场对产品毫无兴趣或漠不关心的一种需求状况。通常，市场对下列产品无需求:一般认为无价值的废旧物资;一般认为有价值,但在特定市场无价值的东西;新产品或消费者平常不熟悉的物品等。在无需求情况下,市场营销管理的任务是刺激市场营销,即通过大力促销及其他市场营销措施,努力将产品所能提供的利益与人的自然需要和兴趣联系起来。

3. 开发市场营销

潜在需求是指相当一部分消费者对某物有强烈的要求,而现有产品或服务又无法使之满足的一种需求状况。在潜在需求情况下,市场营销管理的任务是开发市场营销,即开展市场营销研究和潜在市场范围的测量,进而开发有效的物品和服务来满足这些需求,将潜在需求变为现实需求。

4. 重振市场营销

下降需求是指市场对一个或几个产品的需求呈下降趋势的一种需求状况。在下降需求情况下,市场营销管理的任务是重振市场营销,即分析需求衰退的原因,进而开拓新的目标市场,改进产品特色和外观,或采用更有效的沟通手段来重新刺激需求,使老产品开始新的生命周期,并通过创造性的产品再营销来扭转需求下降的趋势。

5. 协调市场营销

不规则需求是指某些物品或服务的市场需求在一年不同季节,或一周不同日子,甚至一天不同时间上下波动很大的一种需求状况。在不规则需求情况下,市场营销管理的任务是协调市场营销,即通过灵活定价、大力促销及其他刺激手段改变需求的时间模式,使物品或服务的市场供给与需求在时间上协调一致。

6. 维持市场营销

充分需求是指某种物品或服务的目前需求水平和时间等于预期的需求水平和时间的一种需求状况。这是企业最理想的一种需求状况。但是,在动态市场上,消费者偏好会不断变化,竞争也会日益激烈。因此,在充分需求情况下,市场营销管理的任务是维持市场营销,即努力保持产品质量,经常测量消费者满意程度,通过降低成本来保持合理价格,并激励推销人员和经销商大力推销,千方百计地维持目前的需求水平。

7. 降低市场营销

过量需求是指某种物品或服务的市场需求超过了企业所能供给或所愿供给的水平的一种需求状况。在过量需求情况下,市场营销管理的任务是降低市场营销,即通过提高价格、合理分销产品,减少服务和促销等措施,暂时或永久地降低市场的需求;或者是设法降低来自盈利较少或服务需求不大的市场需求水平。需要强调的是,降低市场营销并不是杜绝需求,而是降低需求水平。

8. 反市场营销

有害需求是指市场对某些有害物品或服务的需求。对于有害需求,市场营销管理的任务是反市场营销，即劝说喜欢有害产品或服务的消费者放弃这种爱好和需求，大力宣传有害产品或服务的严重危害性，大幅度提高价格，甚至停止生产供应等。降低市场营销及反市场营销的区别在于：前者是采取措施减少需求，后者是采取措施消灭需求。

二、市场营销管理过程

市场营销管理过程，也就是企业为实现目标任务而发现、分析、选择和利用市场机会的管理过程。具体地说，市场营销管理的过程包括以下步骤：

1. 发现和评价市场机会

所谓市场机会就是对企业营销活动具有吸引力，在此能享有竞争优势和获得差别利益的环境机会。市场上未满足的需求就是客观存在的环境机会，哪里有未满足的需求，哪里就有做生意的机会。市场机会能否成为企业的营销机会，要看它是否适合于企业的目标和资源，能否使企业扬长避短，发挥优势，比竞争者和可能的潜在竞争者获得更大的差别利益。因此，企业营销人员对于已发现和识别的市场机会，还要根据自己的目标和资源进行分析评估，从中选出对本企业最适合的营销机会。

为了发掘市场机会，企业不仅需要对自己的微观环境和宏观环境进行调研与分析，同时还要具体分析各类市场的需求特点以及购买行为。

2. 细分市场和选择目标市场

经过分析与评估，选定了符合企业目标和资源的营销机会后，还要对这一产业的市场容量和市场结构作进一步的分析，以缩小选择范围，选出本企业准备为之服务的目标市场。它包括四个步骤：测量和预测市场需求，进行市场细分，在市场细分的基础上选择目标市场和实现市场定位。细分市场和目标市场选择将在本章第四节详细阐述。

3. 确定市场营销组合

所谓市场营销组合，其实就是企业的综合营销方案，即企业针对目标市场的需求对自己可控制的各种营销因素（产品、价格、渠道、广告等）的优化组合和综合运用，使之协调配合，扬长避短，发挥优势，以便更好地实现营销目标。

市场营销可控的因素有很多，可以概括为四个基本因素，即产品（Product）、价格（Price）、渠道（Place）和促销（Promotion），即“4P’s”。4个“P”策略的适当组合与搭配体现着现代市场营销观念中的整体营销思想。近年来目标市场竞争激烈，许多国家政府干预加强和贸易保护主义再度兴起，使市场营销理论有了新的发展。菲利普·科特勒认为企业能够影响自己所处的市场营销环境，而不应单纯地顺从和适应环境。因此,除市场营销组合的“4P's”之外,还应再加上“权利”与“公共关系”,即“6P's”。这就是说,要运用政治力量和公共关系,打破国际或国内市场上的贸易堡垒,为企业的市场营销开辟道路。他把这种新的战略思想,称之为“大市场营销”。

4. 执行和控制市场营销计划

企业的各项营销活动,通常要按产品(或品牌)做出具体安排和规划,即市场营销计划。市场营销计划是企业整体战略规划在营销领域的具体化,营销计划是在营销调研与分析的基础上制订的,营销计划的制订只是营销管理的开始,更重要的还在于营销计划的实施与控制。营销的实施过程包括:制订详细的行动方案,建立合理有效的组织机构,设计相应的决策和报酬制度,开发并合理调配人力资源,建立适当的企业文化和管理风格。

在实施营销计划的过程中可能会出现许多意外情况,需要一个控制系统来保证营销目标的实现,即营销控制。营销控制有三种不同的类型,即年度计划控制、利润控制和战略控制。在年度计划控制中,管理者要认真检查年度计划规定的销售、利润等指标是否完成。利润控制,主要是指定期检查各种产品、各条渠道、各个区域等的实际盈利能力。战略控制,是指企业必须经常回顾和认真地再次检查营销总计划,判断该计划是否继续具有适应环境、实现目标的战略意义。通过这些控制系统能及时发现计划执行中存在的问题或计划本身的问题,诊断产生问题的原因并及时反馈给有关的决策者和管理者,以采取适当的纠正措施。

【小思考 3. 1】

市场营销就是推销、广告等促销活动吗?

答:推销、广告等促销活动是市场营销活动的重要组成部分,但都不是完全意义上的营销,因为营销是一个系统管理的过程。

第二节 市场营销环境

市场营销环境,是指制约和影响企业营销活动的各种条件和因素。市场营销环境是企业的生存空间,它可以按照范围不同分为微观营销环境和宏观营销环境两种。企业营销活动的成败,不仅受外部环境的影响,还受内部因素的制约。各种环境力量或因素客观存在,企业可以认识利用、因势利导,从中寻找出营销机会。但环境的变化,也会对有的企业产生威胁。因此,企业必须采取措施,监视和预测周围市场营销环境的发展和变化,准确、细致地认识和把握市场营销环境,以便使企业能审时度势，扬长避短，从而达到利用机会、避开威胁的目的，保证企业的健康发展。

一、市场营销微观环境

市场营销微观环境是指与企业营销活动直接发生关系的、影响企业为目标顾客服务能力的因素的结合，也是直接影响企业营销效果的力量。市场营销微观环境一般由六个要素构成，即企业、供应商、营销渠道企业、目标顾客、竞争者和公众。如图 3.1 所示。

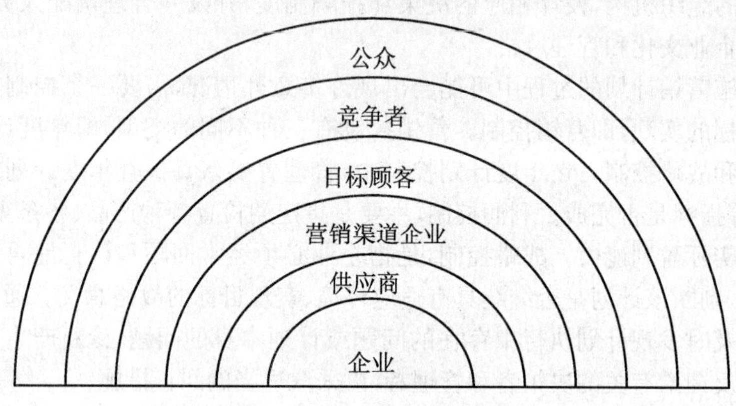

图 3.1 市场微观营销环境系统

1. 企业

每一个企业都有其生产经营目标，有其具体明确的生产经营任务。为了实现目标或完成工作任务，必须依据企业生产经营条件和市场需求开展某些业务活动，如生产、采购、新产品研究与开发、财务管理、市场营销等。企业要开展市场营销活动必须注意各个部门间的协调配合，使营销管理工作得到企业内部的大力支持。

2. 供应商

供应商是指向企业供应为生产或经营特定产品和劳务所需要的各种资源的企业和个人。供应商对企业营销活动的影响程度主要表现在：① 资源供应的可靠性，即资源供应的保证程度，这直接影响企业产品的销售量和交货期；② 资源供应的价格及其变动趋势，这将直接影响企业产品的成本；③ 供应资源的质量水平，这将直接影响产品的质量。正因为资源供应对企业营销活动起着重要的作用，因此企业要重视与供应商的合作和采购工作。其主要策略是采取一体化经营策略和多渠道采购策略，以增强企业营销工作的主动性。

3. 营销渠道企业

营销渠道企业主要是指协助本企业把产品销售给最终购买者的所有中介机构,包括商人中间商、代理中间商、辅助中间商等。商人中间商从生产者手里购进商品,然后转卖给其他经营者或消费者,他们对其经营的商品拥有所有权,如批发商、零售商;代理中间商替生产者寻找买主,帮助推销商品,对其经营的商品没有所有权,如经纪人、制造商的代理商等;辅助中间商不直接经营商品,但对商品经营起促进、服务作用,如运输企业、公共货栈、金融机构、广告代理商、市场营销研究机构、市场营销咨询企业等。企业必须借助营销渠道企业的协助才能有效地完成营销活动。

4. 目标顾客

目标顾客是企业产品购买者的总称。企业营销者通常把企业产品的顾客群体称为市场。它包括消费者市场、生产者市场、社会集团市场、中间商市场、国际市场。企业应明确其产品市场的主要类型,以便针对目标市场顾客的特点,制定适宜的营销策略。

5. 竞争者

竞争者是指与企业生产相同或类似产品的企业和个人。从顾客做出的购买决策过程来分析,任何企业向市场销售其产品时,都将面临以下的竞争者。

(1) 欲望竞争者。它是指消费者想要满足的各种目前欲望。

(2) 一般竞争者。它是指购买者能满足某种愿望的种种方法。

(3) 产品形式竞争者。它是指能满足购买者的某种愿望的各种产品型号。

(4) 品牌竞争者。它是指能满足购买者的某种愿望的同种产品的其他品牌。

企业通过分析消费者如何做出购买决策,了解什么是主要竞争者,从而采取有针对性的营销对策,以求在市场竞争中取胜。上述竞争者举例如图 3.2 所示。

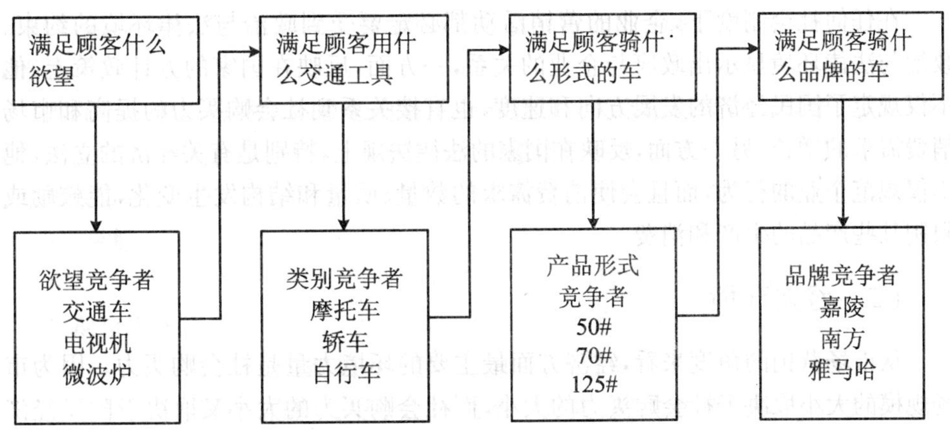

图 3.2 竞争者的四种类型

场购买力。如住房、汽车以及大型家用电器等,如果没有相应居民储蓄,就没有形成市场购买力的可能。影响储蓄的因素主要有收入的高低、储蓄利率、对市场物价的预期、消费心理或倾向变化。

4. 信贷

信贷相对于储蓄而言,是把将来收入用于当前消费。因此,信贷对于当期的购买力而言,是一个增量因素。信贷可使消费者家庭的当前购买力超过当期的收入水平(假定其他因素不变)。当一个国家或一个特定市场中的消费信贷比较普遍和发达时,除了增加当期的购买力,也会对未来某个时期的购买力产生抵减影响,即过度借款消费,会使市场的需求在达到消费者归还借款高峰期时,引起相应的需求疲软和市场萧条。营销人员对此应有相应的估计,以掌握信贷所引起的市场需求变化的趋势和规律。信贷主要受以下一些因素的影响:借款利率、对收入的预期、借贷的方便性。其他还有一些影响借贷的因素,例如上面所讲过的对物价的预期。

(三) 社会文化环境

社会文化环境是指人类在社会发展过程中所创造的物质财富和精神财富的总和。它是无形的,但影响深刻,涵盖面广,主要包括人口规模及构成、人口在地区的流动及人口增长速度、价值观念、生活方式、宗教信仰、职业与教育程度、相关群体、风俗习惯、社会道德等。社会文化因素对消费者的市场需求和行为将会产生强烈而持续的影响,进而影响企业的市场营销活动。

市场,是由那些想购买货物同时又具有购买能力的人构成的,即市场=人口数量+购买欲望+购买力。人口的多少直接决定市场的潜在容量。除了分析总人口外,还要研究人口的年龄结构、地理分布、人口密度、流动性、出生率、死亡率等特性,因为他们会对市场格局产生深刻影响。

【伴随案例】

尿布大王日本尼西公司

尿布大王日本尼西公司原是一个仅有30多人的生产雨衣的小公司,因产品滞销,公司酝酿转产。有一次,公司董事长多川博看到一份人口普查资料,得知日本每年出生婴儿250万。他想,每个婴儿一年用两个尿布,一年就需要500万条,如果再销往国外,市场就更加广阔。于是他果断转产尿布。结果,几年工夫,该公司生产的尿布就占领了日本市场,并占世界销量的30%。多川博由此成为世界著名的“尿布大王”。

【分析启示】 日本尼西公司通过对人口环境的分析,发现婴儿尿布市场的潜在需求,果断转产尿布,结果大获成功。

除此之外，社会文化环境还包含语言、社会结构、社会道德风尚等多方面的因素。值得注意的是，社会文化虽然具有强烈、独特的民族性、区域性，是民族历史文化的延续和发展，但也不可否认，随着经济生活的国际化、世界文化交流的加深和不同民族、地区文化的相互渗透，企业所面临的社会文化环境也在不断发生变化，企业应善于及时把握时机，制定相应的营销决策。

（四）科技与自然环境

1. 科技环境

科技环境对市场营销的影响主要有：产品生命周期缩短，技术贸易比重大，劳动密集型产业面临压力，发展中国家劳动力价格低廉的优势减弱，交易方式、流通方式更现代化，对企业的组织结构及管理素质提出更高的要求。

科学技术是一把双刃剑，应该看到任何一种新技术的出现都可能给企业带来机会，也可能给企业带来威胁。从历史上看，任何新技术的出现，在淘汰老技术的同时，也对固守老技术的企业给予了毁灭性的打击，故新技术向来被看成是“毁灭性的创造”。

2. 自然环境

自然环境是人类社会一切活动所要依赖的条件，营销活动当然不能例外。当前，自然环境的主要动向是：自然资源日益短缺，能源成本趋于提高，环境污染日益严重，政府对自然资源的管理和干预不断加强。

不可再生资源的减少，成为企业发展中的一种威胁，迫使人们研究如何合理开发利用和寻找替代品，例如企业转产、停产，限制小煤球，限制造纸用料等。

环境污染日益严重，政府和民众的呼声很高，安全性、环保、社会的可持续性发展成为许多国家设置限制进口的新壁垒。对绿色食品、转基因食品的要求以及对废气和废水排放标准的要求，增加了企业的成本。企业面临压力和约束，同时为企业带来了开发新产品的机会。

【伴随案例】

宗教对市场营销的影响

宗教对世界各国人们的信仰和行为有着复杂的影响。在西班牙，可口可乐公司在它的易拉罐上印上了世界杯足球赛参赛国的国旗；在英国，麦当劳公司在其儿童套餐的便携袋上也印上了参赛国的国旗，这些行为都是努力为1994年世界杯足球赛筹集资金。但穆斯林很快被这种做法激怒了，因为沙特国旗代表一段阿拉伯箴言（世界上没有上帝，真主和穆罕穆德是我们的先知）。他们觉得这应受到尊敬，而不应被商品化，应把那些亵渎他们的东西扔进垃圾堆。麦当劳公司已经印制了200万个袋子用于促销，而可口可乐公司也生产了270万个印有24个世界杯参赛国国旗的易拉罐，而这两家公司只能立即减少这些产品的产量，以避免麻烦。

然而，精明的商人也可以利用宗教为其服务。过去，由于伊斯兰传统的影响，照相机在沙特阿拉伯的销路不好，然而宝丽来快照可以使阿拉伯男性在他们家里私下里给他们的妻子和女儿照相，而无需到照相馆让陌生人拍照。随之而来的就是这种照相机销量大增。

【分析启示】 宗教是影响人们消费行为的重要因素之一，不同的宗教在思想观念和生活方式、宗教活动、禁忌等方面各有其特殊的传统，这将直接影响人们的消费习惯和消费需求。

第三节　消费行为分析

了解消费者需求，了解消费者购买行为的特点，这是企业制订营销计划、确定营销组合策略的出发点。

一、消费购买行为模式

经济学对消费者购买行为的分析，往往基于“经济人”观点，把他们的购买行为看做是完全理性的购买：根据充分的市场情报，购买对自己最有价值的商品，并追求“最大效用”。但随着社会经济的发展，居民收入的大幅度增长，市场上供应的商品品种、规格、款式也日益繁多，此时，经济因素已很难全面解释消费者需求选择的多样化行为了。

对于消费者购买行为的分析，可以用一个“刺激—反应”模式（图 3.3）来说明外界营销环境刺激与消费者反应之间的关系。消费者被看做一个“黑箱”，左边的外部刺激因素包括宏观环境因素和市场营销因素，这些刺激进入购买者“黑箱”，然后产生购买反应，即决策，包括产品选择、品牌选择、卖主选择等。营销人员必须弄清“黑箱”里面是什么，同时需要了解在这“黑箱”中刺激因素如何转化成消费者反应，这包括两个方面：其一为购买者特性，主要影响购买者如何接受外界刺激并产生行为反应；另一部分是购买者决策过程本身也会影响购买者的最终决定。

外界刺激		→	购买者“黑箱”		→	购买者决策
营销因素	环境因素		购买者特性	购买者决策过程		
产品 价格 渠道 促销	经济环境 技术环境 政治环境 文化环境		文化 社会 经济 心理	认识需求 收集信息 评估 购后评价		产品选择 品牌选择 经销商选择 时间选择 数量选择

图 3.3 “刺激一反应”模式

【补充阅读】

购买者行为的内容

(1) 购买什么。在众多的商品之中选择所要购买的具体商品品种和数量。

(2) 购买理由。为什么要购买这种商品？引发购买决策的需要和动机是什么？

(3) 购买方式。自己买或托人买？在商店买或邮购？现金或信用卡？一次性付款或分期付款？

(4) 购买地点。到哪里购买，光顾何种规模、性质和特点的商店？

(5) 购买时间。具体的购买时间选择，如平时或周末？节假日？季节转换前后？大减价期间？

(6) 购买频率。多长时间购买一次？每次购买多少？

二、影响消费者购买行为的主要因素

影响消费者购买行为的因素有很多，但主要有经济的、社会文化的、心理的几个方面。这些方面的各种相关因素共同作用于不同的消费者，从而产生了多种多样的购买行为。对于从事市场营销的企业来说，这些因素是无法控制的，然而它们确确实实地影响着消费者的购买行为。因此，企业必须通过对这些因素的分析，把握购买行为的规律性，为营销决策提供依据。

(一) 经济因素

从经济因素分析，影响消费者购买行为的，主要是两个方面的问题：一是商品功能与价格的统一；二是商品的价格与消费者收入的关系，即商品价格能否为目标市场的顾客所接受。

1. 商品功能与价格的统一

商品功能与价格的统一，是企业营销活动中必须认真处理好的一个问题。商品功能与价格的统一，其实质就是要求商品的价格与其质量相符，这是商品的内在规律，即价值与使用价值相统一。商品功能与价格的关系，一般表现为三种情况和两种不同的结果。这就是高质量、高价格的商品有销路，某些商品低质量、低价格也有销路，而质次价高的商品通常难以打开销路。所以从功能与价格的统一来看，一方面我们要重视功能，另一方面要正确确定商品的定价，力求价格与质量相符。

2. 商品价格与消费者收入的关系

企业对商品的定价，除了使商品价格与功能相符外，还必须考虑商品的定价能否为目标市场的顾客乐于接受。这也是市场营销中应当重视的一个问题。

（二）社会因素

1. 文化

文化主要包括教育程度、生活方式或共同遵守的信仰、行为规范、风俗习惯等。任何人都在一定的社会文化环境中生活，处于不同社会文化环境的人们，认识事物的方式、行为准则和价值观念是不同的。

2. 社会阶层

社会阶层是指社会学家根据职业、收入、社会威望、教育水平和居住区域等对人们进行的一种社会分类。不同社会阶层的人，因经济状况、价值观念和生活背景不同，他们的购买行为也就不同。

3. 相关群体

相关群体是指购买者的社会联系。一个人的消费习惯和爱好，并不是天生的，往往是在社会和别人的影响中逐渐形成的。这种影响他人消费行为的个人或集团，就是这个人的相关群体。人们在生活中，无时无刻不受到各种相关群体的影响。不过由于关系不同，受到影响的程度不同而已。比较密切的相关群体包括家庭成员、邻居、同事等，关系一般的各种相关的社会团体，以及虽无直接关系但影响很大的影视明星、体育明星、社会名流等。

相关群体影响消费者的购买行为，一般表现为：相关群体为每个人展示可供选择的消费行为或生活方式的模式；相关群体引起的仿效欲望，影响人们对某种商品选择的“一致化”，因而影响人们对某种商品花色的选择。

所以，企业在制定生产和营销策略时，要选择同目标市场关系密切、传递功能最迅速的相关群体，了解其爱好，做好产品推销工作，以扩大其销售。

4. 家庭状况

在消费者购买行为中，家庭的影响是至关重要的。因为消费者的许多购买活动都是以家庭为单位进行的。家庭是对人影响最深的小团体，所以在研究影响消费者购买行为时，应把它看成一个特殊的“相关群体”。不同的家庭状况有不同的消费行为。此外,处于不同家庭寿命周期的家庭,购买行为也有很大差异。在美国,有人把家庭寿命周期分为七个阶段:未婚阶段——单身汉;新婚阶段——没有子女;少子女阶段——年轻夫妇,有一个三岁以下的孩子;多子女阶段——年轻夫妇,三岁以上的孩子在两个以上;子女成年阶段——中年或老年夫妇,子女已经独立;老年阶段——没有子女负担;独居阶段——丧偶、独居。处于不同阶段的家庭,对于商品的需求和兴趣有明显的不同。每一阶段的家庭其职业状况、收入高低、人口多少、相关影响力大小等都不相同,这些都直接影响消费者购买的行为。

(三)心理因素

1. 个性

个性即个人性格,是一个人身上表现出来的经常的、稳定的、实质性的心理特征。个性的差别也将导致购买行为的不同。另外,消费者的个性,还可导致消费者在购买过程中的不同表现。例如,外向型的消费,一般喜欢与售货员交谈,表情容易外露,很容易表现出对商品的态度,但也较容易受外界的影响;内向型的人大多沉默寡言,内心活动复杂,但不轻易表露;理智型的人大多喜欢对商品进行反复比较、分析和思考,最后才做出购买决定等。

2. 态度

态度是指消费者对某个客体的见解和倾向。这种见解和倾向表现为对人对事所持有的偏爱或厌恶的特殊感觉。态度对消费者的购买行为有很大的影响。

消费者对某种商品或劳务的态度,不像有的动机那样先天就存在。态度是学习而来的。文化、社会阶层、相关群体、后天经验等因素都对态度产生影响。一般来说,消费者态度的形成,主要有三个方面依据:一是消费者本身对某商品和劳务的感觉;二是相关群体的影响;三是家庭教养与社会经历。态度能够帮助消费者选择目标,影响购买决定。因此,企业应根据消费者的态度设计和改进产品,使产品更好地符合他们的要求,或者利用促销手段不断改变他们的态度,以利产品的销售。但是,在一般情况下,企业根据消费的态度来设计、改变产品,要比改变一个对企业不利的态度要容易得多。

3. 感觉

感觉是指人利用眼、耳、鼻、舌、身等感觉器官,接受物体色、香、味、形等刺激而引起的内在反应。任何消费者在购买商品时,都要根据自己感觉来做出是否购买的决定。所以一切产品的宣传,只有通过消费者的感觉,才能影响消费者的购买行为。

因此,企业营销人员应当通过调查确定一些重要的感觉评价标准,了解消费者对产品和劳务的最佳感觉,采取多种营销手段,把商品的外观、色泽、功能、特性等充分展现给消费者，引起消费者的注意，加强其感觉，激发其购买行为。

4. 自我概念

自我概念是指一个人对自己的看法和估计他人对自己的看法。一个人对自己的看法和评价往往是很复杂的问题。自我概念的类型不一致，而且也没有一定的标准。但无论如何，人总是力求保持一个较好的形象，不断改善自我形象，并通过自己的言行，向人们表达这种形象。自我形象在企业了解消费者的购买行为方面是很有用的，因为表达自我形象的重要途径之一就是消费。人们往往通过自己购买的商品，来反映自己所希望表现出的形象。因此，消费者的自我概念帮助他们选择商品，影响他们的购买决策。由于消费者总是购买与自我概念一致的商品，在企业营销中，就应使产品形象与人们追求的自我形象达到一致，从而使他们倾向于购买。为达到这一目的，必须分析研究不同产品在不同消费者中的印象，通过价格、包装、商标、广告等促销策略来创造并完善产品形象。

5. 后天经验

所谓“后天经验”是说购买动机不是先天产生的，而是由后天的经验形成的。在后天经验理论中，应用比较普遍的是“刺激—反应”模式，简称“S—R”模式。这种理论认为，消费者购买动机是由五种要素互相作用的结果：驱使力、刺激物、提示物、反应和强化。其模式如图 3.4 所示。

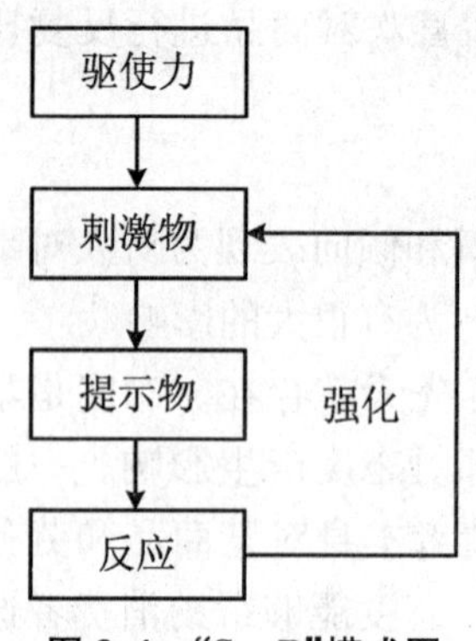

图 3.4 “S—R”模式图

一个企业要扩大产品销售，不仅要了解自己的产品(刺激物)与潜在消费者的驱使力的关系，而且要善于向消费者提供诱发需求的提示物——适当的广告宣传手段，并且积极进行反复宣传的“强化”工作，加深消费者的印象。只有这样，企业产品才能实现“后天经验”的效果，成为人人喜爱的商品。

三、消费者的购买行为过程

消费者的购买行为过程，是指消费者为实现购买行为所进行的一系列心理活动和购买活动。消费心理学在对消费者进行研究过程中发现，广大消费者在购买过程中的心理变化，一般遵循着五个阶段的模式，即唤起需要、寻找信息、比较评价、购买决定和购后感受，如图 3.5 所示。

1. 唤起需要阶段

消费者源于内部刺激或外部刺激都可能引起需求。消费者的需要是多种多样的，但多种多样的需要不一定形成购买需要和购买行为。消费心理学所研究的消费者购买行为过程中的唤起需要，是指具备主、客观条件(购买方与货源)的需要，因为只有这样的需要才能形成购买需要，才对企业市场营销活动有实际意义。

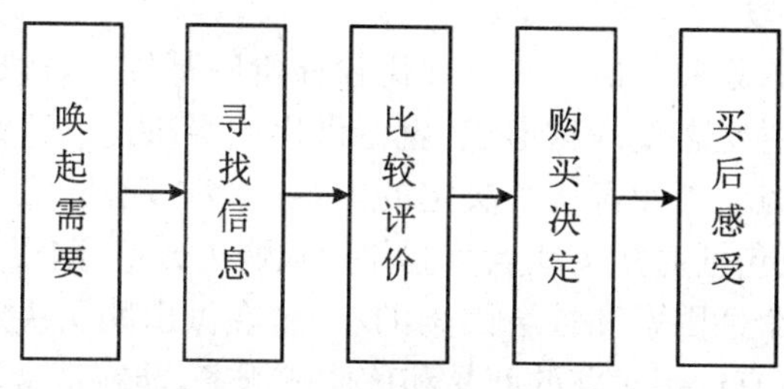

图3.5 购买过程的心理变化

【伴随案例】

自揭其短

瑞士一家钟表店手表积压太多，使得店里资金周转不灵，面临可能破产的危险。新上任的经理苦思冥想，灵机一动，登了一则别具一格的广告：本店现存一批手表，走时不太准确，一天会慢20秒，望购买者三思而后行。

广告登出后，钟表店突然门庭若市，积压手表一售而空。

【分析启示】 这则广告给消费者传递了这家钟表店对顾客诚实的信息——一天会慢20秒，即使号称非常准确的表通常也存在一天慢几十秒的现象，从而激发了消费者的消费需求，符合需要产生的情景起因与认识起因。

2. 寻找信息阶段

消费者为了满足消费需要，就要寻找信息。寻找信息的来源一般来自于三个方面，即市场来源、社会来源和经济来源。市场来源包括营销广告、工商企业、营销人员、市场商品、营业推广措施、企业公关活动等信息源；社会来源包括消费者的家庭、亲友、邻居、同事的介绍，社会群体影响以及大众传播媒介、其他传播媒介等信息源；经验来源是指消费者自身通过参购、试用、实际使用、联想、推论等方式所获得的信息源。企业利用各种传播媒介传递市场营销信息，既能唤起消费者的购买需要，又能满足消费者寻找信息的需要。

3. 比较评价阶段

消费者在广泛收集信息之后，必须对相对杂乱无章的信息加以筛选，进行“去粗取精、去伪存真、由此及彼、由表及里”的分析比较，以便做出最佳选择。一般来说，消费者对商品信息比较评价的标准，主要集中在商品的属性、质量、价格三个方面，但有时也因人而异。不同的消费者，其消费需要结构不同，对商品信息的比较和所得结果必然有异。同时，消费者对商品信息比较评价所用的时间也有长有短：一般对于紧俏、名牌、低档商品及日常生活用品等，消费者在比较评价时所花时间较短；而对高档商品，如彩色电视、全自动洗衣机等高技术耐用消费品，在比较评价时所花的时间较长。

4. 购买决定阶段

消费者在广泛收集商品信息并对其比较评价的基础上，形成了对某种商品的肯定或否定态度。肯定态度一旦形成，就会做出购买决定。这是消费者购买行为心理变化的最高阶段。消费者购买决定的内容是多方面的，除了包括对购买商品品牌的决定之外，还包括对购买地点、购买时间、购买数量、购买方式等的决定。不管各个消费者由于个性因素和社会因素的不同，在做出购买决定时所遵循的准则如何不同，只要企业有适销对路的商品和优质的服务，能在消费者心目中树立起良好的形象和较高的信誉，就能招徕更多的顾客。

5. 购后感受阶段

消费者购买了某一品牌的商品后，必然对商品进行观察、使用，产生相应的感受。这种感受大致有满意、基本满意和不满意三种情况。消费者购后感受的好坏，会影响消费者是否重复购买，并将影响他人的购买，对企业信誉和形象关系极大。企业要及时搜集信息，加强售后服务，采取相应措施，进一步改善消费者购后感受和提高产品的适销程度。

综上所述，消费者的购买行为过程是唤起需要、寻找信息、比较评价、购买决定、购后感受五个阶段的统一。当然，在现实的购买活动中，并非所有的购买行为都依次经过上述五个阶段。事实上，有时消费者的购买行为很简单，从唤起需要到决定购买，几乎同时进行；有时候，消费者的购买过程又比较复杂，不仅要经过每个阶段，而且会出现反复。不论购买行为过程简单还是复杂，其目的都是为了选到满意商品，即选到与自己需要相一致的质高价廉、符合个人爱好的商品。

第四节　市 场 分 析

目标市场选择包括三个步骤：市场细分、在市场细分的基础上选择目标市场和实施市场定位。

一、市场细分

1. 市场细分的概念

市场细分就是营销者通过市场调研，依据顾客的需要与欲望、购买行为和购买习惯等方面的差异性，把某一产品的整体市场划分为若干个需求大体相同的小市场或子市场的市场分类过程。经过细分的子市场之间的消费者需求具有较为明显的差异性。所以,市场细分是一个同中求异、异中求同的过程。

【小思考 3.2】

食盐与白糖是否需要进行市场细分?

答:因为消费者对食盐与白糖的需求差异性很小,市场具有较大同质性,且购买的数量比较稳定,因此无需进行市场细分。

2. 如何进行市场细分

首先,市场细分应具有明确的市场细分标准。以生活消费品为例,一般可选择地理、人文、心理和消费行为四个因素作为细分标准。具体细分时可应用发散思维的方式,得出一系列细分市场。如自行车市场,可分为国内市场、国际市场,其中国内市场还可进一步细分为华中市场、西南市场、东北市场等;可将消费行为细分为普通自行车市场、山地自行车市场、比赛用自行车市场等。如果是生产资料市场细分,则可选择最终用户、用户规模和生产能力、用户地点等因素作为细分标准。

其次,应注意把握好市场细分中几个原则问题:

(1) 可衡量性原则,就是指对市场细分时消费者对商品需求上的差异性要能明确加以反映和说明,能清楚界定,细分后的市场范围、容量、潜力等也要能定量加以说明;

(2) 可占据性原则,应使各个细分市场的规模、发展潜力、购买力等都要足够的大,以保证公司进入这个市场后有一定的销售额,同时公司也是可以利用现有条件去占领的;

(3) 相对稳定性,占领后的目标市场要能保证公司在相当长的一段时期经营上的稳定,避免目标市场变动过快给公司带来的风险和损失,保证公司取得长期稳定的利润。

二、目标市场选择

(一) 目标市场营销策略

一般来说,一个公司不可能为所有细分市场都提供最佳的服务,而应该根据自己的目标和资源,集中力量为一个或几个细分市场服务。在市场细分的基础上,选择一个或几个子市场作为自己的服务对象,这些被选中的子市场成为目标市场。公司根据自己的资源条件选择一定的目标市场进行经营,称为目标市场营销。公司选定了自己的目标市场后,还需要市场定位,采取适当的定位策略。目标市场营销策略包括无差异营销策略、差异化营销策略和市场集中化策略。

【伴随案例】

麦当劳的主要目标市场

(1) 小孩和家庭,这是麦当劳所设定的首要目标顾客群,是公司“欢乐餐”与特别促销活动的焦点。

(2) 青少年,具有反叛或反传统的思想倾向,不希望受约束,渴望理解,希望人们能坦诚以待。对于这一顾客群,公司制作了专门的广告片,片中邀请青少年的偶像做一些青少年喜欢做的事情。

(3) 青年,多指年龄在18～34岁之间的人。这些人正在开创自己的事业或建立家庭。公司为这些人提供快速、高效的餐饮服务。

(4) 少数民族,在美洲大陆主要是指亚裔、非裔及西班牙语系的消费者。公司投入大量资金,通过有线电视网播放带有浓重民族性的广告片。

(5) 年长者,多指年龄在54岁以上的人。公司针对这一顾客群,主要推销其餐饮的经济性,同时也鼓励年长者参与餐厅的工作。

【分析启示】 麦当劳对人口因素进行非常仔细的分析,主要从年龄及生命周期阶段对人口市场进行细分,麦当劳针对上述细分市场采用不同营销策略,如对青少年市场做的广告以摇摆舞曲音乐、冒险性和快速画面穿插为特点,而对老年人市场的广告宣传则突出柔和并富有情调。

1. 无差异营销策略

实行无差异营销策略的公司把整体市场看作一个大的目标市场,不进行细分,用一种产品、统一的市场营销组合对待整体市场。实行此策略的公司基于两种不同的指导思想。第一种是从传统的产品观念出发,强调需求的共性,漠视需求的差异。因此,公司为整体市场生产标准化产品,并实行无差异的市场营销策略。在大量生产、大量销售的产品导向时代,公司多数采用无差异营销策略经营。实行无差异策略的另一种思想是公司经过市场调查之后,认为某些特定产品的消费者需求大致相同或差异较少(如食盐),因此可以采用大致相同的市场营销策略。从这个意义上讲,它更加符合现代市场营销理念。

采用无差异营销策略的最大优点是成本的经济性。大批量的生产销售,必然降低单位产品成本;无差异的广告宣传可以减少促销费用;不进行市场细分,也相应减少了市场调研、产品研制与开发,以及制定多种市场营销策略、战术方案等带来的成本开支。

但是,无差异营销策略对市场上绝大多数产品都是不适宜的,因为消费者的需求偏好具有极其复杂的层次,某种产品或品牌能够受到市场的普遍欢迎的情况是很少的。即便一时能赢得某一市场,如果竞争者都如此仿照,就会造成市场上某个局部竞争非常激烈，而其他部分的需求却没有得到满足。例如，20 世纪 70 年代以前，美国三大汽车公司都坚信美国人喜欢大型豪华的小汽车，共同追求这一大的目标市场，采用无差异市场营销策略。但是 20 世纪 70 年代能源危机发生以后，美国三大汽车公司都没有意识到这种变化，更没有适当地调整他们的无差异营销策略，致使大轿车市场竞争"白热化"，而小型汽车市场却被忽略。日本汽车公司正是在这种情况下"乘虚而入"的。

2. 差异化市场营销策略

差异化市场营销策略是把整体市场划分为若干个需求与愿望大致相同的细分市场，然后根据公司的资源及营销实力选择部分细分市场作为目标市场，并为各目标市场制定不同的市场营销组合策略。

采用差异化市场营销策略的最大优点是可以有针对性地满足具有不同特征的顾客群的需求，提高产品的竞争能力。但是，由于产品品种、销售渠道、广告宣传的扩大化与多样化，市场营销费用也会大幅度增加。所以，无差异营销策略的优势基本上成为差异化市场策略的劣势。同时，该策略在推动成本和销售额上升时，市场效益并不具有保证。因此，公司在市场营销中有时需要进行"反细分"或"扩大顾客的基数"，作为对差异化营销策略的完善和补充。

3. 集中化市场策略

集中化市场策略是在将整体市场分割为若干个细分市场后，只选择其中某一个或几个小型市场，其指导思想是把公司的人、财、物集中用于某一个或几个小型市场，不求在较多的细分市场上都获得较小的市场份额，而要求在少数较小的市场上得到较大的市场份额。

这种策略也称为"弥隙"策略，即弥补市场空隙的意思，适合资源稀少的小公司。小公司如果与大公司硬性抗衡，弊多于利，因此必须学会寻找对自己有利的微观生存环境。如果小公司能避开大公司竞争激烈的细分市场，选择一两个能够发挥自己技术、资源优势的小市场，往往容易成功。由于目标集中，可以大大节省营销费用和增加盈利；又由于生产、销售渠道和促销的专业化，也能够更好地满足这部分特定消费者的需求，公司易于取得优越的市场地位。

这一策略的不足是经营者承担的风险较大，如果目标市场的需求情况突然发生变化，目标消费者的兴趣突然转移(这种情况多发生于时髦商品)，或是市场上出现了更强有力的竞争对手，公司就可能陷入困境。

(二) 选择目标市场营销策略应考虑的因素

无差异营销策略、差异化营销策略和市场集中化策略各有利弊，企业究竟如何选择市场策略，应综合考虑以下因素，如表 3.1 所示。

表 3.1 选择目标市场策略考虑的因素

因素＼策略类型	无差异性策略	差异性策略	集中性策略
市场同质性	高	低	低
市场供求态势	卖方市场	买方市场	买方市场
产品同质性	高	低	低
产品生命周期阶段	导入期、成长前期	成长后期、成熟期	导入期、衰退期
企业资源	多	多	少
企业实力	强	强	弱
竞争者数量	少	多	多
竞争者战略类型	—	差异性或无差异性	差异性

三、市场定位

（一）市场定位的概念

所谓市场定位，是指企业决定把自己放在目标市场的什么位置上。这种定位并非能随心所欲，必须对竞争者所处的市场位置、消费者的实际需求和本企业经营商品的特性做出正确的评估，然后确定出适合自己的市场位置。

工商企业进行目标市场定位，是通过创造鲜明的商品营销特色和个性，从而塑造出独特的市场形象来实现的。这种特色可表现在商品范围和商品价格上，也可表现在营销方式等其他方面。科学而准确的市场定位是建立在对竞争对手所经营的商品具有何种特色，顾客对该商品各种属性重视程度等进行全面分析的基础上的。为此，需掌握以下几种信息：目标市场上的竞争者提供何种商品给顾客？顾客确实需要什么？目标市场上的新顾客是谁？企业根据所掌握的信息，结合本企业的条件，适应顾客一定的需求和偏好，在目标顾客的心目中为本企业的营销商品创造一定的特色，赋予一定的形象，从而建立一种竞争优势，以便在该细分市场吸引更多的顾客。

（二）市场定位策略

目标市场定位实质是一种竞争策略，它显示了一种商品或一家企业同类似的商品或企业之间的竞争关系。定位方式不同，竞争态势也不同，下面分析四种主要定位策略。

1. 市场领先者定位策略

这是指企业选择的目标市场尚未被竞争者发现，企业率先进入市场，抢先占领市场的策略。企业采用这种定位策略，必须符合以下几个条件：

(1) 该市场符合消费发展趋势，具有强大的市场潜力；

(2) 本企业具备领先进入的条件和能力；

(3) 进入的市场必须有利于创造企业的营销特色；

(4) 提高市场占有率，使本企业的销售额在未来市场的份额中占有40%左右。

2. 市场挑战者定位策略

这是指企业把市场位置定在竞争者的附近，与在市场上占据支配地位的，亦即最强的竞争对手"对着干"，并最终把对方赶下现在的市场位置，让本企业取而代之的市场定位策略。企业采取这种定位策略，必须具备以下条件：

(1) 具有足够的市场潜量；

(2) 具有比竞争对手更丰富的资源和更强的营销能力；

(3) 能够向目标市场提供更好的商品和服务。

3. 跟随竞争者市场定位策略

这是指企业发现目标市场竞争者充斥，已座无虚席时，而该市场需求潜力又很大，企业跟随竞争者挤入市场，与竞争者处在一个位置上的策略。企业采用这种策略，必须具备下列条件：

(1) 目标市场还有很大的需求潜力；

(2) 目标市场未被竞争者完全垄断；

(3) 企业具备挤入市场的条件和与竞争对手"平分秋色"的营销能力。

4. 市场补缺者定位策略

这是指企业把自己的市场位置定在竞争者没有注意和占领的市场位置上的策略。当企业对竞争者的市场位置、消费者的实际需求和自己经营的商品属性进行评估分析后，如果发现企业所面临的目标市场并非竞争者充斥，存在一定的市场缝隙或空间，而且自身所经营的商品又难以正面抗衡，这时企业就应该把自己的位置定在目标市场的空当位置，与竞争者成鼎足之势。采用这种市场定位策略，必须具备以下条件：

(1) 本企业有满足这个市场所需要的货源；

(2) 该市场有足够数量的潜在购买者；

(3) 企业具有进入该市场的特殊条件和技能；

(4) 经营必须盈利。

当然，企业的市场定位并不是一成不变的，而是随着目标市场竞争者状况和企业内部条件的变化而变化的。当目标市场发生下列变化时，就需考虑重新调整定位的方向：

一是当竞争者的销售额上升，企业的市场占有率下降并出现困境时；

二是企业经营的商品意外地扩大了销售范围，在新的市场上可以获得更大的市场占有率和较高的商品销售额时；

三是新的消费趋势出现和消费者群的形成，使本企业销售的商品失去吸引力时；

四是本企业的经营战略和策略作重大调整时；等等。

总之，当企业和市场情况发生变化时，都需要对目标市场定位的方向进行调整，使企业的市场定位策略符合创立企业特色，发挥企业优势的原则，从而取得良好的营销利润。

第五节 市场营销策略

一、产品策略

（一）产品组合策略

产品组合也称产品结构，是指一个企业生产或经营的全部产品线、产品项目等的组合方式。产品组合包括四个要素：产品组合的宽度、长度、深度和关联度。产品组合策略包括扩展策略、减缩策略、产品线延伸策略。

1. 扩展策略

扩展策略有两种战略选择，即增加产品组合的宽度或增加产品线的深度。

2. 减缩策略

减缩策略将剔除那些获利差、前景黯淡的产品线或产品项目，收缩战线，集中资源经营那些收益高、发展前景好的产品线或产品项目。

3. 产品线延伸策略

产品线延伸策略是指全部或部分地改变原有产品组合的市场定位。它可以满足多层次的消费需求，但将造成品牌定位模糊，引起成本增加。产品线延伸包括向上延伸、向下延伸和双向延伸。

（二）产品生命周期各阶段的营销策略

1. 产品生命周期的概念

产品生命周期是指产品从进入市场开始，直到被市场淘汰为止所经历的全部时间。它不是指产品的使用寿命。

2. 产品生命周期各阶段的主要特征及营销策略

产品生命周期各阶段的主要特征及营销策略如表 3.2 所示。

表 3.2 产品生命周期特征与营销策略

		引入期	成长期	成熟期	衰退期
特征	市场需求状况	确认对新产品的需求,新产品上市试销,其销售量非常低	需求量急剧地增加,市场规模急速地扩大,销售量快速增长	需求量横向发展,老顾客更换旧品,只有少数新的消费者,销售增长缓慢	由于新产品的出现,产品的销售每况愈下,销售量迅速下降
	市场抵抗	市场抵抗性强,开始展开试销,少数人使用	市场抵抗性弱,使用频率提高,也有再度购买的情况	无抵抗性,市场完全被开发,市场占有率呈巅峰状态	市场占有率减低,市场规模逐渐萎缩
	消费者	创新的顾客	市场大众	市场大众	延迟的顾客
	经销商	经销商虽存疑心,但开始尝试销售	经销商积极地销售,逐渐提高销售量	经销商已完全掌握市场,各自相互竞争	经销商兴趣减低,销售数量也剧减
	竞争者	竞争对象最少,竞争缓和	竞争对手增加,彼此竞争激烈	竞争对手最多,有的只好半途退出,非价格竞争非常激烈	竞争对手锐减,但尚有若干对手存在
	营销费用	推广费用高	推广费用低	推广费用高	推广费用低
	利润	无多少实际的收益	单位利润达到最高状态	单位利润稳定,总利润最大的时期	总利润逐渐降低
营销策略	策略特点	市场扩张	市场渗透	巩固占有率	酌情退出
	营销重点	产品知晓	品牌偏好	品牌忠诚	选择性
	产品	基本的	改进的	多变的	合理的
	价格	高价或低价	较低价	最低价	低价
	促销	信息培训	强调竞争差异	以提醒为导向	最小化促销
	分销	零星的	增加网点	网点最大化	尽可能减少网点

（三）新产品开发策略

1. 新产品概念

新产品是一个广泛的概念，对新发明创造产品，或市场上现有产品的改进、产品系列的增加等，都可认为是新产品。它包括全新新产品、换代新产品、改进新产品、仿制新产品。新产品开发具有耗资大，成本高；风险大，失败率高；难度大，时间长等特点。

2. 新产品开发策略

新产品开发的策略有很多。采用何种策略要根据企业、市场和竞争对手的情况而定。当然，新产品开发策略的选择与企业经营者的个人素质也有很大关系，开拓型与稳健型的经营者常常会采用不同的策略，主要有抢占市场策略、超越自我策略、“迟人半步”策略、借脑生财策略、差异化策略、市场扩散策略。

（四）品牌

1. 品牌的定义

品牌是指用来识别一个（或一群）卖主的商品或劳务的名称、术语、记号、象征或设计，或其组合，并用来区别一个（或一群）卖主和竞争者。它包括品牌名称、品牌记号（符号图案或颜色）及特定的外形（包装的现状、表现特征或结构）三个要素。

2. 品牌策略

(1) 同一品牌策略。同一品牌策略是指企业生产的一切产品均使用同一种品牌进入市场。如娃哈哈集团的产品，无论是营养口服液、果奶、营养八宝粥，还是冰糖营养燕窝等，都冠以“娃哈哈”这一种品牌。采用这种策略，有利于建立一整套“企业识别体系”和企业统一的品牌商标，广泛传播企业精神和特点，让产品具有强烈的识别性，提高企业的声誉和知名度；还可以利用市场上已知名的品牌推出新产品，有利于节省商标设计费用和促销费用，提高广告效果。但采用这种策略，企业必须具备以下两个条件：这种品牌必须已在市场上获得一定信誉，采用统一品牌的各种产品具有相同的质量水平。否则会因某一产品质量不佳波及其他产品并影响整个企业形象。

(2) 个别品牌策略。个别品牌策略是指企业按产品的品种、用途和质量，分别采用不同的品牌。如五粮液酒厂生产的白酒采用“五粮液”“五粮醇”“五粮春”“尖庄”等不同品牌。采用这种策略，能够严格区分不同产品和品种，区别质量档次，反映不同的特色，以适应市场上不同层次的消费水平，扩大市场容量，以取得规模效益。对于这种策略，企业承担的风险也较小。因为，即使有一两种品牌的商品不受市场欢迎，也不会影响本企业其他品牌商品的销售，不会对企业整体形象造成不良影响。但企业要为每一个产品设计品牌，为每一个品牌做广告宣传，费用高，消费者也不易记住，难以树立企业的整体市场形象。

(3) 品牌扩展策略。品牌扩展策略，又称特殊品牌策略，是指企业利用成功的品牌推出新产品或改良产品。如春兰集团以生产春兰空调器而闻名遐迩。他们在推出摩托车产品时采用“春兰虎”“春兰豹”的品牌。采用这种策略，可以节省新产品的宣传广告费用，利用消费者对品牌的信任感，使新产品能够顺利地迅速进入市场。

(4) 更换品牌策略。更换品牌策略，就是更换原有企业的品牌，采用新的品牌。如科龙集团原生产容声冰箱，后生产空调器时采用科龙这一品牌。采用更换品牌策略的原因有很多：或原有品牌过时，需要更换；或采用某一特别著名产品的品牌；或企业生产方向的变更或产品种类扩大；或者企业认为需要重新设计产品形象。

(5) 中间商品牌策略。中间商品牌策略是指在销售者品牌下从事市场营销。在传统上，品牌是厂商的制造标记，因为产品的设计、质量、特色都是由制造商决定的。但是，近年来，越来越多的中间商大力提高自己的声誉，树立企业的形象，创立品牌。即中间商把制造商生产的产品大批量地买进来，再使用自己的品牌将产品转卖出去。如美国著名的零售商西尔斯百货公司，90%以上的商品都用自己的牌子。采用这种策略可以利用中间商良好的品牌声誉以及庞大、完善的分销体系为生产企业在新的市场推销新的产品服务。但这种策略要求中间商对制造者的产品质量严格控制。否则，不仅会影响产品销售，而且会砸掉中间商的牌子。

(6) 借用品牌策略。借用品牌策略是指企业生产的产品不用自己的品牌，而用借来的品牌销售。国内许多联营企业常采用这种策略：由主导厂提供技术，严把质量关，协作厂的产品用主导厂的品牌出售。采用这种策略看上去出于无奈，是消极的举措。但从长远来看是积极的，借牌是为了使企业渡过难关，出现转机，开创未来。

(7) 无品牌策略。一般来说，绝大部分企业或产品都使用品牌或注册商标，但在某些特殊情况下，可以不使用品牌或注册商标，只注明产地或生产厂家名称，也可使用未经注册的临时商标。无品牌策略适用以下三种情况：一是产品技术要求简单，不同生产厂家其产品质量是同质的，故消费者没有必要凭品牌去购买，如原材料、煤炭、电力等；二是小范围的地产、地销商品，习惯上只注明产地或厂家，也可使用未注册商标，如土特产、手工艺品等；三是企业临时性加工或一次性生产的产品，如接受外商的加工业务，一般由经营单位重新包装使用经营者的商标。

(五) 包装

1. 包装的概念

包装是指“设计和制造产品容器和包装产品的各项活动”。

2. 包装策略

(1) 类似包装策略。企业各种产品在包装上采用相同的形状、相同的图案、色彩,体现共同的特色,使消费者很容易就能觉出是来自同一厂家的产品。实行这种策略的优点是容易树立企业形象,节约包装设计费用;缺点是一损俱损。

(2) 组合包装策略。将数种有关联的产品放在同一包装容器内,如化妆品、家用工具箱等。这种包装不仅方便消费者购买和使用,而且有利于带动多种产品销售,特别是新产品的推销。但要考虑到产品之间的关联度和消费者的购买力。

(3) 再使用包装策略。将原包装的产品用完以后,包装物可移作其他用途。采用这种策略有利于诱发消费者的购买动机,空包装物还能起到广告宣传的作用。

(4) 附赠包装策略。包装容器内除目标产品外另附有赠品,目的是吸引消费者购买和重复购买,以扩大销售。该策略对儿童和青少年及低收入者较为有效。

(5) 改变包装策略。企业可以随着产品的更新和市场的变化,相应地改变包装设计。这种策略对提高产品形象、扩大销售、提高经济效益有一定的促进作用。

二、价格策略

1. 新产品定价策略

(1) 撇脂定价策略。撇脂定价策略是指在产品上市初期,价格定得较高,以便在较短的时间内获得最大的利润。

(2) 温和定价策略。温和定价策略是指在了解消费者对某种产品的期望价格的基础上,按照企业正常成本、税金和一般利润定出中等价格,使企业既获得一般利润,又能吸引顾客。

(3) 渗透定价策略。渗透定价策略是指利用消费者的求廉心理,以较低的价格出售产品。

2. 心理定价策略

(1) 尾数定价策略。尾数定价策略又称非整数定价策略,即企业给商品定一个接近整数,以零头尾数结尾的价格。

(2) 方便定价策略。方便定价策略也称整数定价策略,是指企业给商品定价时取一个整数。

(3) 如意定价策略。如意定价策略是指按照顾客希望吉祥如意这一心理和要求来确定价格。

(4) 声望定价策略。声望定价策略是指依照人们的虚荣心理来确定商品价格的一种策略。

(5) 招徕定价策略。一般顾客都有以低于一般市价的价格买到同质商品的心理要求，招徕定价策略是指以此来确定商品价格。

3. 地区定价策略

(1) FOB(产地)定价。按产地在某种运输工具上交货定价。

(2) 统一定价。销往不同地区的产品，执行统一价格。

(3) 基点定价。以某个城市价格为基点，加上从基点城市到顾客所在地的运费来定价其他地区价格。

(4) 运费补贴价。对距离遥远的买主，卖方适当给予补贴的一种定价策略，其实质是运费折让。

(5) 分区定价。销往不同地区的产品其价格不同，但同一地区内的客户都支付同一价格。

4. 折让定价策略

(1) 现金折扣策略。这种策略允许用现金或提前付款方式购买商品的顾客按原定价享受一定的折扣，鼓励顾客按期或提前偿付货款，以加速商品和资金周转，提高企业利润率。这种定价策略适用于价格昂贵的耐用消费品，尤其适用于采取分期付款的商品。

(2) 数量折扣策略。卖方根据买方购买商品的数量多少，给予不同的折扣。购买商品愈多，折扣愈高，买方获利也愈多。实行这种策略的目的在于鼓励买方大批量购买商品。数量折扣可分为累进折扣和非累进折扣。顾客在一定时间内(如一月、一季、半年等)购买商品总量达到一定额度时，按其总量的多少给予折扣叫做累进折扣。同一顾客在一次购买的商品达到一定额度时，按其总量多少给予的折扣叫非累进折扣。

(3) 季节性折扣。生产或经营企业向提前购买季节性强的商品的顾客给予一定的价格折扣，叫做季节性折扣策略。采用此策略的目的在于鼓励顾客早期购货，减少企业的资金负担和仓储保管费用，加速资金周转。

(4) 交易折扣策略。根据中间商在商品流通中的不同地位和作用，给予不同的折扣，这种策略叫做交易折扣策略。如给予批发商的折扣大于零售商的折扣，鼓励中间商努力销售本企业的商品。

(5) 组合折扣策略。企业将彼此密切相关的商品组合配套，对购买成套商品的顾客给予价格折扣，使之比分别购买的价格更低一些，如世界杯足球赛出售的套票、配套的茶具及餐具等。这种策略既有利于消费者一次购齐、节省时间、享受优惠，又有利于企业增加销售。

(6) 推广让价策略。企业对经营者为本企业经营的商品提供的各种促销活动(如刊登地方性广告、布置专门的橱窗、组织人员促销等)进行鼓励，通过给予津贴或减价作为报酬，这就是推广让价策略。这种策略对于扩大商品影响和销路，有着重要的作用。

(7) 运费让价策略。对较远的顾客，通过减价来弥补其部分或全部运费的策略为运费让价策略。此种策略可吸引远方顾客经销本企业的商品，扩大市场范围，开辟新的销路。

【伴随案例】

定价：商家的心理战

1. 只降2美分

一个炎热的夏天，美国的一家日用杂货品商店购进了一批单人凉席，定价每件1美元。本来，这样炎热的天气，凉席会很快销售一空的，但结果购买并不踊跃。商店只得降价销售，但由于进价过高，每张凉席只能降价2美分，但奇怪的是，顾客马上纷至沓来，凉席再也不愁销不出去了。这位老板在有了这个惊喜的发现后，马上照葫芦画瓢，大量进货，居然屡试不爽。

2. 每件6美元

美国西部有一家商店特别引人注目，店前挂着一块醒目的招牌："本店各式服装一律每件6美元。"店内陈列的商品品种繁多，从内衣到外套应有尽有。因此，自开业以来，该店的生意十分红火。

3. 自动降价

美国的波士顿市市中心有一家"法林联合百货公司"，在其商场的地下室门口挂着"法林地下自动降价商店"的招牌。走进之后，你会发现货架上的每一件商品除了标明售价以外，还标着该件商品第一次上架的时间，旁边的告示栏里说明，该件商品按上架陈列时间自动降价，陈列时间越长，价格越低。比如某种商品陈列了13天还没有售出，就自动降低20%；又过6天，降价50%；再过6天，降价75%。如果该件产品标价为500元，到第13天只能卖400元，到第19天只能卖250元，到第25天时只能卖125元。到第25天后，再过6天仍无人购买，就把该件商品从货架上取下来送到慈善机构去了。虽然如此降价，但百货公司的生意却出奇地好。

【分析启示】 心理定价策略是商业定价策略中的一种。只要自如、巧妙地应用心理定价策略，商家就能充分利用消费者的心理来赢得如意的销售价格和满意的销售量。

5. 价格调整策略

(1) 主动调价策略。主动调价策略是指在竞争中对某些产品的供求已有较准确的预测，为取得竞争主动权，企业主动调高价格或主动调低价格。

(2) 应对调价策略。应对调价策略包括：维持原价，但提高产品质量或增加服务项目；降价，以维持或提高市场率；提价，同时推出新品牌以围攻竞争对手的品牌;推出更廉价的产品进行竞争。

三、渠道策略

(一) 分销渠道的含义

分销渠道是指某种产品和服务从生产者向消费者或用户转移的过程中,取得产品或服务所有权或帮助所有权转移的商业组织或个人,即产品从生产领域向消费领域转移的通道。分销渠道包括渠道起点和终点的生产者和消费者以及各种批发商、零售商、商业服务机构(经纪人、交易所)在内的中间商。

(二) 分销渠道策略

1. 广泛分销策略

广泛分销策略是指企业尽可能通过更多的批发商、零售商为其分销产品。其目的是扩大市场覆盖或加快进入一个新市场。日常生活中的便利品会采用这种分销策略。这种策略的优点是产品与顾客接触的机会多,广告的效果大,但制造商基本上无法控制渠道,与中间商关系也较松散。

2. 选择性分销策略

选择性分销策略是指只选择那些有支付能力、有经营经验、有产品知识及推销知识的中间商在特定的区域推销本企业产品的策略。它适用于顾客需要在价格、质量、花色、款式等方面精心比较和选择后才决定购买的产品。这种策略有利于培植企业与中商之间的合作关系,提高渠道的运转效率。

3. 独家分销策略

独家分销策略是指企业在一定市场区域内仅选择一家经验丰富、信誉卓越的中间商来销售企业的产品。双方一般都签订合同,规定双方的销售权限、利润分配比例、销售费用和广告宣传费用的分担比例等。这种策略主要适用于顾客选购水平很高,十分重视品牌商标的产品,如名牌时装、高档家具等。工业品中的专业机器设备,由于用户与生产厂家在技术和服务上的特殊关系,也常采用这种策略。这种策略的优点是制造商与中间商关系非常密切,独家经销的中间商工作努力、积极性高,有利于提高产品的信誉,制造商亦能有效地控制营销渠道。但是这种策略灵活性小,不利于消费者的选择购买。

四、促销策略

（一）促销的含义

促销是指企业通过人员推销或非人员推销的方式，向目标顾客传递商品或劳务的存在及其性能、特征等信息，帮助消费者认识商品或劳务所带给购买者的利益，从而引起消费者的兴趣，激发消费者的购买欲望及购买行为的活动。

（二）促销基本策略

1. 推式策略

所谓推式策略，就是以中间商为主要促销对象，企业通过推销人员把商品推进分销渠道，推向最终市场。实施这种策略，人员推销的作用最大，它要求推销人员根据商品特性和顾客属性，灵活运用针对性强的推销方法。常用的方法有示范推销法、网点销售法、服务推销法和访问推销法。

2. 拉式策略

所谓拉式策略，就是以最终消费者为主要促销对象，企业利用广告、营业推广等促销方法，激起潜在购买者对产品的需求和兴趣，从而向零售商询购这种产品，零售商又找批发商购进这种产品，使批发商向制造商订货。拉式策略常采用的方法有广告促销法、信誉促销法、代销、试销促销法、邀请促销法。

【小思考 3.2】

像牙膏、肥皂等生活日用品宜采取何种促销策略？

答：因为生活日用品的消费者多而广，所以宜采用拉式促销策略。

复习思考题

1. 在不同的需求状况下，市场营销管理的任务有哪些不同？
2. 企业营销环境分析方法有哪些？简述企业营销环境的构成要素。
3. 影响消费者购买行为的因素有哪些？消费者购买过程分为哪些阶段？
4. 目标市场选择的策略有哪些？
5. 企业市场定位策略有哪些？
6. 产品组合策略包括哪些？产品生命周期各阶段的营销策略是什么？
7. 新产品开发策略有哪些？企业在品牌使用上有哪些策略？
8. 企业定价策略有哪些？

案例分析

海尔集团的“目标市场”营销

海尔集团的前身是一家生产普通家电产品的集体小厂，因亏损额达147万元而濒临倒闭。1985年，海尔股份有限公司成立，经过十几年的发展，海尔集团已成为中国家电行业特大型企业，在海尔的发展过程中，海尔成功地运用了目标市场营销战略。

海尔集团根据市场细分的原则，在选定的目标市场内，确定消费者需求，有针对性地研制开发多品种、多规格的家电产品，以满足不同层次的消费者需要。如海尔洗衣机是我国洗衣机行业跨度最大、规格最全、品种最多的产品。在洗衣机市场上，海尔集团根据不同地区的环境特点，考虑不同的消费需求，提供不同的产品，如针对江南地区“梅雨”天气较多，洗衣不容易干的情况，海尔集团及时开发了集洗涤、脱水、烘干于一体的海尔“玛格丽特”三合一全自动洗衣机，以其独特的烘干功能，迎合了饱受“梅雨”之苦的消费者。此产品在上海、宁波、成都等市场引起轰动。针对北方的水质较硬的情况，海尔集团开发了专利产品“爆炸”洗净的气泡式洗衣机，即利用气泡爆炸破碎软化作用，提高洗净度20%以上，受到消费者的欢迎。针对农村市场，研制开发了下列产品：①“大地瓜”洗衣机，适应盛产红薯的西南地区农民图快捷省事，在洗衣机里洗红薯的需要；② 小康系列滚筒洗衣机，针对较富裕的农村地区；③“小神螺”洗衣机，价格低、宽电压带、外观豪华，非常适合广大农村市场。

海尔集团以高质量和高科技进行市场定位，占领市场。海尔集团市场竞争的原则不是首先在量上争第一，而是在质上争第一，依靠高科技推出新产品。海尔所涉足的除冰箱外的其他产品均起步较晚，这些产品的市场竞争激烈，但海尔经过认真的市场调查，清醒地估计自己的实力后，认为应该进入这些产品市场中参与竞争。它采用针锋相对式的市场定位策略，1992年推出空调产品，1995年推出洗衣机产品。由于技术领先、质量可靠，深受消费者欢迎。目前，海尔集团已跻身于世界500强的行列。

问题：

1. 分析海尔集团采取了何种目标市场战略。
2. 海尔集团采取的市场定位策略是什么？其产品是怎样进行市场定位的？

实践训练

一位心理学家做过一个实验。把7盎司的冰淇淋A装在5盎司的杯子里，看上去都溢出来了。把8盎司冰淇淋B装在10盎司的杯子里,看上去还没有装满。实验表明,平均来讲,人们愿意花2.26美元买冰淇淋A,却只愿花1.66美元买冰淇淋B。

人们为什么愿意花2.26美元买冰淇淋A,却只愿花1.66美元买冰淇淋B?请同学们做个实验来验证。

第四章 生产运作管理

学习目标

1. 掌握生产运作管理的概念和内容；
2. 了解研发管理的含义和过程；
3. 理解生产过程的组织、计划和控制的原理；
4. 明确质量管理的含义和质量认证的内容；
5. 熟悉成本管理内容和要求。

【引例】

丰田式生产管理原则

随着日本经济的低速发展，汽车市场也陷于长期衰退之中。然而丰田汽车却在日益激烈的竞争中继续保持利润增长。丰田继续保持增长的关键，不仅是着重于降低生产成本，而且是更强调如何提高整体竞争力。诸如美国三大汽车制造商，越来越依赖于折扣来维持销售，对于丰田而言，这可能是短视而无利的做法。他们提出了UMR计划(United Manufacturing Reform)，用来强化汽车基于零件的设计开发能力，提高效率。丰田投入百亿日元预算开发引擎设计软件，目的是使生产引擎设备小型化、作业工程简单化，并且贯彻生产一体化，在工厂透过中心看板就可以掌握制造进度。

由于丰田追求高效率的制造和汽车开发能力，其零件成本只占汽车总成本的1/20，而销售一台5000美元的汽车，成本只需2000美元，无形中大大提升了利润。

丰田社长张富士夫认为，日本要脱离困境，唯一的良方就是打破传统产业藩篱，引进丰田式的生产管理。那么，丰田生产管理的关键原则是什么呢？

1. 建立看板体系

就是重新改造流程，改变由经营者主导生产数量的传统，转而重视顾客的需求，由后面的工程人员借助看板告诉前一项工程人员的需求(比方需要多少零件、何时补货等)，亦即逆向控制生产数量的供应链模式。这种方式不仅能节省库存成本(达到零库存)，更重要的是能提高流程的效率。

2. 强调实时存货

依据顾客的需求生产必要的东西，在必要的时候生产必要的量。这是丰田独创的生产管理概念，并有很多成功的案例。

3. 标准作业彻底化

丰田对生产的内容、顺序、时间控制和结果等所有工作细节都制定了严格的规范，比如装轮胎和引擎需要几分几秒，等等。但这并不是说标准是一成不变的，只要工作人员发现了更好更有效率的方法，就可以变更作业标准。

4. 杜绝浪费和模糊

杜绝浪费任何一点材料、人力、时间、空间、能量、运输等资源，是丰田生产方式最基本的概念。丰田要求每个员工在每一项作业环节里，都要重复问为什么，然后想如何做，并确认自已以严谨的态度实现完美的制造任务。

5. 生产平准化

平准化指的是取量均值性。假如后一个工程生产作业的取量变化太，则前一个作业工程必须准备最高量，由此造成库存浪费。丰田要求各生产工程的取量尽可能达到平均值，也就是前后一致，为的是将需求与供应变成平准，降低库存与生产浪费。

6. 活人、活空间

在对流程进行不断改善的过程中，丰田发现，在生产量不变的情况下，生产空间却可精简许多，而对这些剩余的空间可以灵活地运用。人员也是一样，例如一个生产线上有6个人，在组装时抽掉一个人，则那个人的工作空间自动缩小。空间空出来，而工作由6个人变成5个人，原来那个人的工作被其他5个人取代。这样灵活的工作体系，丰田称其为活人、活空间，即鼓励员工都成为多能工，以创造最高价值。

7. 养成自动化习惯

这里的自动化不仅仅包括机器，还包括人的自动化，也就是养成良好的工作习惯，不断学习创新，这也是企业的责任。基于生产现场教育训练的不断改进与激励，成立丰田学院(Toyota Institute)，让人员的素质越来越高，反应越来越快，动作越来越精确。

（资料来源：徐晓鹰. 现代企业管理[M]. 北京：中国商业出版社，2000.）

【分析启示】 丰田公司采用上述先进的生产管理理念和方法是丰田公司保持长盛不衰的法宝，也是现代企业实施现代化、科学管理的典范。在当前日益动荡、日趋激烈的市场竞争形势下，各国企业只有向丰田公司那样，不断探索生产管理的科学方法，才能在激烈的市场竞争中生存并保持长久发展。

第一节 现代企业生产运作管理概述

一、生产运作管理的概念

生产运作管理是指为实现企业的经营目标,有效地利用生产资源,对生产过程进行组织、计划和控制,生产出满足市场需求的产品和服务的管理活动的总称。

在市场经济体制下,生产运作管理应以实现企业的经营目标、经营方针、经营决策为宗旨,按照其要求去组织生产。这说明了生产运作管理在企业管理中的地位和作用。

为了适应市场需求,企业要合理地使用资源,其中包括人力、物力、财力、信息、知识等各方面资源,生产出高质量的产品或服务,并不断降低成本,提高效益,使企业充满生机和活力。生产运作管理与其他管理一样,其基本职能是计划、组织和控制。

二、生产运作管理的目标和内容

(一)生产运作管理的目标

生产运作管理的目标可简单概括为:高效、低耗、灵活和准时地生产出合格产品和提供优质服务。高效是对于时间而言的,指能够迅速地满足用户的需要。低耗是指生产同样数量和质量的产品,所耗费的人、财、物数量最少。灵活是指很快地适应市场的变化,生产不同的品种和开发新品种,提供不同的服务和开发新服务。准时是指按客户需要的时间、数量,提供用户所需的产品和服务。

(二)生产运作管理的内容

如果将管理看作是一个计划、组织、控制的过程,那么生产运作管理就是对生产运作系统进行计划、组织和控制的过程,其内容可概括为以下三个方面:

1. 确定合理的生产组织形式

确定合理的生产组织形式主要包括以下几个方面的内容:

(1) 对企业生产过程,从空间、时间等角度进行分析。

(2) 研究工厂布置问题，对生产线的设置进行分析和确定，以适应生产的客观要求，保证生产的正常进行。

(3) 从时间、动作角度对工作进行研究，制定合理、科学的劳动定额，从而使生产过程省力、高效。

(4) 适应市场经济的需要，对市场需求有灵敏的嗅觉、快速的应变能力，营造一个良好的生产管理机制，促进生产发展。如果组织生产的前期工作搞得不好，对以后的生产会产生很大影响。先天不足，则后患无穷。

2. 制订科学的生产计划

制订科学的生产计划主要包括以下两方面的内容：

(1) 认真调查、分析市场需要、社会需求，进行生产预测。这是与市场营销的重要接口，也体现出市场决定生产的意识和思想。

(2) 根据生产预测的结果，结合企业现实情况，认真、严肃地编制生产计划，这是企业的生产纲领。

3. 计划的实施和控制

计划的实施和控制主要有以下几方面的工作：

(1) 编制和实施生产作业计划。生产计划确定了，只是规划了纲领性的东西，要组织日常生产活动还必须编制生产作业计划。生产作业计划的编制和实施体现着企业管理水平的高低，对效益起着重要的影响作用。

(2) 生产控制。企业要进行严格的生产控制，包括进度控制、质量控制、成本控制、库存控制等。这个工作本身难度大、要求高、影响因素多，必须花大气力，做扎实、深入、细致的工作。

(3) 生产现场管理。随着企业的不断发展，生产管理的逐步深入，现场管理的意义、作用显得日益重要。每一个管理者应当充分认识到现场对市场的保证作用。产品来自现场，忽视现场讲提高市场竞争能力就是一句空话。

生产运作管理的内容因每一种生产形式不同而不同，同时，它也在不断变化。科学技术的迅猛发展，会不断赋予其新的更加丰富的内容。

三、生产运作管理应遵循的原则

1. 坚持以市场为导向的原则

坚持以市场为导向的原则，是企业在市场经济条件下必须遵循的首要原则。强调以市场为导向，就是企业组织生产经营必须按市场需要、社会需求来进行。其组织的活动要自始至终立足于市场、服务于市场。

2. 坚持讲究经济效益的原则

纵观我国企业生产经营中的经济增长方式，很长一个时期以来主要是依靠生产要素数量的增加来实现的，走的是一条粗放型的路子。其结果是资源浪费严重，投入量大，而产出并不丰厚。效益问题始终是困扰企业的大问题。为此，必须高度重视效益问题。要在符合市场需求的前提下，充分合理地调配和利用资源，以最低劳动消耗和资金占用，生产出尽可能多的适应市场需要的产品。

3. 坚持科学管理的原则

现代化生产必须提倡科学管理。提倡科学管理，就是要尊重客观规律，积极推行符合现代化大生产的制度和方法。

4. 坚持均衡生产的原则

坚持均衡生产，就是要求企业在生产过程中有计划、按比例地组织生产，消除盲目生产，克服前松后紧等现象。企业要对生产过程中的人力、物力、时间等进行认真的统筹规划、按部就班地进行，防止生产打乱仗、瞎指挥。

四、现代企业生产运作管理的发展变化

总的来看，现代企业生产运作管理的发展出现了以下几方面的显著变化：

(1) 与传统的生产管理相比，现代企业生产运作管理的范围大大加宽，由原来的仅考虑加工过程本身向外扩展，使其与经营管理等的界限愈加模糊，愈加融为一体。企业生产运作管理、经营管理、财务管理等相互渗透，相互影响，相互作用。

(2) 按照市场需求，多品种、中小批量、个性化生产成为现代企业生产的主流。为此，针对这种类型的生产如何进行管理将是需要着重考虑的问题。

(3) 以计算机为代表的先进科学技术给生产运作管理带来了巨大影响，甚至可以说导致了革命性变革。各类企业要结合本企业实际，加快在生产运作管理中运用计算机等现代化手段的步伐，使先进的科学技术尽快服务于生产，推动生产的快速发展，提高生产对市场做出迅速反应的能力。

(4) 改变了长期以来生产管理侧重于研究制造业的状况。随着时代的发展、客观的需要，生产运作管理逐步向服务业扩展。

【小思考 4.1】

现代企业生产的主流方式是什么？

答：多品种、中小批量、个性化生产成为现代企业生产的主流。

【管理寓言】

裁　员

有一个社区建了座桥，居民们说："我们有了桥，最好找个警卫员来守护。"

接着有人说警卫员要领薪水，所以必须雇用一个会计。接着，又有人指出需要

有司库，于是，便有了警卫员、会计和司库。既然有了这么齐全的人马，便需要有个行政主任管他们。最后居民便雇了一个行政主任。

不久，居民议会表决要削减经费，一定要裁员，于是他们便裁掉了警卫员。

（资料来源：朱吉玉. 管理心理学[M]. 北京：北京大学出版社，2010.）

第二节 研发管理

一、研发管理概述

产品的研究和开发简称研发，是企业取得竞争优势的重要基础，是现代企业赖以生存和发展的重要条件，也是衡量一个国家技术创新能力的关键性标志。当前，随着计算机及网络技术的迅猛发展和广泛运用，通信技术和交通运输的高度发达使全球化的生产销售成为可能。在这种情况下，企业要使自己在激烈的竞争中立于不败之地，强化研发工作就显得尤为必要。

研发工作既是一个探索和创新的过程，也是一个牵涉各个环节和众多部门协同作用的过程。企业为了有效地配置研发资源，避免和减少研发风险，提高研发的工作效率，使研发成果能迅速地向生产部门转移，就必须对研发工作进行有效的管理。

研发工作是国际通用语，其含义是致力于增加科学或技术知识，并将该知识应用于新产品和生产资料的创造以及现有产品和生产过程的改善的活动。研发活动可分为三大类，即基础研究、应用研究和开发研究。

1. 基础研究

基础研究是指基于自然界现象和可观察事实的基本原理而进行的实验性或理论性研究工作，其目的在于揭示自然界物质运动的规律和获得新知识，是为推进科学发展而进行的基础探索。

2. 应用研究

应用研究旨在为获得新知识而进行的创造性活动。它主要是针对某一特定的实际目的或目标进行工作，目的是确定基础成果可能的用途，或达到某一预定目标应采取的新手段和方法。

3. 开发研究

开发研究又称试验发展，是指利用从研究和实际经验中获得的现有知识，用于生产新材料、新产品和新装置，建立新的工艺、系统，提供新的服务或对已生产或建立的上述各项成果进行实质性改进。

【小思考 4.2】

有人说，产品研发是现代企业获得高额利润的主要来源，正确吗？

答：正确。根据"微笑曲线"理论，产品研发和营销处于企业价值链的高端，是企业获得高额利润的主要来源。

二、研发的过程管理

（一）研发的基本过程

1. 研究和开发的准备

这个阶段的任务是完成研究或研制的前期准备。主要环节包括组织力量，组建研究小组，确定研究方案，进行实验设计和完成实验准备等。准备工作是否充分、细致，将对全局产生重要影响。

（1）组建研究小组。这是开展研发工作的组织保证，包括三个要点：一是要求人员结构合理，即骨干人员与辅助人员、不同的技术等级、不同的工种和专业等方面比例适度；二是要选好研究小组的负责人，要求既懂得把握技术方向，又能够协调好研究过程的各种关系；三是要保持研究小组成员的相对稳定，使研究工作保持较强的连续性。

（2）确定研究方案。合理的研究方案是保证研究工作成功的关键。研究小组成员要根据调研情况和现有条件提出若干研究方案，由主管部门组织有关专业技术人员论证比较，在审查方案的可行性、先进性及经济合理性的基础上，经过筛选、补充、完善，确定一种比较好的研究方案。

（3）进行实验设计。研究小组成员根据确定的研究方案，设计具体的研究途径、内容及方法，如需采用的实验装备和原材料、实验数据、应控制的实验条件、应测试的技术指标、使用的测试方法及仪器、施工方法等。

（4）完成实验准备。根据研制方案及实验设计，进行各项具体的实验准备工作，如落实协作单位、资金、实验设备、仪器、实验场地、动力、原材料、技术安全措施及实验记录表等，并对研究过程制订进度计划，确保研究工作有步骤地、按计划完成。

2. 研究和开发的实施

研发项目的实施可以分为以下几个主要环节：

（1）小型实验研究。通过实验、测试，并记录实验数据，以取得实验结果，获得反映客观事实的材料。

(2) 性能试验。对产品的物化性能进行系统测定,记录测试数据,严格掌握测试方法,力求测试数据和计算方法的可靠与完整。

(3) 阶段成果。正确分析和处理实验数据,是摸索实验规律、得出正确实验结论的保证。当研究工作告一段落时,研究小组成员要及时总结本阶段的工作,检查实验方法,查看实验记录,处理实验数据,分析整理实验结果,观察样品,总结实验规律,得出阶段成果,并根据实际情况,决定是否需要调整实验进度或改进实验工作。

(4) 中间试验。中间试验是研究成果从实验室阶段转到工厂生产所必经的中间扩大阶段,是考核阶段成果(产品配方及工艺)是否可行的重要环节。经过小型实验成功的产品,为考核其性能和经济指标,必须在中间试验线或生产线上进行一段中间试验,参照小型实验来调整配方及工艺参数,考核产品质量、产量、原材料、动力消耗及劳动力配备等,取得主要技术经济指标,为生产提出较成熟的工艺方法,从而保证研究成果能在生产中迅速见效。

(5) 用户试用。研究人员将已达到预定指标、性能基本稳定的新产品送给有关用户试用,并建立完整的试用情况记录,以进一步考核产品的性能及使用效果。

(6) 改进性能试验。根据产品性能及试用情况,进一步进行补充试验、调整产品配方或有关的工艺参数,改进产品性能。

(7) 重复试验。经改进性能实验确定的配方及工艺,可确定产品更新换代工艺的规程草案及质量标准草案,根据工艺规程组织试产,按照质量标准检验产品质量。通过重复试验、批量试产,进一步考核各项技术经济指标,为大规模的投产准备必要的工艺参数。

3. 研究和开发的控制

由于研发活动的复杂性,任何项目都需要对其过程加以控制,包括成本控制、质量控制和进度控制。采用何种控制方法应视项目的复杂程度及重要程度而定。常用的进度控制方法有以下三种。

(1) 任务检查法。任务检查法的具体做法是将开发过程中的各种活动分解为具体的任务,按活动顺序列出要完成的所有任务的清单,也可以画出开发活动的流程图。在开发过程中按照任务清单和活动流程图部署要做的工作,检查各项任务的完成情况。

(2) 关键事件控制法。关键事件控制法比任务检查法更严格一些。这种方法要求找出标志开发过程中的各项活动圆满完成的关键事件,按时间顺序列出关键事件表。然后按关键事件表进行工作的部署、任务完成情况的检查和计划的调整。

(3) 关键路径法。最严格的过程控制方法就是关键路径法。关键路径的原理是,将开发项目涉及的所有活动以及这些活动之间的关系用网络图的方式表示出来,根据各项活动所需要的时间和活动的先后顺序确定能在最短的时间内完成全部开发任务的关键路径。在开发过程中密切关注关键路径上的活动，围绕关键路径上的活动部署和控制整个项目的进度。

（二）研发过程管理的原则

1. 建立与企业目标一致的产品开发策略

研发部门的研发成果能否投入市场，除了产品是否适合市场需求外，还与企业的战略目标紧密相关。因此，在开发中应在企业经营目标与战略的基础上考虑产品开发。这样，产品开发可以做长远的规划，获得组织充分的配合，形成最适合的开发程序，并成为企业经营策略中重要的一部分。

2. 在资源配置上重视弹性运用的原则

对于一个企业而言，在某一时段不会只研发一种产品。因而，对研发资源应做到弹性使用，充分应用。

3. 重视与企业其他部门及外部的沟通

特别是在产品概念产生的初期，良好的沟通与互动是产品开发成败的关键因素。同时，在整个开发过程中，都离不开其他各部门的支持和配合。因此，研发部门要做到与企业内各部门的良好沟通，充分听取意见，摆脱纯技术的观念，牢固树立研发为市场服务的观念。

4. 以持续发展的观点来看待与产品研发有关的业务

每一项新产品研发都不是独立的计划，而是企业在追寻持续发展过程中的持续创新行为。因此，研发部门在研发新产品时，要有持续发展的观点，认识到每一次的开发投入都是下一次新产品创新成功的基础。即使这一次没有成功，也会为后续的研发积累经验。因此，要注意搜集整理每一次产品评审的记录与结果。

【伴随案例】

苹果公司重视产品研发

在笔记本电脑市场上，苹果公司 Powerbook 的推出是比较晚的。苹果公司花了大量的时间研究人们在使用笔记本电脑时是怎样进行人机互动的。他们使用产品映像技术测量了 159 个用户和计算机的人机互动情况，从打开计算机外壳到在飞机上使用，再到笔记本电脑的可用性指标，这些指标是关于一系列用户和计算机交互经验的一个度量标准。结果获得了五个方面的改进意见。在生产之前，由包括 68 个人的六个研究小组对 Powerbook 笔记本电脑的全部概念进行斟酌、推敲，最后他们获得了一个有趣而又实用的设计，结果 Powerbook 笔记本电脑上市仅仅八个月即位列美国计算机零售销量排行榜第二位。

（资料来源：焦小波. 现代企业管理理论与实务[M]. 合肥：合肥工业大学出版社，2009.）

三、研究人员的管理

对研究人员的管理主要集中在以下几方面：

1. 创造良好的研究环境

为研究人员创造良好的研究环境是提高研发效率的重要因素之一。研究开发环境包括研究预算和后援服务等，使研究人员对研究预算和各种后援服务无后顾之忧。在这里，后援服务包括物的服务和信息（情报）服务，前者如研究实验设备、研究器材等，后者如分析测定服务、技术情报服务和市场情报服务等；另外，还包括支持研究人员与外部的交流。

2. 正确评价研究人员的能力和成绩

只有正确地评价研究人员的能力，才能做到知人善任。一般来讲，从事基础研究的研究人员需要很深的专业知识、严密的逻辑思维，还需要有怀疑一切的敏锐目光、丰富的想象力及建立一个假设理论的胆略。这种执着追求真理的研究人员适于基础研究，但这种人与听命于上司指示相比更适于进行独立研究。评价从事基础研究人员的成绩是看其在世界性权威学术刊物上刊登论文的件数和质量。

从事应用研究的研究人员必须是对任何事物都具有丰富的想象力，并能进行创造性思考的设想家；同时这种类型的研究人员具有去做前人从未做过的研究和实验，在失败面前仍能保持旺盛的斗志。从事应用研究的研究人员不仅要具有技术上的判断力，还要求具有经济上（经营）的判断力。因此，这类研究人员善于找到技术与经营的结合点。评价从事应用研究的研究人员的标准应当是看其发明专利的件数及其质量。

3. 加强研究人员的教育和训练

一个研究人员从掌握一定的科学理论知识到做出大量研究成果之间，还有一个了解和掌握研究方法的阶段。因此，通过研究方法的指导来缩短研究人员不出成果的学习阶段，可以尽早地让研究人员大量创造出研究成果。这就需要研究所进行有组织的专业化的教育和训练。一般来讲，一个研究人员从学校里获得的知识仅占其一生中知识总量的 1/10，其余均是在工作中通过各种途径学来的。同时，在知识层出不穷的今天，知识的更新更为频繁。因此，要保证研究人员的创造活力，就必须不断更新其掌握的知识。正因为如此，必须重视研究人员知识更新和二次教育，乃至终身教育。在职教育可采取各种专修班的形式，也可让研究人员到大学或其他研究机构进修。

【补充阅读】

影响研究开发成果的各种因素

美国行为科学家佩尔兹和安德鲁斯调查研究有关行为科学的诸因素，是关于研究开发行为科学研究中引人注目的成果之一。

在这项研究中，他们提出影响研究开发的因素有：自由度（研究的自由）、交流（与同事的交际）、多样性（对研究课题选择的幅度）、献身（对研究的热情程度）、动机（激励类型）、满足程度（组织要求与个人要求的一致性）、类似性（与有关研究战略及同事研究方向的类似程度）、创造性（用联想试验测定个人创造的能力）、年龄（年龄与研究环境的关系）、调整程度（支配力强度）和集团等。佩尔兹和安德鲁斯通过实证调查，研究了上述因素与研究成绩（科学的贡献、对整体的有效性、刊登的论文和专利等）的关系。这次调查的结论主要有以下几点：

(1) 关于研究开发的决策。

(2) 与同事的交际。交往人数多和交往频繁的研究人员一般成绩好。

(3) 掌握专业领域广泛的研究人员能够取得好成绩，另外，拿出1/4至1/3时间从事纯技术以外工作的研究人员成绩优良。

(4) 完全热衷于研究的研究人员能够获得较高水平的成果。

(5) 对自己的设想坚定信念，往往研究成绩突出。

(6) 组织要求与研究人员希望的一致性越高，其研究成绩越好。

(7) 研究人员在与动机类型相似的同事共同从事研究的情况下成绩理想，但在研究课题存在竞争的条件下，即使没有动机类型相似的同事，研究人员的成绩也是理想的。

(8) 研究人员被测定的创造能力与其突出成绩之间不存在某种必然的联系。

(9) 从事基础研究年龄在35～50岁之间以及从事开发研究年龄在45岁左右的研究人员容易取得好成绩。

(10) 即使年龄大的研究人员，在特定的环境下（定期变换项目、知识领域广、专业知识深）仍能做出突出成绩。

(11) 在松散的环境下，自律性弱的研究人员成绩不理想。

(12) 在一个团体内若研究人员长期不变成绩容易下降，但如果在知识方面有竞争，成绩下降的可能性将降低。

除此以外，佩尔兹和安德鲁斯的研究还涉及研究人员的教育水平、同事间的情报交流、出席学术会议以及研究目标、奖励办法、工作性质等对研究开发的影响。

（资料来源：方宇．企业研究开发管理[M]．北京：北京经济学院出版社，1988.）

第三节 生 产 管 理

生产是企业的最基本职能，作为现代企业显著特征之一的现代化大生产，必须要有严密的生产管理作强有力的保证。加强生产管理是提高企业经济效益的基础，也是增强企业竞争力的重要保障。

一、生产管理概述

生产管理，是指对生产活动进行计划、组织和控制，促进生产的效率化、效益化，以保证企业生产目标实现的过程。

1. 生产管理的内容

(1) 生产战略决策与生产系统设计。它包括生产战略和对厂址选择、能力规划、生产部门设置、设备布置等的决策与筹划。

(2) 生产过程的组织与管理。它包括需求预测、生产计划编制、物资采购与库存管理、人员管理、作业调度、质量管理等。

(3) 生产系统的发展。它包括技术创新与产品开发等。

2. 生产管理的基本目标

(1) 质量。要生产适应顾客需要的高质量的产品，要提供令顾客满意的上乘服务。

(2) 成本。要以最低成本和价格向用户提供产品和服务，并努力降低使用过程中的成本。

(3) 时间。要提高生产效率，缩短生产周期，并要保证对顾客做到交货及时。

(4) 柔性。为适应市场的迅速变化、消费需求的多样性与个性化倾向，企业必须在品种和产量上满足用户需求，建立具有较高柔性的生产系统。

3. 现代企业生产管理的指导原则

(1) 讲求经济效益。讲求经济效益就是要用最少的劳动消耗和资金占用，生产出尽可能多的适销对路的产品。

(2) 坚持以销定产。树立正确的经营思想，克服只埋头生产，不顾市场需要，不重视销售的单纯生产观点。要正确地处理生产同销售的关系，生产要为销售服务，满足销售需要。要不断地提高生产管理对市场的适应能力。

(3) 实行科学管理。实行科学管理是指在生产中运用符合现代化大工业生产要素的一套管理制度和方法，由经验管理向科学管理转变。

（4）组织均衡生产。均衡生产是指在相等时间内生产出的产品和完成的某些工作在数量上基本相等或稳定递增。组织均衡生产是科学管理的要求。因为，均衡生产有利于保证设备和人力的均衡负荷，提高设备利用率和工时利用率；有利于建立正常的生产秩序和管理秩序，保证产品质量和安全生产；有利于节约物资消耗，减少在制品占用，加速流动资金周转，降低产品成本。总之，组织均衡生产能够取得比较好的经济效益。

4. 现代生产管理的新特点

（1）生产内容的丰富化。随着社会生产的发展和人类社会的整合与进步，作为企业最基本的职能——生产的范围在不断拓展，包含的内容在不断丰富，管理的层次在不断提高，从而使生产拓展成生产运作，并与市场需求紧密衔接，真正成为满足社会需要的一种社会功能。

（2）生产的信息化。随着信息时代的到来，生产系统发生了极为深刻的变化，生产的信息化正在迅速形成。

（3）生产的柔性化。生产的柔性化是指企业以更加灵活的生产组织形式、先进生产技术和灵敏的监控系统，来适应多品种中小批量的生产要求，以更好地满足顾客的个性化需求。

（4）生产的集成化。生产的集成化是指运用电子计算机集成系统，把企业的生产、市场营销、财务管理等活动紧密联系起来，实现生产经营一体化，以发挥企业的整体效能。随着市场和企业运作的复杂化，为了保证运作效率，客观上要求必须将企业的各种资源与活动整合起来，发展集成化。

【管理寓言】

两个和尚

去过寺庙的人都知道，一进庙门，首先看到的是弥勒佛，笑脸迎客，而在他的背面，则是黑口黑脸的韦陀佛。相传在很久以前，他们并不在同一个庙里，而是分别掌管不同的庙。

弥勒佛热情快乐，所以来的人非常多，但他什么都不在乎，丢三落四，没有好好地管理账务，所以依然入不敷出。而韦陀佛虽然管账是一把好手，但成天阴着个脸，太过严肃，搞得人越来越少，最后香火断绝。

佛祖在检查香火的时候发现了这个问题，就将他们俩放在同一个庙里：由弥勒佛负责公关，笑迎八方客，于是香火大旺；而韦陀佛铁面无私，锱铢必较，则让他负责财务，严格把关。在两人的分工合作下，庙里一派欣欣向荣景象。

（资料来源：朱吉玉．管理心理学[M]．北京：北京大学出版社，2010.）

二、生产过程的组织

（一）生产过程及组织

产品的生产过程，是指从投料开始，经过一系列的加工与作用，直至成品产出的全部过程。在生产过程中，劳动者运用劳动工具，直接或间接地作用于劳动对象，使之转化为人们所预期的产品。生产过程就是由一系列相互联系的劳动过程和自然过程相结合的复杂过程。

而生产过程组织，是指为提高生产效率，缩短生产周期，对生产过程的各个组成部分从时间和空间上进行合理安排，使它们能够相互衔接、密切配合地设计与组织工作。

（二）生产过程组织的基本要求

1. 生产过程的连续性

物料在生产过程中的各阶段、各工序之间，在空间上是紧密衔接的，在时间上是连续流动的。

2. 生产过程的平行性

物料在生产过程中实行平行交叉作业。

3. 生产过程的比例性

生产中的各类生产过程、各种生产环节的生产能力要保持适合产品制造的比例关系。

4. 生产过程的均衡性

企业的产品从投料到完工都能均衡地、有节奏地进行，使在相等的时间间隔内完成大体相等的工作量。

5. 生产过程的准时性

生产过程的各阶段、各工序都按后续阶段和工序的需要组织生产。

6. 生产过程的柔性

生产系统能灵活地适应不断变化的市场需求，具有快速反应能力。

（三）生产过程组织的基本内容

1. 生产过程的空间组织

生产过程的空间组织是指企业内部各生产阶段和生产单位的组织和空间布局。其主要组织形式有工艺专业化、对象专业化和混合形式三种。

(1) 工艺专业化。这是指按照工艺特点来建立生产单位,即将完成相同工艺的设备与工人组织在一起,对各种产品(零件)进行相同工艺方法的加工,每个生产单位只完成产品部分的工艺阶段或工艺加工工序。其优点是:对产品品种适应能力强,有利于充分利用机器设备,便于专业技术管理。其缺点是:工件运输次数多,线路长;生产过程中停顿时间较多,生产周期长;协作及相应的组织工作复杂。这种组织形式主要适用于单件小批生产类型。

(2) 对象专业化。这是指按照产品(零部件)建立生产单位,即将制造某种产品所需的各种不同类型的生产设备和不同工种的工人组织在一起,对其产品进行不同工艺方法的加工。其优点是:可以减少运输次数,缩短运输路线;便于组织流水作业;可以缩短生产周期,减少资金占用;简化协作关系和管理工作。其缺点是:对品种变化适应性差,设备的生产能力难以充分利用。这种组织形式主要适用于产品品种较稳定的大量成批生产类型。

(3) 混合形式。混合形式是把工艺专业化和对象专业化结合起来设置生产单位。具体有两种方法:一是在对象专业化的基础上,适当采用工艺专业化形式;二是在工艺专业化的基础上,适当采用对象专业化形式。

2. 生产过程的时间组织

生产过程的时间组织,将解决一批零件在各工序间采用何种方式移动的问题。一般有三种移动方式:

(1) 顺序移动方式。顺序移动方式指一批零件在前道工序全部加工完成以后,再整批地转到后道工序继续加工。采用这种方式,将造成大量工件等待加工和等待运输,生产周期长,资金周转慢。但这种方式组织与计划工作简单,设备调整时间少,运输工作量小。

(2) 平行移动方式。这是指每一零件在前道工序加工完成后,立即转入下道工序继续加工。采用这种方式,一批零件同时在不同的工序上平行进行加工,可以缩短生产周期。但由于前后工序时间不等,也会出现停歇时间。如果运筹得好,可使零件在各工序上的加工时间相等或成整数倍的关系,这样就可以提高生产的效率。

(3) 平行顺序移动方式。这是将前两种方式结合起来形成的一种组织方式。这种方式既不是整批移动,也不是纯单件移动,而是既要保证每道工序连续加工,又要尽可能实现在各道工序间的平行加工。具体规则是:当前道工序时间小于后道工序时间时,前道工序完成后的零件应立即转入后道工序;当前道工序的时间大于后道工序时间时,则要等前道工序完成的零件数足以保证后道工序连续加工时,才将完工的零件转入后道工序。这种方式融合了前两种方式的优点。

(四) 生产过程的组织形式

1. 流水线生产方式

流水线生产方式产生于20世纪20年代的美国福特汽车公司。该公司首创了汽车装配流水线,使劳动生产率大幅度提高。流水线生产,是指劳动对象(产品或零件)按照规定的工艺路线和速度,有节奏地、不间断地从一台设备移到另一台设备,从一个工作地移到另一个工作地,完成每道加工任务直到产出成品为止的生产组织形式。流水线把对象专业化组织形式和劳动对象的平行移动方式有机结合起来,具有明显的优势:使生产过程具有高度的连续性、比例性和均衡性,因而大幅度地提高了生产率。同时,提高了设备利用率,缩短了生产周期,减少了在制品量,降低了成本,显著地提高了企业的效益。

流水线生产方式具有如下特点:

(1) 工作地的专业化程度高。流水线的各种工作地都固定完成一道或少数几道工序。

(2) 工艺过程相对封闭。在流水线上就可以完成全部或大部分加工。

(3) 生产具有明显的节奏性。产品是按规定的时间间隔和节拍进行生产的。

(4) 生产过程连续性高。产品在各道工序的加工都像流水般地连贯进行。

自动线是流水线的高级形式,是在产品结构与工艺先进、实现大规模生产条件下,完全实现自动化的先进流水线。其特点有:自动线的整个生产过程具有高度连续性,自动线上的所有机器设备都按统一的节拍运转,自动线上的生产过程完全自动化。

2. 成组技术

成组技术,是指按照零件结构和工艺相似的原则分组组织生产的一种生产组织技术。为了提高多品种、小批量生产的效率,把企业所有的零部件,按结构和工艺相似性原则进行分类编组,并通过分组,把许多各不相同但又具有部分相似的零部件集中起来统一加工处理,以达到减少重复劳动、增加生产批量、节省人力、降低成本和提高工作效率等目的。

【管理寓言】

落网之鸟

猎人在湖边布网捕鸟,许多鸟儿落网,由于鸟很多,带着网飞走了。猎人跟着鸟儿跑,农夫看到了说:“你怎么能追得上鸟呢?”猎人答道:“如果只有一只鸟,我没办法,但网里有一群鸟,我肯定能追得上。”后来鸟和网果然掉到地上,猎人成功了。

分析提示:鸟越多,朝不同的方向飞,力量就越分散。群体里人越多,就越难管理,是同样的道理。

(资料来源:朱吉玉.管理心理学[M].北京:北京大学出版社,2010.)

三、生产控制

生产控制是指在生产作业执行过程中，保证实际生产作业过程与生产作业计划相一致的工作行为，即生产作业控制。生产作业控制的主要内容有：

1. 生产进度控制

生产进度控制是指对从原材料投入到成品入库，从时间和数量上对作业进度进行控制。内容包括：

(1) 投入进度控制。投入进度控制是指按作业计划要求，控制产品开始投入日期以及各种原材料、毛坯、零部件的投入提前期和投入数量。这是一种预先性控制。

(2) 出产进度控制。出产进度控制是指按作业计划要求，控制产品(零部件)的出产日期、出产提前期、出产量、出产均衡性和成套性。目的在于保证生产各环节之间的衔接与均衡生产，按时按量完成生产任务。

(3) 工序进度控制。这是指按作业计划要求，控制产品(零部件)在生产过程中经过的每道加工工序的进度。工序进度控制的方法有按工票和加工路线单进行控制。

2. 在制品占用量控制

在制品占用量控制是指按作业计划要求，控制生产过程中各个环节的在制品的实物和账目。控制的重点在于既保证了生产作业的需要，又减少了在制品的积压。内容包括：

(1) 控制车间内各工序之间在制品的流转。

(2) 控制跨车间协作工序之间的在制品流转。

(3) 加强对在制品流转的检查控制。

3. 生产调度

生产调度是指在生产作业的过程中，针对运行中出现的矛盾与问题，对生产活动与相关资源所进行的调节与协调。生产调度是生产作业控制的重要形式，是在生产作业控制过程中纠正偏差的重要手段。内容包括：

(1) 生产进度的调整与平衡。

(2) 在制品占用量的调整与控制。

(3) 生产技术准备的督促与协调。

(4) 劳动力的合理调配。

(5) 生产中物资供应的控制与调剂。

(6) 生产设备运行的调整与控制。

(7) 厂内运输的调配与协调。

【补充阅读】

看板管理

看板管理,常作"Kanban"管理,是丰田生产模式中的重要概念,指为了达到准时生产方式(JIT)控制现场生产流程的工具。准时生产方式中的拉式(Pull)生产系统可以使信息的流程缩短,并配合定量、固定装货容器等方式,而使生产过程中的物料流动顺畅。准时生产方式的看板旨在传达如下信息:何物,何时,生产多少数量,以何方式生产、搬运。看板的信息包括:零件号码、品名、制造编号、容器形式、容器容量、发出看板编号、移往地点、零件外观等。及时生产方式的看板在生产线上分为两类:领取看板和生产看板。

(资料来源:百度词条——看板管理)

第四节 质量管理

"质量第一"是国际工商业的共同信念,质量竞争已成为企业经营成败的关键因素。因此,大力开展质量管理的研究和实践已成为各国企业在竞争中取胜的主要手段。世界著名的质量管理专家米兰博士曾预言:21 世纪是质量的世纪,质量的好坏决定着企业竞争力的高低。

一、质量与质量管理

(一) 质量的含义

质量的含义有广义和狭义之分。广义的质量是指产品、过程或服务满足规定要求的特征和特性的总和。根据这一含义,质量可分为产品质量、工序质量和工作质量。产品质量是指产品适合于规定用途,满足人们固有要求的特性。工序质量(又称工程质量)是指工序能够稳定地生产合格产品的能力。工作质量是指企业的管理工作、技术工作和组织工作对达到质量标准和提高产品质量的保证程度。狭义的质量是指产品质量,包括:内在质量特性,如产品的结构、性能、精度、纯度、物理性能、化学成分等;外部质量特性,如产品的外观、形状、色泽、手感、气味、光洁度等。

（二）质量管理的含义

关于质量管理的定义，各国学者有着不同的论述。美国质量管理专家费根堡姆认为："质量管理是把一个组织内部各个部门在质量发展、质量保持、质量改进的努力结合起来的一个有效体系，以便使生产和服务达到最经济水平，并使用户满意。"日本著名的质量管理学家石川馨教授对质量管理下的定义是："用最经济的方法，生产适合买方要求质量的产品，是最经济最起作用的，并且为研制买方满意的产品进行设计、生产、销售和服务。"综上所述，我们认为，质量管理是指用最经济最有效的手段进行设计、生产和服务，以生产出用户满意的产品。

质量管理工作的步骤一般是：根据实践和试验，发现产品质量上的薄弱环节和问题，从科学技术原理、工艺、心理上研究产生的原因；在技术组织管理上，采取有针对性的改进措施，并组织稳定的生产工艺路线，切实加以改进，将改进的结果同原来情况进行对比，看是否达到预期效果；在主要质量问题得到解决时，次要问题又上升为主要问题，这时再重复上述过程，以解决新产生的质量问题。

（三）质量管理的发展阶段

研究质量管理的发展阶段，有助于我们正确认识质量管理的产生、发展的必然性和实施全面质量管理的重要性。质量管理的发展大致经历了质量检验、统计质量控制和全面质量管理三个阶段。

1. 质量检验(SQI)

20世纪初至20世纪40年代，这一时期的质量管理工作是单纯依靠检验，剔出废品，以保证产品质量。其方法是全数检验或抽样检验，其作用是事后把关，不让不合格品出厂或转到下道工序。但是，它对已产生的废次品只能起到"死后验尸"，而不能预防不合格品的发生，而且对那些不便全数检验的产品，如炮弹、感光胶片等，也无法起到"把关"的作用。

2. 统计质量控制(SQC)

20世纪40年代至50年代，欧美一些国家开始运用概率论与数理统计方法控制生产过程，预防不合格品的产生。数理统计方法是在生产过程中进行系统的抽样检查，而不是事后全检。它的具体做法是将测得的数据记录在管理图上，可及时观察和分析生产过程中的质量情况。当发现生产过程中质量不稳定时，能及时找出原因，采取措施，消除隐患，防止废品再发生，以达到保证产品质量的目的。第二次世界大战中，美国许多兵器工厂，将数理统计方法和质量控制图法运用于生产，取得了显著的经济效益。但是，由于片面强调质量管理统计方法，忽视组织管理工作的积极作用，使人们误认为质量管理就是运用数理统计方法。同时，因数理统计理论比较深奥，计算方法也较复杂，也使人们对它产生了高不可攀的错觉，一定程度上限制了它的普及与推广。

3. 全面质量管理(TQC)

20 世纪 50 年代末至 60 年代初，美国通用电器公司费根堡姆和质量管理专家米兰提出了全面质量管理的概念，简称 TQC。经过几十年来的实践和运用、总结和提高，全面质量管理的内容和方法得到了充实、发展和提高。

二、全面质量管理

(一) 全面质量管理含义和特点

全面质量管理是指以质量为中心，以全员参与为基础，与企业有关部门同心协力，综合运用管理技术、专业技术和科学方法，经济地开发、研制、生产和销售用户满意的产品的管理活动。全面质量管理具有以下几个特点：

1. 管理的对象是全面的

不仅要管好产品质量，而且要管好产品质量赖以形成的工作质量。它要求在产品质量、功能、价格、交货及服务等方面使用户满意。

2. 管理的范围是全面的

它要求实行全过程的质量管理，把形成产品质量的设计试制过程、制造过程、辅助生产过程、使用过程都管起来，以便全面提高产品质量。优质产品是设计和生产出来的，因此全面质量管理要求把不合格的产品消灭在它的形成过程中，做到防检结合、以防为主，并在全过程各环节致力于质量的提高，从而树立“下道工序就是用户”，努力为下道工序服务的思想。

实行全过程的管理，不仅要保证产品设计、工艺加工过程和产品出厂质量，而且还要保证使用质量。这就把质量管理从原来的生产制造过程扩展到市场调研、质量发展规划、研究开发、设计、试制鉴定、试验、工艺技术、原材料供应、检测仪表、生产、工序控制、成品检验、包装、销售、用户服务等各个环节。

3. 参加质量管理的人员是全面的

它要求企业各部门、各环节的全体员工都参与质量管理。只有人人关心质量，大家一起动手，主要领导亲自抓，分管领导具体抓，各个部门和各环节协同抓，企业的质量管理才能搞好，生产优质产品才有可靠保证。

4. 管理质量的方法是全面的

它在质量分析和质量控制上都必须以数据为科学依据，以统计质量控制方法为基础，全面综合运用各种质量管理方法；必须实行组织管理、专业技术、数理统计三结合，充分发挥它们在质量管理中的作用。

(二) 全面质量管理的内容

1. 设计过程的质量管理

质量是设计、制造出来的，而不是检验出来的。产品设计决定了产品的先天性质量，制造使设计的质量要求得到实现。因此，设计过程的质量管理是一个关键环节。设计过程应做好以下工作：制定好产品质量目标，参与设计审查、工艺验证和试制鉴定，进行产品质量的经济分析。

2. 制造过程的质量管理

制造过程是产品质量的直接形成过程，要建立一个能够稳定地生产合格产品的管理网络，抓好每个环节上的质量保证工作，即把影响工序能力的因素都管起来，防止和减少废品的产生。同时要做到不合格的原材料不投产，不合格的零件不转入下道工序，不合格的成品不出厂。制造过程的质量管理，应抓好以下几项工作：加强工艺质量，严格工艺纪律；组织均衡生产和文明生产；组织自检、互检和采用专用智能检测装置，加强对不合格品的管理；及时掌握质量动态，进行质量分析；运用统计质量控制方法，搞好工序质量控制。

3. 辅助生产过程的质量管理

企业辅助生产过程主要包括物料供应、工具供应、设备维修等内容。这些工作的好坏都直接影响着制造过程的质量。提高辅助环节工作质量的措施有：

(1) 在物料供应上，要求供应商以较短的提前期和时间间隔，频繁地、小批量地供应原材料和零件，严格质量检验，做到不合格的原材料不投产，不合格的零件不转入下道工序。

(2) 在刀具等工具供应上，要求刀具直送工位，采取定时定量强制换刀，以保证产品加工质量，降低刀具消耗，提高刀具使用寿命。

(3) 在设备维修上，要求机电维修人员现场驻屯，巡回走动，强化预防维修，即由原来的“坐堂先生”变为主动上门巡诊，做到加强设备的维护保养，快速排除故障，为生产工人提供准时、优质的服务，从而降低设备的故障率和停歇台时。

4. 使用过程的质量管理

产品的质量特性是根据使用要求设计的，产品实际质量的好坏，必须在使用过程中才能做出充分的评价。因此企业的质量管理工作必须从生产过程延伸到使用过程，使用过程是考验产品实际质量的过程，是质量管理的“归宿点”，也是企业质量管理的起点。产品使用过程的质量管理，应抓好以下工作：积极开展技术服务，包括编写产品使用保养说明书，帮助用户培训操作维修人员，指导用户安装和调试，建立维修服务网点，提供用户所需备品配件等；进行使用效果与使用要求的调

措施有：① 改进产品设计，采用重量轻、体积小、功能高、消耗低的新型产品；② 采用新技术、新工艺进行生产，用有限的材料和能源生产出更多更好的产品；③ 开展原材料的综合利用，加强废料、边角余料的回收，提高材料利用率；④ 在不影响产品质量的前提下，用低价料代替高价料，用货源充裕的材料代替供应紧缺的材料；⑤ 建立健全物料的管理制度，加强材料采购、收发、检验和保管工作，减少不必要的材料损耗。

2. 有效地利用设备、革新设备，不断提高设备利用率

提高设备利用率，就是充分地利用各种设备，提高设备的生产效率，增加单台设备在单位时间内的产品产量。这样可以降低单位产品应负担的折旧费、修理费和其他制造费用。

3. 节约人力，不断提高劳动生产率

提高劳动生产率，意味着减少产品生产中的劳动耗费，使企业在单位时间内生产出更多的产品，缩短单位产品消耗的劳动时间，从而降低产品制造成本中的直接工资。

4. 提高产品质量，减少废品损失

产品质量的提高，废品数量的减少，就意味着产品生产过程中的损失性费用减少，从而使产品制造成本降低。

此外，还包括提高管理工作效率、减少管理费用支出等。

三、成本预测和成本计划

（一）成本预测

1. 成本预测

成本预测是指在调查研究和掌握有关成本数据的基础上，运用定性分析和定量计算，对未来产品成本水平及其变动趋势做出科学的预计。预测过程就是不断动员员工挖掘潜力，以保证达到预期成本降低目标的过程。成本预测是确定目标成本的基础，是编制成本计划的重要环节。

根据以上预测的产品成本总降低额和单位产品成本降低额与目标成本的要求进行比较，若达到要求，则可编制成本计划，若测算结果达不到目标成本和成本降低幅度的要求，则需进一步发动群众，挖掘企业内部潜力，寻求降低成本的新措施。

2. 期间费用预算

期间费用是企业生产经营耗费的重要组成部分，也应编制预算，以便加强管理与控制。编制期间费用预算，可参照上一年度实际耗费，并考虑计划年度生产经营变化对费用开支的影响，在采取相应措施降低费用的基础上，科学合理地制订。

（二）成本计划

1. 成本计划的含义和内容

成本计划是以货币形式预先规定企业在计划期（年）内产品生产耗费水平和可比产品成本降低水平。成本计划是企业生产经营活动计划的重要组成部分，是对产品成本进行科学管理的工具，也是企业进行成本控制、核算与分析的依据。成本计划的内容，一般包括：

（1）主要产品单位成本计划。它是按每种主要产品各编一份成本计划表，表中按制造成本项目列出上年预计平均单位成本和计划年度计划单位成本，并将两者进行比较，计算出降低额和降低率。

（2）全部产品成本计划。它是按产品项目列出全部产品成本计划，并按可比产品、不可比产品、全部商品产品进行汇总，表中同时列出每一产品上年度预计平均成本和计划年度单位计划成本、计划产量、总成本及两年对比总成本的降低额和降低率；同时计算各种可比产品成本的上年预计平均单位成本与计划年度计划单位成本的降低额和降低率。

（3）降低成本措施计划。它包括企业在计划期所采取的降低成本措施的项目、内容、预计效果、执行单位及负责人等。

2. 成本计划的编制方法和程序

成本计划是根据企业计划期的目标成本和成本降低指标，上年成本计划预计完成情况，计划期生产、物资供应、劳动工资和技术组织措施计划，各种定额资料，上年成本核算和分析资料，测算计划期主要产品单位成本和成本的降低额、降低率，厂部下达的成本计划建议指标，以及企业计划价格等资料进行编制的。

成本计划编制的程序，一般是先编辅助生产车间的成本计划，再编基本生产车间的成本计划，最后汇总成全厂的成本计划。

四、成本控制和分析

（一）成本控制

成本控制是指企业在生产经营活动中用一定的标准对产品成本形成过程进行监督，并采取有效措施，及时纠正脱离标准的差异，使实际劳动消耗与费用支出限制在规定的标准范围内，保证达到企业降低成本目标的一项成本管理工作。它是预防性成本管理的主要标志，也是保证完成成本计划的重要手段。

根据产品形成过程，成本控制可分为前馈控制、现场控制和反馈控制三个过程。前馈控制是指在产品成本形成前，采取有效的管理措施防止浪费发生的过程。如确立目标成本，建立成本中心等。现场控制则是在供、产、销的成本发生过程中，按照已建立的标准成本制度和责任成本制度，各岗位人员严格控制成本支出，找出成本差异，及时纠正偏差的过程。反馈控制是指以既定的成本目标为控制依据，与成本费用的实际结果（即输出）进行对比分析，一方面肯定成绩，找出偏差，进行奖惩考核；另一方面用本期的输出去指导下一期输入的过程。

（二）成本分析

成本分析是指利用成本核算所提供的资料，借助一定的方法，查明影响成本升降的各个因素及相互作用，确定各因素对成本影响程度的方法。通过成本分析，可以考核企业成本计划的完成情况，找出问题和差距，促使企业挖掘降低成本的潜力；通过成本分析，可以认识和掌握成本变动的规律，从中总结成本管理的经验和教训，提高企业经营管理水平；通过成本分析，还可为企业编制成本计划、预算和进行经营决策提供可靠的依据。基于成本分析，影响产品成本的因素主要有下列几种：

1. 劳动生产率水平

劳动生产率的提高将减少工时消耗，从而减少单位产品中的工资费用；劳动生产率的增长，往往引起产品产量增长，从而使单位产品中的固定费用降低。另外，劳动生产率的提高与技术进步，工人熟练程度的提高和劳动组织改善密切相关，通常会促使固定资产、原材料、动力利用程度的提高，从而减少单位产品中的物化消耗。

2. 材料和动力利用效果

合理的产品设计和先进的生产工艺可以减少产品生产中的材料和动力的消耗。另外，合理的材料配比和综合利用程度的提高也将减少材料消耗。

3. 生产设备利用效果

提高设备单位时间的生产效率可使同等数量的生产设备生产出更多的产品，从而使单位产品的折旧费、维修费用相应减少。

4. 产品的质量水平

产品的废品少，返修品少，则单位产品的成本将会降低。

【伴随案例】

盼盼集团在生产管理中实行“四定法则”见成效

“四定”管理是盼盼集团走向科学化管理的重要法则。它贯穿于生产管理的全过程，涉及生产、技术、质检、劳务等多个管理部分，是盼盼牌防撬门的产量、产值、利税都以每年80%左右的速度稳定增长的制度基础。生产车间“四定法则”的主要内容是：

1. 定料

生产车间根据其实际生产能力和生产计划的要求，选择从公司进料的规格、种类和数量。生产车间根据进料价格，实行独立核算。

2. 定量

生产处根据各车间购进的原材料，确定生产的产品件数，目的是提高原材料的利用率。

3. 定质

质检处根据各车间定料定件的标准，确定符合质量检测标准的合格产品。定质的目的是提高产品的合格率。

4. 定资

在三定的基础上确定工人的工资额。依据定量的原材料生产出高质量的合格产品，来确定每件产品的工资额。生产出的废品和次品首先由车间负责赔偿原材料费，然后生产车间依据责任人的责任，对责任人实施每件罚款和赔偿原材料费的规定。

“四定法则”是企业管理科学化的重要内容之一，实现了“责、权、利”量化到个人的目标管理，做到了贡献与工资、责任与罚款相挂钩，极大地调动了生产者的积极性、主动性和创造性，提高了产品质量，降低了成本，增强了产品在市场上的竞争能力。

（资料来源：夏昌祥. 现代企业管理[M]. 重庆：重庆大学出版社，2004.）

复习思考题

1. 什么是生产运作管理？生产运作管理应遵循哪些原则？
2. 研发活动一般分为几大类？研发的基本过程包括哪些内容？
3. 对研究人员的管理主要包括哪些内容？
4. 什么是生产管理？生产管理的具体内容是什么？
5. 什么是质量管理？如何理解全面质量管理的含义？
6. 什么是质量认证？为什么要建立质量认证体系？
7. 成本管理包括哪些内容？成本管理的基本任务是什么？
8. 如何认识加强成本管理的必要性？

案例分析

日本企业独特的成本管理体系

1. 日本企业成本管理的显著特征

日本企业同欧美企业相比,其成本管理体系具有如下特点:

(1) 日本企业成本管理体系最显著的特点是在新产品设计之前就事先制定出目标成本,而这一目标成本成为产品从设计到推向市场的各阶段所有成本确定的基础。成本计划人员在制定目标成本时,以最有可能吸引潜在消费者的水平为基础,其他一切环节都以这一关键判断为中心。从预测销售价格中扣除期望利润额后,就开始预算构成产品成本的每一个因素,包括设计、工程、制造、销售等环节的成本,然后将这些因素又进一步分解以便估算每一个部件的成本。

(2) 采用随时可做某些改进的简单的经营指标来规划和核算产品成本,是日本企业成本管理体系的另一个突出特点。一般来讲,日本企业的雇主们一开始就使其雇员明确认识到他们的工作是如何转化为本企业经营状况的数据的。明确应该考虑哪些指标和不应测算哪些指标,就意味着企业能对下述问题提出正确的答案:我们是否应该推广某种新产品?是否应该收缩某种传统产品?某种部件由企业内部自己生产还是从外部购进较为合算?西方典型的成本管理体系通常的做法是将原料、工资、厂房、设备折旧费及维修费、租金、利息、工程辅助服务费及其他费用支出在某家工厂所能生产的全部产品上分摊。按这种方式分摊费用,虽然能给经理提供制造每种产品所需的成本,但在实际生产过程中所发生的费用往往背离了貌似精确的预算成本。因此,某项新产品也许无利可图,也许恰恰相反。

2. 日本企业成本管理的成功之本

从理论上讲,采取反求工程制定目标成本进行成本管理,在所有市场经济国家的企业都是同样有效的,但欧美企业和日本企业采取这种方式的有效性却并不相同,也就是说,假如欧美企业也采取目标成本来进行成本管理,其结果也不可能像日本企业那样成功。在这方面日本企业之所以十分成功,主要取决于以下因素:

(1) 企业之间长期稳固的协作关系。在日本,像丰田这样的大公司都与其下承包企业建立了一种独特的长期合作关系,并同某些大公司组成了自己的企业集团。设在东京的库帕斯·里布兰德咨询公司的总裁熊耳道奇认为,这种以交叉持股或承包为纽带的长期稳固联系,使得日本公司的成本计划专家们坚信他们制定的目标成本一定能够实现。通过这种长期稳固的协作关系,大公司能采取某种强制手段迫使承包企业达到难度极大的降低成本的目标。

(2) 以全部产品的经营状况作为投资和新产品开发的决策基础。如前所述,欧美企业的成本核算是以全部产品的各种费用的分摊为基础的，并十分注重考察每种产品利润率的高低，它们进行成本管理所采取的经营指标不是雇员们能随时掌握并能随时做出改进的直接指标，而是高深莫测的投资收益率、销售利润率等雇员们无能为力的经营指标。

日本大企业为了在白热化的国际竞争中立于不败之地，都力图不为统计数据所左右。在项目投资评估方面，被美国企业视为最为关键的一项指标——投资收益率，仅仅是在日本企业经理“工具箱”角落里才能找到的一个微不足道的统计手段。

日本企业独特的成本管理体系的建立，其目的并非是要改变人们的价值判断，而是激励经营管理人员、工程设计人员和全体雇员实现他们在世界上独占鳌头的目标。

（资料来源：《世界经营者》）

问题：

1. 归纳日资企业压缩其生产成本的技巧。
2. 探讨日资企业成本管理执行的支持平台所在。
3. 日本企业独特的成本管理方式对我国企业有何启发和指导？

实践训练

选择本地区一家著名企业，组织学生走访，现场调查了解其生产运作管理的主要特点、工艺流程及基本方法。

具体要求：

1. 分组：将全班大致分为四组；
2. 分配任务：研发管理、生产管理、质量管理、成本管理；
3. 收集材料：每组按分配的任务收集相关资料；
4. 分组发言：根据调查资料，对其管理进行分析与评价，提出自己的建议，撰写调查报告。

第五章 现代企业物流管理

学习目标

1. 掌握现代物流管理的内涵及基本任务；

2. 厘清运输与配送的关系，掌握配送与运输的合理化措施；

3. 理解采购职能、目标及采购模式，认识仓储管理作业流程；

4. 掌握供应链管理的运作机制和战略伙伴的选择，熟悉供应链设计原则及管理要求；

5. 认识第三方物流对于企业的价值及优势，掌握第三方物流的发展模式。

【引例】

德尔菲公司的物流系统再造

总部设在美国阿拉斯加的德尔菲公司，生产深海鱼油和各种保健品。虽然它在产品设计和开发方面始终保持优势，但德尔菲公司由于其复杂、昂贵和无效率的物流系统而面临着利润下降局面。德尔菲公司发现面对过多的承运人和过多的系统，企业正在全面失去控制。为了重新获得控制，德尔菲公司不得不重新组织其物流作业。德尔菲公司新的物流再造的实施以将全部物流作业都转移到联邦速递的一家分支机构——商业物流公司为开端，商业物流公司的任务是重新构造、改善和管理德尔菲公司供应链上的货物和信息等每一个方面。

在重新组织之前，公司有6个大型仓库、8家最重要的承运人和12个相互独立的管理系统。其结果是从顾客订货到向顾客交货之间存在时间漫长、存货巨大，以及缺货等现象。如果一位顾客向德国一家仓库寻求一种销售很快的商品，他会被告知该商品已经脱销，新的供应品要等几个月才能运到。与此同时，该商品却在威尔士的一家仓库中积压着。按平均计算，所有的生产线中16%的产品在零售店脱销。

德尔菲公司认识到它需要重新分析其现有设施的地理位置。其决定是，除保留一家外，关闭其他在美国的仓库，它将从仅为当地顾客服务转变为向全球顾客服务。单一的仓库靠近美国的制造工厂，其成为了一个世界性的“处理中心”，充当着德尔菲公司产品的物流交换所。虽然这种单一中心的概念有可能造成要花费较高的运输成本,但是德尔菲公司认为,这种代价将会由增加的效率来补偿。

事实上,德尔菲公司发现,由于减少了交叉装运的总量,单一中心系统实际降低了运输成本。从美国仓库立即装运到零售店,虽然从订货到送达的前置时间大致相同,但是产品只需一次装运,而不是在许多不同的地点进行装运和搬运。

德尔菲公司的认识已超出了仅仅降低成本的范围。该公司正在瞄准机会增加服务和灵活性,它计划在24～48小时之内,向世界上位于任何地点的商店进行再供货。先进的系统和通信将被用于监督和控制世界范围的存货。联邦速递的全球化承运人网络将确保货物及时抵达目的地。德尔菲公司还在计划发动一项邮购业务,其特色是48小时内将货物递送到世界上任何地点的最终顾客的家门口。它当前的1000万美元的邮购业务已经变得越来越强大,但该公司还必须限制其发展,因为难以跟得上不断扩大的订货量。

【分析启示】 德尔菲公司通过借用第三方物流的服务,再造了其原本复杂、昂贵和无效率的物流系统,解决了困扰公司发展的物流瓶颈,显示出了现代物流的魅力。

物流是现代企业生产经营活动的重要组成部分,具有其自身的构成要素和特点。提高企业物流管理水平对于创造利润、增强市场竞争力有着重要的意义。随着生产社会化程度的不断提高、市场经济的日益完善和科学技术的飞速发展,物流的概念和理念都在发生着深刻的变化。对物流进行研究,尤其是对加强物流实务管理以形成第三利润源的探讨,日益迫切。

第一节　现代企业物流管理概述

一、现代物流概念及功能要素

现代物流活动是由一系列创造时间价值和空间价值的经济活动,如需求预测、订单处理、客户服务、分销配送、物料采购、存货控制、交通运输、仓库管理、工业包装、物资搬送、工厂和仓库或配送中心的选址、零配件和技术服务支持、退货处理、废弃物和报废产品的回收处理等组成的,包括实质流动、实物存储、信息流动和管理协调四个关键组成部分。

所谓现代物流是指供应链运作中,以满足客户要求为目的,对货物、服务和相关信息在产出地和销售地之间,实现高效率和低成本的正向和反向的流动和存储,所进行的计划、执行和控制的过程。物流是若干领域经济活动系统的、集成的、一体化的现代概念。从总体上看，物流是物的物理性流动，最终为用户服务。从具体内容上看，构成物流总体的种种活动，实际上是物流所具有的具体功能。现代物流的功能要素如下：

1. 运输

运输是物流系统中最为重要的功能要素之一，是通过铁路、汽车、船舶、航空以及管道等手段使货物在不同地域范围内以改变"物"的空间位置为目的的活动，创造场所效用。运输在物流活动中占有重要的地位，是社会物质生产的必要条件之一，是"第三利润源"的主要源泉。

2. 仓储

仓储是对物品进行保存及对数量、质量进行管理控制的活动。仓储可以消除生产和消费的时间间隔，实现物品的时间效应。同时，仓储还有调整价格的功能，调节生产和消费的失衡，消除生产过剩和消费不足的矛盾。仓储和运输长期以来被看做是物流活动的两大支柱。

3. 包装

包装是指为在商品流通过程中保护商品、方便运输、促进销售，按照一定技术方法而采用的容器、材料及辅助物等的总体名称，也指为了达到上述目的而采用容器、材料和辅助物过程中施加一定技术方法等的操作活动。包装是生产物流的终点，也是社会物流的起点。

4. 装卸搬运

装卸搬运是指在同一地域范围内进行的，以改变物的存放状态和空间位置为主要内容和目的的活动。具体包括物品的装货、卸货、移动、堆垛、取货、备货、分拣等作业以及附属于这些活动的作业。在物流活动过程中，装卸搬运是各个作业环节连接成一体的接口，是运输、保管、包装等物流作业得以顺利实现的保证。装卸搬运质量的好坏、效率的高低是整个物流过程的关键所在。

5. 流通加工

流通加工是流通中的一种特殊形式。它是指在物品从生产领域向消费领域流动的过程中，为促进销售、维护产品质量和提高物流效率，而对物品施加包装、分割、计量、分拣、刷标志、拴标签、组装等简单作业的总称。流通加工可以弥补企业、物流部门、商业部门生产过程中加工程度的不足，更有效地满足用户的需求，更好地衔接生产和需求环节，使流通过程更加合理化，是物流活动中的一项重要增值服务，也是现代物流发展的一个重要趋势。

6. 配送

配送是物流中一种特殊的、综合的活动形式，几乎包括了所有的物流功能要素。配送是物流系统中由运输派生出来的功能，是短距离的运输，集包装、保管、运输、搬运、流通加工等于一身，是物流的一个缩影或在小范围中物流全部活动的体现。从经济学角度来讲，配送是以现代送货形式实现资源的最终配置的经济活动；从配送的实现形态角度来讲，配送是按用户的订货要求，在配送中心或其他物流节点进行货物配备，并以最合理方式交付用户的服务活动。

7. 物流信息

物流信息是指反映物流各种活动内容的知识、资料、图像、数据、文件的总称。在物流管理活动中，信息是连接运输、保管、装卸、搬运、包装各环节的纽带，没有各物流环节信息的通畅和及时供给，就没有物流活动的时间效率和管理效率，也就失去了物流的整体效率。

二、物流管理的内涵及基本任务

（一）物流管理的内涵

物流管理是指在社会再生产过程中，根据物质资料实体流动的规律，应用管理学的基本原理和方法，对物流活动过程及相关信息进行计划、组织、协调和控制，使各项物流资源实现最佳配置，以降低物流成本，提高物流效率和经济效益的管理活动。从功能要素角度来看，企业物流管理可分为运输管理、配送管理、仓储管理、采购管理、流通加工管理、包装管理、信息管理及客服管理等，本节仅择要介绍。

（二）物流管理的基本任务

现代企业物流管理的基本任务是自觉运用商品价值规律和遵循物料运动的客观规律，通过有效地组织形式和科学的管理方法，监督和促进生产过程，合理、节约地使用物料，以达到确保生产发展、提高经济效益的目标。

1. 调节物料供需矛盾

企业所需的物料品种繁多，数量各不相同，需要通过诸多其他企业生产和供应的活动来实现。因此，要在认真调查本企业的实际需要和做好信息的收集、反馈的基础上，科学地采购供应物料，保证有计划、按质、按量、按时、成套地供应企业所需要的物料，以保证生产正常的进行。

2. 控制物料耗用成本

企业的产品成本中物化劳动部分所占比重一般高达60%～80%；物料储备资金占企业全部流动资金的60%以上。因此在提供实物形态的各种物料的过程中，降低产品成本便成为物流管理的重要任务之一。这就需要在保证质量的前提下，尽量地选用货源充足、价格低廉、路途较近、供货方便的货源，以及制定先进合理的物料消耗定额，搞好物料的综合利用，努力降低单耗。

3. 放大物流时间效应

物流企业要积极推广、应用现代科学技术，提高物料采、运、供、储等各项业务工作水平。物料管理工作的科学性，是保证物料供应、提高工作质量和效益的关键。因此，要在系统规划的基础上，广泛采用先进技术和工具，加快有关作业的标准化、机械化和自动化进程；不断推进物流环节集约化，强化时效性，放大时间效应，使各项业务工作日益现代化。

【小思考 5.1】

什么是第三利润源？

答：第三利润源即物流领域。随着市场竞争日益激烈，企业都在寻找新的利润增长点，这时候发现如果能有效降低在企业成本中占据相当高比例的物流费用，就等于提高了企业的利润，所以我们就把物流管理称为企业的第三利润源泉。

三、现代物流管理原理

1. 整体优化原理

系统内部的要素是相互冲突的，或者，虽然不冲突，但需要相互配合，对各子系统的目标需进行权衡、选择和协调，最后确定能够实现物流系统整体最优的目标以及实现这些目标的过程。物流系统整体优化原理是物流系统的约束条件，是物流系统集成、运作、管理和评价的总出发点。

2. 物流要素集成化原理

物流要素集成化是指通过一定的制度安排，对物流系统功能、资源、信息、网络要素及流动要素等进行统一规划、管理和评价，通过要素之间的协调和整合使所有要素能够像一个整体在运作，从而实现物流系统要素之间的联系，达到物流系统整体优化目的的过程。

3. 物流组织网络化原理

物流组织网络化是指将物流经营管理机构、物流业务、物流资源和物流信息等要素的组织按照网络方式在一定市场区域内进行规划、设计和实施，以实现物流系统快速反应和最优总成本等要求的过程。

4. 物流接口无缝化原理

物流接口无缝化是指按照物流系统目标整体优化和物流要素集成化原理要求，对物流网络构成要素之间的流体、载体、流向、流量、流程、流速六个流动要素，信息、资金、机构、人员等生产要素，技术标准、运作规范、管理制度等机制要素进行内部和外部连接，使系统要素之间、系统与系统之间成为无缝连接的整体的过程。

5. 物流反应快速化原理

物流反应快速化是指通过绝对加快运输工具的速度、重新设计物流系统、物流作业流程优化以及建立供应链等办法，使物流系统的订货处理周期和前置时间大大缩短的过程。

【补充阅读】

联想物流信息化

在中国IT业，联想是当之无愧的龙头企业。自1996年以来，联想电脑一直位居国内市场销量第一。IT行业特点及联想的快速发展，促使联想加强与完善信息系统建设，以信息流带动物流。高效的物流系统不仅为联想带来实际效益，更使其成为同类企业学习效仿的典范。

经过多年努力，联想企业信息化建设不断趋于完善，目前以信息技术手段实现了企业管理的全面信息化。联想率先实现了办公自动化，之后成功实施了ERP系统，使整个公司所有不同地点的产、供、销的财务信息在同一个数据平台上统一和集成。之后，联想开始实施供应链管理系统(SCM)，并与ERP系统进行集成。企业基础网络设施将联想所有的办事处，包括海外的发货仓库、配送中心等，都连接在了一起，物流系统就构建在这一网络之上。与物流相关的是ERP与SCM这两部分，而ERP与SCM系统又与后端的研发系统(PLM)和前端的客户关系管理系统(CRM)连通。例如，研发的每种产品都会生成物料需求清单，物料需求清单是SCM与CRM系统运行的前提之一。客户订单来了，ERP系统根据物料需求清单进行拆分备货，SCM系统同时将信息传递给CRM系统，告诉它哪个订户、何时订了什么货、数量多少、按什么折扣交货、交货是早了还是晚了等。

6. 物流信息电子化原理

物流信息电子化是指采用数据库、信息网络以及电子计算机技术，对经过物流过程以及在物流过程中产生和使用的各种信息进行收集、分类、传递、汇总、识别、跟踪、查询等处理，以达到加快物流速度、降低物流成本、增强物流系统透明度的作用的过程。

7. 物流运作规范化原理

物流运作规范化是指根据现代物流的要求，对物流作业流程和具体的物流作业进行规范，并确立作业检查、评估标准，按此标准进行具体运作组织及管理，以提高物流作业质量、降低物流作业成本和损失的过程。

8. 物流服务系列化原理

物流服务系列化指的是根据客户的具体情况，设计和提高系列化、个性化的物流服务，从而增强企业竞争力的过程。

第二节　运输与配送管理

运输与配送同属于物流系统中的线路活动，是通过物品的地理位移从而实现物流空间价值的过程。运输以远距离、大批量的货物转移为主要目的，而配送主要从属于近距离和小批量的高频率位移，并辅助以多种服务功能。两者相辅相成，互为补充。

一、运输与配送的概念

运输是指用设备和工具，将物品从一地点向另一地点运送的物流活动。其中包括集货、分配、搬运、中转、装入、卸下、分散等一系列操作。由于运输活动相对来讲时间长、距离远、能源和动力消耗多，其成本往往占到物流总成本的1/3到2/3。

配送是指在经济合理区域范围内，根据客户要求，对物品进行拣选、加工、包装、分割、组配等作业，并按时送达指定地点的物流活动。配送是物流中一种特殊的综合的活动形式，是商流与物流的紧密结合。从物流的角度来说，配送几乎包括了所有的物流功能要素，是物流的一个缩影或在较小范围中物流全部活动的体现。

运输和配送虽同属于线路活动，但由于功能上的差异使它们并不能互相替代，而是形成了相互依存、互为补充的关系。

【小思考5.2】

如何区分线路活动和节点活动？

答：物流活动根据物品是否产生位置移动可分为两大类，即线路活动和节点活动，产生位置移动的物流活动称为线路活动，否则为节点活动。线路活动在创造物品空间效用方面作用较大，而节点活动是在一个组织内部的场所中进行的，不以创造空间效用为目的，如在工厂内、仓库内、物流中心或配送中心内进行的装卸、搬运、包装、存储、流通加工等，都是节点活动。

二、运输合理化

运输合理化是指按照货物流通的规律和用最少的劳动消耗实现最大的经济效益的原则，来组织货物调运，保障生产和市场供应，节约流通费用和运力、劳动力。由于运输是物流中最重要的功能要素之一，现代物流的合理化在很大程度上依赖于运输合理化。

(一) 运输方式的选择

基本运输方式有五种,即航空运输、公路运输、铁路运输、水路运输和管道运输。不同运输方式适合于不同的运输情况,合理地选择运输方式不仅能提高运输效率,降低运输成本,而且还会对整个物流系统的合理化运转产生有益的影响。选择运输方式的判断标准主要包括以下要素:货物的性质、运输时间、交货时间的适应性、运输成本、批量的适应性、运输的机动性和便利性、运输的安全性和准确性等。对于货主来说,运输的安全性和准确性、运输费用的低廉性以及缩短时间等因素是其关注的重点。

一般来说,在选择运输手段时,第一要考虑运输物品的种类,第二考虑运输量,第三考虑运输距离,第四考虑运输时间,第五考虑运输费用。具体如下:在运输物品种类方面,物品的形状、单件重量容积、危险性、变质性等都成为选择运输方式的制约因素;在运输量方面,一次运输的批量不同,选择的运输方式也不同,一般来说,原材料等大批量的货物运输适合铁路运输或水运;货物运输距离的长短直接影响运输方式的选择,一般来说,中短距离的运输比较适合于公路运输;货物运输时间的长短与交货时间有关,应该根据交货期来选择适合的运输方式;物品价格的高低关系到承担运费的能力,也是选择运输方式的重要考虑因素。

(二) 运输合理化

1. 不合理运输及其表现

所谓不合理运输是指在组织货物运输过程中,违反货物流通规律,不按经济区域和货物自然流向组织货物调运,忽视运输工具的充分利用和合理分工,装载量低,流转环节多,从而浪费运力和加大运输费用的现象。不合理运输主要表现在以下几个方面:

(1) 返程或起程空驶。空车无货载行驶往往是由于调运不当、货源计划不周、不利用社会化运输体系造成的,空驶是对运输能力的严重浪费,应尽量避免。

(2) 对流运输。也称"相向运输",即同一种物品或彼此间可以互相代用而又不影响管理、技术及效益的物品,在同一线路上或平行线路上作相对方向的运送,而与对方运程的全部或一部分发生重叠的运输形式。

(3) 迂回运输。迂回运输是一种舍近求远的运输形式,也就是说,不选取距离较近的路线,却选择路程较长的路线进行运输的一种不合理运输形式。迂回运输有一定的复杂性,不能简单处理,只有当计划不周、地理不熟、组织不当而发生的迂回,才属于不合理运输。如果最短距离有交通阻塞、道路情况不好或有对噪音、排气等特殊限制而发生的迂回不能称为迂回运输。

(4) 重复运输。一种形式是本来可以直接将物品运到目的地，但是在未达目的地之处，或目的地之外的其他场所将货卸下，再重复运输的一种形式。另一种形式是，完全相同的物品在同一地点一同运进，同时又向外运出。

(5) 倒流运输。这是物品从销地或中转地向产地或起运地回流的一种运输现象。其不合理程度要大于对流运输，原因在于往返运输都是不必要的，形成了双程浪费。倒流运输也可以看成是隐蔽对流的一种特殊形式。

(6) 过远运输。调运物品舍近求远，近处有资源不用而从远处调，这就造成了可采取近程运输而未采取，拉长了物品运距的浪费现象。

(7) 运力选择不当。弃水走陆、铁路及大型船舶的过近运输及运输工具承载能力选择不当，均会增加运输成本，造成不合理运输。

(8) 托运方式选择不当。对于货主而言，可以选择最好托运方式而未选择，将造成运力浪费及费用支出加大。例如，应选择整车而采取零担托运，应当直达而选择了中转运输，应当中转运输而选择了直达运输等都属于这一类型的不合理运输。

上述的各种不合理运输形式都是在特定条件下表现出来的，在进行判断时必须注意其不合理的前提条件，否则就容易出现判断的失误。例如，如果同一种产品，商标不同、价格不同所发生的对流，不能绝对看成不合理。

2. 运输合理化措施

(1) 提高实载率。实载率有两个含义：一是单车实际载重与运距之乘积和标定载重与行驶里程之乘积的比率；二是车船的统计指标，即一定时期内车船实际完成的货物周转量(以吨千米计)占车船载重吨位与行驶千米之乘积的百分比。在计算时，车船行驶的千米数不但包括载货行驶，也包括空驶。物流运输要充分利用运输工具的额定能力，提高实载率，减少车船空驶和不满载行驶的时间。

(2) 少投入、多产出。运输的投入主要是能耗和基础设施的建设，在设施建设已定型和完成的情况下，尽量减少能源投入。做到了这一点就能大大节约运费，降低单位货物的运输成本，走高效之路，达到合理化的目的。

(3) 运输社会化。运输社会化的含义是发展运输的大生产优势，实施专业分工，打破一家一户自成运输体系的状况。实行运输社会化，可以统一安排运输工具，避免对流、倒流、空驶、运力不当等多种不合理形式，不但可以追求组织效益，而且可以追求规模效益。

(4)“公铁分流”。在公路运输经济里程范围内尽量利用公路，或者超出通常平均经济里程范围，但经过论证，能利用公路的也要尽量利用公路。其合理化表现在：一是用公路分流后，可以一定程度地缓解比较紧张的铁路运输；二是可以充分利用公路门到门和运输中速度快且灵活机动的优势，实现铁路运输难以达到的服务水平。

(5) 直达运输。直达的优势，尤其是在一次运输批量和用户一次需求量达到了一整车时表现最为突出。此外，在生产资料、生活资料运输中，通过直达建立稳定的产销关系和运输系统，也有利于提高运输的计划水平，从而大大提高运输效率。直达运输的合理性在一定条件下才会有所表现，不能绝对认为直达一定优于中转。如从用户需要量来看，批量较小时中转是合理的。

(6) 配载运输。配载运输是充分利用运输工具载重量和容积，合理安排装载的货物及载运方法以求得合理化的一种运输方式。配载运输往往是轻重商品的混合配载，在以重质货物运输为主的情况下，同时搭载一些轻泡货物。

(7) "四就"直拨。首先是由管理机构预先筹划，然后就厂或就站(码头)、就库、就车(船)将货物分送给用户，而无需再入库了，其中包括就厂直拨、就车站直拨、就仓库直拨、就车船直拨。

(8) 科技运输。依靠科技进步是运输合理化的重要途径。例如，专用散装及灌车解决了粉状、液状物运输损耗大、安全性差等问题；袋鼠式车皮、大型半挂车解决了大型设备整体运输问题；"滚装船"解决了车载货的运输问题；集装箱船比一般船能容纳更多的箱体；集装箱高速直达车船加快了运输速度；等等。

(9) 流通加工。有不少产品，由于产品本身形态及特性问题，很难实现运输的合理化，如果进行适当加工，就能够有效解决合理运输问题，如将造纸材在产地预先加工成干纸浆，然后压缩体积运输，就能解决造纸材运输不满载的问题；轻泡产品预先捆紧包装成规定尺寸，装车就容易提高装载量。

【管理寓言】

袋鼠与笼子

一天，动物园管理员发现袋鼠从笼子里跑出来了，于是开会讨论，一致认为是笼子的高度过低。所以他们决定将笼子的高度由原来的10米加高到20米。结果第二天他们发现袋鼠还是跑到外面来了，所以他们决定再将高度加高到30米。没想到隔天居然又看到袋鼠全跑到了外面，于是管理员们大为紧张，决定一不做二不休，将笼子的高度加高到100米。一天长颈鹿和几只袋鼠们在闲聊，"你们看，这些人会不会再继续加高你们的笼子?"长颈鹿问。"很难说，"袋鼠说，"如果他们再继续忘记关门的话!"

管理心得：事有"本末""轻重""缓急"，关门是本，加高笼子是末，舍本而逐末，当然就不得要领了。管理是什么？管理就是先分析事情的主要矛盾和次要矛盾，认清事情的"本末""轻重""缓急"，然后从重要的方面下手。

三、配送合理化

对于配送的决策优劣，很难有一个绝对的标准，所以不能简单处理。例如，企业效益是配送的重要衡量标志，但是，在决策时常常考虑各种因素，有时要做赔本买卖。所以，配送决策时要避免由于不合理配送所造成的损失，尽量做到配送合理化。

（一）不合理配送的表现

1. 资源筹措不合理

配送基于规模效益使配送资源筹措成本低于用户自己筹措资源成本，从而取得优势。如果不是集中多个用户需要进行批量筹措资源，而仅仅是为某一两户代购代筹，对于用户来讲，不但不能降低资源筹措费，反而却要多支付一笔配送企业的代筹代办费，因而是不合理的。

2. 库存决策不合理

配送应充分利用集中库存总量低于各用户分散库存总量，从而大大节约社会财富，同时降低用户实际平均分摊库存负担。因此，配送企业必须依靠科学管理来实现一个低总量的库存，否则就会出现仅仅是库存转移，而未能解决库存降低的不合理现象。

3. 价格不合理

总的来讲，配送的价格应低于不实行配送时用户自己进货的产品购买价格和提货、运输、进货之成本总和，这样才会使用户有利可图。有时候，由于配送有较高的服务水平，即使价格稍高，用户也是可以接受的，但这不能是普遍的原则。

4. 配送与直达的决策不合理

一般的配送总是增加了环节，但是这个环节的增加，可降低用户平均库存水平，并以此抵消增加环节的支出，而且还能取得剩余效益。但是如果用户使用批量大，可以直接通过社会物流系统均衡批量进货，则可能更节约费用。所以，在这种情况下，不直接进货而通过配送，就属于不合理范畴。

5. 送货安排的不合理

配送与用户自提比较，尤其对于多个小用户来讲，可以集中配装一车送几家，这比一家一户自提，可大大节省运力和运费。如果不能利用这一优势，仍然是一户一送，而车辆达不到满载，这就属于不合理配送。

6. 经营观念的不合理

在配送实施中，有许多情况是经营观念不合理，使配送优势无从发挥，这是在开展配送时尤其需要克服的不合理现象。例如,配送企业利用配送手段,向用户转嫁资金、库存困难;在库存过大时,强迫用户接货,以缓解自己库存压力;在资金紧张时,长期占用用户资金;在资源紧张时,将用户委托资源挪作他用获利等。

(二)配送合理化措施

1. 推行专业化配送

通过采用专业设备、设施及操作程序,取得较好的配送效果并降低配送过分综合化的复杂程度及难度,从而追求配送合理化。

2. 推行加工配送

通过加工和配送结合,充分利用本来应有的这次中转,而不增加新的中转求得配送合理化。同时,借助于配送,加工目的更明确,和用户联系更紧密,避免了盲目性。

3. 推行共同配送

通过共同配送,即在核心企业的统筹安排和统一调度下,各个配送企业分工协作,联合行动,共同对某一地区或某些用户进行配送,从而以最近的路程、最低的配送成本完成配送,追求合理化。

4. 推行进取结合

配送企业与用户建立稳定、密切的协作关系,配送企业不仅成了用户的供应代理人,而且承担了用户储存据点的职能,甚至成为产品代销人。在配送时,将用户所需的物资送到,再将该用户生产的产品用同一车运回,这种产品也成了配送中心的配送产品之一。或者作为代存代储点,减轻了生产企业的库存包袱。这种送取结合,使运力充分利用,也使配送企业功能有更大的发挥。

5. 推行准时配送

配送做到了准时,用户才有资源把握,可以放心地实施低库存或零库存,可以有效地安排接货的人力、物力,以追求最高效的工作。另外,保证供应能力,也取决于准时供应。从国外的经验来看,准时供应配送系统是现在许多配送企业追求配送合理化的重要手段。

6. 推行即时配送

即时配送是最终解决用户企业担心断供之忧、大幅度提高供应保证能力的重要手段。即时配送是配送企业快速反应能力的具体化,是配送企业能力的体现。

【补充阅读】

李宁公司的物流"组合拳"

国际著名品牌耐克在中国的物流分拨时间是7天,而李宁公司的物流分拨时间只要4天半就够了。李宁在物流运输服务、仓储配送和物流信息化上都擅长"组合拳”。

1. 精选代理

李宁公司认识到，大的物流公司有可能有更大的客户，如果自己在行业里排第二，那么肯定会有更大的客户排在前面，其受重视程度肯定要比自己大。因此，李宁公司在挑选物流公司时，不找最大的物流公司，只找最适合的。这样，物流公司在与李宁公司的合作中就可以做到：无论什么情况，李宁公司的货物首先发。

2. 整合储运

李宁公司在全国共有两个一级配送中心：一个位于北京五里店，负责长江以北地区；另一个在广东三水，负责长江以南地区。全国共13个分公司，各自下辖的仓库是二、三级配送中心。为了集中网络优势促进销售，李宁公司一边把全国13个分公司的物流储运部整合起来，设立物流中心进行统一管理，一边推行按销售地入仓的做法。产品出厂后直接送到相应销售地的配送中心，然后通过分拣，分销出去，而不再走以前的通过生产地的仓库，再入配送中心的路线。

3. 信息提速

为加速物流运转，李宁公司陆续上马新的信息系统，实现了四个目标：加快了物流分拨和配送速度，降低了成本；分拣准确性更高，从交订单到货物出库的时间大幅度压缩；进一步节省了仓储面积、增加了库容，不再租更大的仓库；运输控制实现了依靠信息系统电子化的手段来完成。

第三节 采购与仓储管理

一、采购管理

采购及采购管理在现代企业物流运营管理中占有非常重要的地位。采购是企业运营不可缺少的环节，采购环节管理得好坏不仅直接影响企业的利润，而且采购与采购质量的好坏还直接影响整个企业物流运营的质量。

（一）采购管理概念

所谓采购就是买东西，就是企业根据需求提出采购计划、审核计划、选好供应商，经过商务谈判确定价格、交货时间、地点及相关条件，最终签订合同并按要求收货付款的过程。广义的采购还包括通过租赁、借贷、交换、征收等各种途径取得物品的使用权。而采购管理则是对整个企业采购活动的计划、组织、指挥、协调和控制等。它包括管理供应商关系所必需的活动。

采购和采购供应管理是两个不同的概念,采购只是指具体的业务,是作业活动,一般是由采购人员承担的工作;采购供应管理是对整个企业采购供应活动的计划、组织、指挥、协调和控制活动,是管理活动,是面向整个企业的管理活动。采购供应管理的使命就是要保证整个企业的物资供应,其权力是可以调动整个企业的资源。

(二)采购模式

1. 集中采购和分散采购

集中采购是指企业在核心管理层建立专门的采购机构,统一组织企业所需物品的采购进货业务。跨国公司的全球采购部门的建立是集中采购的典型形式。分散采购是集中采购的完善和补充,有利于采购环节与存货、供料等环节的协调配合,有利于增强基层工作责任心,使基层工作富有弹性和成效。

2. 招标采购

所谓招标,是指采购人事先提出货物采购的条件和要求,邀请众多投标人参加投标,并按照规定程序从中选择交易对象的一种市场交易行为。从采购交易过程来看,它必然包括招标和投标两个最基本的环节,前者是招标人以一定的方式邀请不特定或一定数量的自然人、法人或其他组织投标,后者是投标人响应招标人的要求参加投标竞争。

3. 联合采购

联合采购是指多个企业之间的采购联盟行为,它是集中采购在外延上的进一步拓展。随着市场竞争的日益激烈,企业在采购过程中实施联合正在成为企业降低成本、提高效益的重要途径之一。

4. 电子采购

电子采购就是通过网络支持完成采购工作的一种业务处理方式。它通过信息技术来增强对批量采购及日常采购的管理能力。电子采购为买方和卖方提供了一个快速寻求机会、快速匹配业务和快速交易的电子商务社区。在电子交易平台中,由于所有的商家都能得到相同质量的服务,并遵照工业标准的协议进行交易处理,商家之间的信息沟通更加便利,而且,商家越多,信息沟通越有效。由于网上采购具有透明度高、成本低廉、高效简便的优点,已经成为全球企业的发展趋势。

5. 即时制(JIT)采购

即时制(Just In Time,简称JIT)采购是从即时生产发展而来的,是为了消除库存和不必要的浪费而进行持续性改进的采购模式。它的基本思想是:在恰当的时间、恰当的地点,以恰当的数量、恰当的质量提供恰当的物品。要进行即时化生产必须有即时的供应,因此即时制采购是即时化生产管理模式的必然要求,其中,供应商的选择、质量控制是其核心内容。

(三) 采购管理目标

1. 适时适量

这是物资采购非常重要的目标之一。要求采购适时适量,就是要求采购做到既保证供应,又使成本最小。

2. 保证质量

保证质量也要做到适度。质量太低,当然不行,但是质量太高,一是没必要,二是价格必然高,增加购买费用,也是不合理的。所以要求物资采购要在保证质量的前提下尽量采购价格低廉的物品。

3. 费用最省

在物资采购中,每个环节、每个方面都要发生各种各样的费用。购买时有购买费用,检验入库时有检验费用、入库费用,搬运时有搬运费用、装卸费用,在仓库中储存保管时有保管费用、库存物资资金,还需要付银行利息等。因此,在物资采购的全过程中,企业要运用各种各样的采购策略使其总的采购费用最小。

(四) 采购过程管理

1. 采购的基本流程

(1) 采购申请。采购申请必须严格按生产或客户的需要以及现有库存量,对品种、数量、安全库存量等因素做科学的计算后才能提出,并且要有审核制度,规定哪些物资、多大的采购资金必须经过哪级主管的批准才有效。通过对采购申请环节的控制,可以防止随意和盲目采购。

(2) 选择供应商。在买方市场中,市场上往往有多家供应商可供选择。此时,企业应该尽可能地列出所有的供应商清单,向拟购材料的各供应商征询报价单,收到报价单并进行科学的分析,挑选合适的供应商。

(3) 价格谈判。价格是由价格市场供需情况决定的,任何一方都不能随意要价,而且采购不仅仅是单一的价格问题,还有质量问题、交货时间与批量问题、包装与运输方式、售后服务问题等。价格谈判是采购员的一项重要任务,谈判也发展成一项技能。

(4) 签发采购订单。采购订单相当于合同文本,具有法律效力。签发采购订单必须十分仔细,每项条款须认真填写,关键处的用词须反复推敲,表达要简洁,含义要明确。对于采购的每项物品的规格、数量、价格、质量标准、交货时间与地点、包装标准、运输方式、检验形式、索赔条件与标准等都应一一审定。

(5) 跟踪订单。采购订单签发后必须对订单的执行情况进行跟踪,保证订单顺利执行,货物应按时进库,以保证供应。对订单实施跟踪还可以随时掌握货物的动向,万一发生意外事件,可及时采取措施,避免不必要的损失,或将损失降低到最低水平。

(6) 接收货物。接收货物时,收货部门必须立即组织人员验收。验收是按订单上的条款进行的,应该逐条进行,仔细查对。除此之外,还要查对货损情况,如货损超标,要查明原因,分清责任,为提出索赔提供证据。货物验收完毕才能签字认可。

(7) 核对供应商的发票以划拨货款。收到供应商的发票时,须将采购订单、验收的货物清单、发票三件凭证进行核对以确定所有凭证中的内容一致且没有差错以后才能签字付款。

2. 采购渠道的选择

物流采购渠道是指与物流相关的各种社会产品的来源,即到哪里去采购物资,向谁去采购物资。由于物资来自国内生产、国外进口、国家储备以及社会潜在物资的利用等若干方面,因此,市场采购必然反映出多渠道、多方面的特点。物流采购渠道选择的一般标准是:① 质量合适;② 价格低;③ 费用省;④ 交付及时;⑤ 服务好。

3. 物流采购质量管理

采购质量管理的目的是保证从供应商处所采购的物料质量可靠,符合生产部门的需要。因此,采购质量管理的重点就体现在对供应商的质量管理过程中。从供应链管理来看,也就是对供应链上游的供应商质量管理。采购质量管理已经成为采购管理的重点,它将决定企业今后生存和发展能力。

(1) 建立健全采购质量管理和责任制度。这就从组织和制度上为加强采购质量管理创造良好的条件。设立质量检验机构,建立严格的质量责任制度,使采购质量管理工作事事有人管,人人有专职,办事有依据,考核有标准,让全体采购人员为保证和提高采购质量而认真工作。

(2) 选择合适的供应商,正确评审供应商资格。买方在现代商品质量管理中的首要任务是了解供应商的质量政策,选择合适的供应商。在业务交往中,供应商应提供控制质量的书面计划以及相关证明,并允许买主对供应商的各项活动进行必要的监督。对于买方及时反馈的有关商品质量及相关问题,供应商管理部门应坚持不懈地随时采取纠正性行动。

对供应商进行正确的资格评审,当某些供应商被确定为“合格的供应商”时,我们就可以放心地向其采购所需商品,可以减少甚至是取消对这类供应商提供的产品的检验,提高整个采购过程的效率,确保采购的质量。

(3) 防患于未然。即事先预防的质量管理方法。要认真准备订单说明书，由设计部门提供详细的技术参数以及包装、运输等方面的说明；要对供应商进行初步的资格认定，了解供应商的交付能力；然后由专门小组对供应商的质量体系进行调查，形成调查报告，就调查中发现的问题进行讨论并就改进方法达成一致意见；对改进方法的记录文件要定期进行检查；要进行样品检验；要让供应商进行试生产，对供应商的生产过程进行审查，审查的重点在于供应商的过程控制和质量控制；然后产品正式投产，签订质量协议。

(4) 制定详细的质量保证协议。要与供应商达成明确的质量保证协议，其中的要求要得到供应商的认可，质量要求要充分适当。通常质量保证协议要包括供应商的质量体系、货物的检验、实验数据以及过程控制等记录，同时还包括供应商进行全检或批次抽样检验的记录。企业对供应商的质量体系要进行评估，对接受的货物要进行检验。

(5) 建立健全采购质量标准化体系。标准(即岗位标准、操作标准、流转程度等)是衡量采购工作质量的尺度，又是采购质量管理工作的依据，只有搞好标准化工作，建立健全质量标准化体系，才能保证和提高采购工作质量。

二、仓储管理

仓储是仓库储存和保管的简称，它和运输一起构成了物流过程的两大支柱。因此，仓储管理是现代物流管理系统的一项重要功能，其作用在于消除物品生产与消费在时间上的差异，以提供物流的时间效应。

(一) 仓储管理的概念

简言之，仓储就是在特定的场所储存物品的行为。而仓储管理是指对仓库中储存的物资进行管理。这种对仓库和仓库中储存的物资的管理工作，是随着储存物资的品种多样化和仓库设计结构、技术设备的科学化而不断变化发展的。仓储管理的手段既有经济的，也有纯技术的，具体包括以下几个方面：仓库的选址与建筑问题，例如仓库的选址原则，仓库建筑格局、面积的确定，仓库内部运输道路与作业流程的布置等；仓库的机械作业的选择与配置问题；仓库的业务管理问题，例如如何组织物资入库前的验收、如何存放入库物资、如何对物资进行有效的保养、如何出库等；仓库的库存管理问题。

(二) 仓储的作业流程

仓储作业流程，是指以保管活动为中心，从仓库接收商品入库开始到按需要把商品全部完好地发送出去的过程。

1. 商品验收入库

商品验收是指按照业务作业流程、核对凭证等规定的程序和手续,对入库商品进行数量和质量检验的经济技术活动的总称。所有到库商品,必须在入库前进行验收,只有验收后的商品,方可入库保管。商品验收包括验收装备、核对凭证和实物检验三个作业环节。

2. 存储保管

商品保管是仓库的主要职能,也是仓库管理工作的中心环节。由于不同商品的性能不同,对存储条件的要求也不同。如怕潮和易霉变、易生锈的商品,应存放在较干燥的库房里;怕热易融化、发黏、挥发、变质或易发生燃烧、爆炸的商品,应存放在温度较低的阴凉场所;一些既怕热,又怕凉且需要一定湿度的商品,应存放在冬暖夏凉的楼下库房或地窖里。此外,性能相互抵触或易串味的商品不能在同一库房混存,以免相互产生不良影响。尤其对于化学危险物品,要严格按照有关部门的规定,分区分类安排储存地点。

3. 出库

发放商品必须有正式的出库凭证,严禁无单或白条发货。保管员接到出库凭证后,应仔细核对,这就是出库业务的核单(验单)工作。出库凭证经核对无误之后,方可进行出货准备。

出货验放有两种情况:采用播种式拣货时,出货验放的工作在"播种"完毕时,只要所有的品类数量无误即可;采用摘果式拣货的订单验收时,应睁大眼睛仔细检查数量与品类,而且一定要由专人负责。

(三) 仓储合理化

储存合理化是指用最经济的办法实现储存的功能。储存的功能是对需要的满足,实现被储货物的"时间价值"。但是,储存的不合理往往表现在对储存功能实现的过分强调,即过分投入储存力量和其他储存劳动。所以,合理储存的实质是在保证储存功能实现前提下,尽量减少相应的投入。储存合理化具体内容包括:

1. 储存结构合理化

根据被储存物品的不同品种、不同规格、不同花色的数量比例关系,对储存合理性进行判断。尤其是相关性很强的各种物品之间的比例关系更能反映储存合理与否。由于这些物品之间相关性很强,只要一种物品耗尽,即使其他物品仍有一定数量,也会无法投入使用。所以,不合理结构造成的影响并不仅局限在某一种物品本身,而是有扩展性。

2. 储存数量合理化

在保证功能实现的前提下,使储存有一个合理的数量范围。目前,运用管理科学的方法，已能在各种约束条件下，对合理数量范围做出决策。

3. 储存时间合理化

在保证功能实现的前提下，寻求一个合理的储存时间。储存时间过长，超过规定储存期，不仅产品失去了原有的使用价值而成为废品或次品，而且会造成各种仓储费用的增加。储存时间合理化，一定要认真执行"先进先出"原则，保证各种物品都能正常流转，提高库存周转率和库容利用率。

【补充阅读】

美国某药品和杂货零售商的混合仓储管理模式

美国某药品和杂货零售商成功实现其并购计划之后销售额急剧上升，需要扩大分拨系统以满足需要。一种设计是利用6个仓库供应全美约1000家分店。公司既往的物流战略是全部使用自有仓库和车辆为各分店提供高水平的服务，因而此次公司计划投入700万美元新建一个仓库，用来缓解仓储能力不足的问题。新仓库主要供应匹兹堡附近的市场，通过配置最先进的搬运、存储设备和进行流程控制来降低成本。管理层已经同意了这一战略，且已经开始寻找修建新仓库的地点。

然而，公司同时进行的一项网络设计研究表明，新仓库并不能完全解决仓储能力不足的问题。这时，有人建议采用混合战略——除使用自建仓库外，部分地利用营业型租赁仓库，这样做的总成本比全部使用自建仓库的总成本要低。于是企业将部分产品转移至营业型仓库，然后安装新设备，腾出足够的自有空间以满足可预见的需求。新设备的成本为20万美元。这样，该企业成功地通过混合战略避免了单一仓储模式下可能导致的700万美元的巨额投资。

第四节　供应链管理

供应链管理分析和管理从生产者到最终消费者之间分配渠道中所有环节，是对物流、资金流，特别是信息流的综合管理。有效的供应链管理是一种系统整合，它既可以使企业内部和企业之间战略、战术信息和操作过程中的协调配合达到最佳化，又可以使每个节点上的上下游企业——从供应商的供应商到客户的客户都能达到商业过程和商业价值的最优化。

一、供应链管理的概念

供应链是指围绕核心企业，通过对信息流、物流、资金流的控制，从采购原材料开始，制成中间产品以及最终产品，最后由销售网络把产品送到消费者手中的将供应商、制造商、分销商、零售商，直到最终用户连成一个整体的功能网链结构模式。一个典型的供应链结构如图 5.1 所示。

而所谓供应链管理（Supply Chain Management，简称 SCM）是指为消费者带来有价值的产品、服务以及信息的从源头供应商到最终消费者的集成业务流程。简单地讲，供应链管理就是对供应链上各节点企业所实施的统一管理，主张把不同企业集成起来以提高供应链的效率，注重企业之间的合作，并把供应链视作一个不可分割的整体。

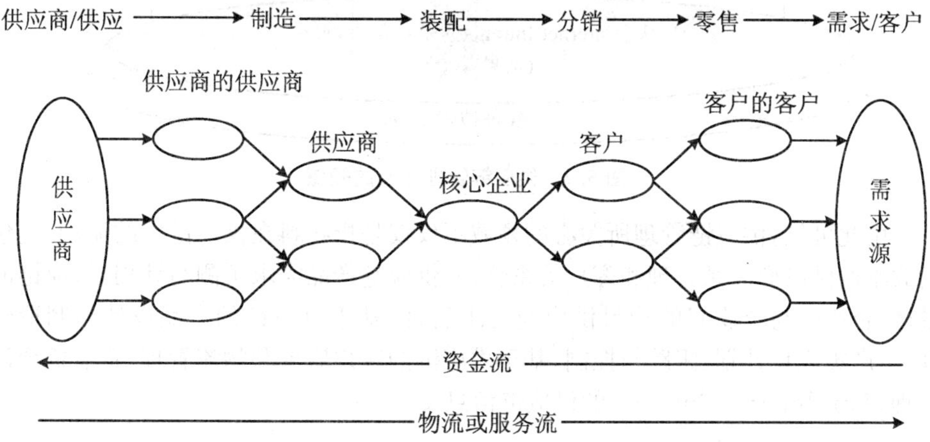

图 5.1　供应链的网络结构模型

二、供应链管理的内容

在供应链管理中主要涉及的领域包括供应（Supply）、生产计划（Schedule Plan）、物流（Logistics）、需求（Demand）。如图 5.2 所示，供应链管理是以同步化、集成化的生产计划为指导，以各种技术为支持，尤其是以 Internet/Intranet 技术为依托，围绕供应、生产作业、物流、满足需求来实施的。供应链管理的主要目标在于缩短产品的完成时间，使生产可以与需求同步，提高客户服务水平，降低采购、库存运输等环节的总体交易成本，并且寻求成本和效益两个方面的权衡，从而达到企业利益的最大化。

在以上四个领域划分的基础上，我们还可以将供应链管理细分为职能领域和辅助领域。职能领域主要包括产品工程、产品基础保证、采购、生产控制、库存控制、仓储管理、分销管理等。而辅助领域主要包括客户服务、制造、设计工程、会计核算、人力资源、市场营销等。

1. 总成本最低化

采购成本、运输成本、库存成本、制造成本以及供应链物流的其他成本费用都是相互联系的。为了实现有效的供应链管理，必须将供应链各成员企业作为一个有机整体来考虑，并使实体供应物流、制造装配物流与实体分销物流之间达到高度均衡。从这一意义出发，总成本最低化目标并不是指运输费用或库存成本，或其他任何供应链物流运作与管理活动的成本最小，而是整个供应链运作与管理的所有成本的总和最低化。

2. 总库存成本最小化

按照即时制管理思想，库存是不确定性的产物，任何库存都是浪费。因此，在实现供应链管理目标的同时，要使整个供应链的库存控制在最低的程度。“零库存”反映的即是这一目标的理想状态。所以，总库存最小化目标的达成，有赖于实现对整个供应链的库存水平与库存变化的最优控制，而不只是单个成员企业库存水平的最低。

3. 总周期时间最短化

当今的市场竞争不再是单个企业之间的竞争，而是供应链与供应链之间的竞争。从某种意义上说，供应链之间的竞争实质上是时间竞争，即必须实现快速有效的客户反应，最大限度地缩短从客户发出订单到获取满意交货的整个供应链的总时间周期。

4. 物流质量最优化

企业产品或服务质量的好坏直接关系到企业的成败。同样，供应链企业之间服务质量的好坏直接关系到供应链的存亡。如果在所有业务过程完成以后，发现提供给最终客户的产品或服务存在质量缺陷，就意味着所有成本的付出将不会得到任何价值补偿，从而导致整个供应链的价值无法实现。因此，达到与保持服务质量的水平，也就是供应链管理的重要目标。而这一目标的实现，必须从原材料、零部件供应的零缺陷开始，直至供应链管理全过程、全人员、全方位质量的最优化。

【伴随案例】

存货管理和优化

我国企业可以通过供应链管理来优化存货管理，并形成企业竞争的新突破点。但供应链管理是舶来品，我国企业运用供应链管理时应注意与中国国情相结合，注意以下几个方面：

(1) 加强企业诚信教育，净化社会环境。实行供应链管理就要求合作伙伴之间以诚相待，信息共享，企业帮助供应商了解市场，了解消费者需求，供应商根据市场需求调整自己的生产，这样才能加快存货的流动，降低商品成本。

(2) 实施供应链管理需要准备充足的人力、物力、财力，而且投入大，需要足够的资金来获取强大的技术保障，企业之间通过自动识别与数据采集(AIDC)技术，实现数据的自动、安全采集；通过利用电子数据交换(EDI)等信息通信技术将处理后的数据信息进行传递，从而实现准确、快速的交易。所以，企业只有在行业中具有相当大的规模、占据主导地位，才能有足够的影响力和号召力来实施供应链管理。

(3) 实行供应链管理要求企业组织结构和运作模式适应企业内外管理的需要，通过企业内部各职能部门的综合和协调，最大限度地满足企业外部关联方的需求，实现高速、高效运转。企业一定要有创新的管理团队、很好的企业文化和沟通机制——一方面是企业内部各部门之间的协调，另一方面是供应商、分销商、服务提供商之间的协同动作。

(4) 实施供应链管理需要专业化的支持。根据国外成功的供应链管理经验，一个企业从传统的管理模式向电子供应链管理模式转变需要3～5年时间，在这么长的过程中，需要专业顾问公司和技术伙伴来与企业一同进行改造。

【分析启示】 在学习国外经验，通过供应链管理来优化我国企业的存货管理时，必须要结合我国的具体国情和企业实际情况。

四、供应链的管理

(一) 供应链合作伙伴选择

在供应链合作关系环境下，制造商选择供应商不应只考虑价格，而应更注重选择能在优质服务、技术革新、产品设计等方面进行良好合作的供应商。供应商为制造企业的生产经营供应各种生产要素(原材料、能源、机器设备、零部件、工具、技术和劳务服务等)，供应者所提供要素的数量、质量、价格，直接影响制造企业生产效率的高低、成本的高低和产品质量的优劣。因此，供应链的合作伙伴的选择应注意以下几个方面：

(1) 让供应商了解企业的生产程序和生产能力，使供应商能够清楚地知道企业需要的产品或原材料的期限、质量和数量。

(2) 向供应商提供自己的经营计划、经营策略及其相应的措施，使供应商明确了解企业的需求，以使自己能随时达到企业要求的目标。

(3) 企业与供应商要明确双方的责任，并各自向对方负责，使双方明确共同的利益所在，并为此而团结一致，以达到双赢的目的。

在供应链战略合作关系的发展中，值得注意的是，过分地依赖一个合作伙伴可能在合作伙伴不能满足其期望要求时造成惨重损失。同时，企业可能因为对战略合作关系的失控、过于自信、合作伙伴的过于专业化等原因降低竞争力。而且，企业可能过高估计供应链战略合作关系的利益而忽视了潜在的缺陷。所以，企业必须对传统合作关系和战略合作关系策略做出正确对比，再做出最后的决策。

(二) 供应链管理方法

1. 快速反应

所谓快速反应(QR)是指在供应链中，为了实现共同的目标，零售商和制造商建立了战略伙伴关系，利用电子数据交换(EDI)等信息技术，进行销售时点及订货补充等经营信息的交换，用多频率、小数量配送方式连续补充商品，以实现缩短交货周期，减少库存，提高客户服务水平和企业竞争力的供应链管理方法。实施 QR 需要经过六个步骤(见图 5.4)，每一步都以前一步为基础，且比前一步有更高的回报，但需要额外投资。

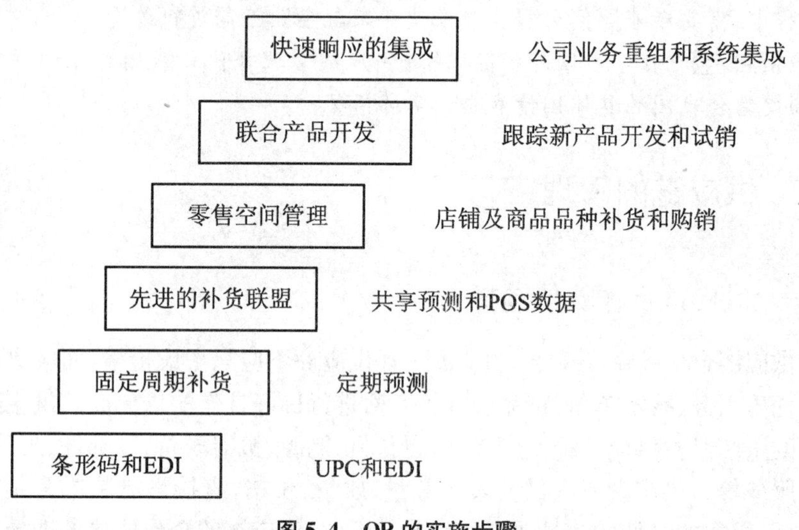

图 5.4 QR 的实施步骤

(1) 条形码和 EDI。零售商首先必须安装条形码(UPC 码)、POS 扫描和 EDI 等技术设备，以加快收款速度和销售数据的传输。POS 扫描是在收款检查时用光学式阅读条码输入数据，然后将条形码转换成相应的商品代码。这样可以了解消费者的购买动向，做好库存和订货管理。UPC 码是行业标准的 12 位条形码，用于产品识别和检查价格，并记录交易。EDI 是计算机间交换商业单证，它要求公司将其业务单证转换成行业标准格式，并传输到某个增值网(VAN)，贸易伙伴在 VAN 上接收到这些单证，然后将其从标准格式转成自己系统可识别的格式。

(2) 固定周期补货。QR 的功能性商品的自动补货是基于过去和目前销售数据及其他一些因素，进行定期预测，要求供应商在保证零售商的商品供应的基础上,更频繁、更快地运输商品。

(3) 先进的补货联盟。零售商和供应商联合起来检查销售数据,制订未来的需求计划和预测,在降低库存水平的基础上,保证补货业务的流畅,加快周转速度,提高投资毛利率。

(4) 零售空间管理。零售空间管理是根据每个店铺的需求模式规定其经营的花色品种和补货业务。

(5) 联合产品开发,即革新性产品的设计和开发。它要求厂商和零售商联合开发,缩短从新产品概念到产品上市的时间。

(6) 快速响应的集成。这一步要求企业通过重新设计业务流程,将前五步的工作与公司整体业务集成起来,支持公司战略发展。这不仅需要公司在供应链上做出努力,还需要公司在组织结构、业绩评估系统、业务流程和信息系统上进行调整。

2. 有效客户反应

有效客户反应(ECR)是指生产厂家、批发商和零售商等供应链节点相互协调和合作,并以用更低成本满足消费者需要为目的的供应链系统。ECR作为一种活动,主要由贯穿供应链各方的四个核心过程组成,即商品补充、店铺空间安排、促销活动和新商品开发与市场投入(见图5.5)。

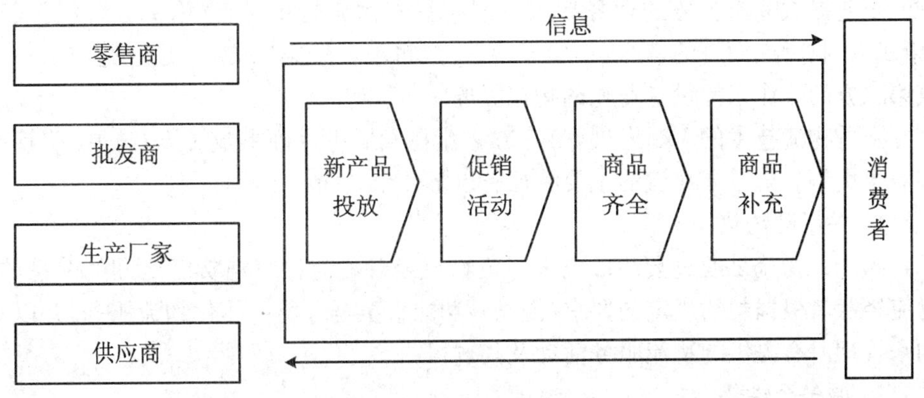

图5.5 ECR供应链过程

ECR系统的实施需要企业内部各部门以及各节点企业之间的紧密协调和合作,所以,需要对企业组织进行革新以适应ECR系统的要求。企业内部组织革新就是改变原来的按采购、生产、物流、销售各职能划分的组织形式,采用按商品类别的管理团队为单元的组织形式。即给每个商品类别分配一个管理团队,并制定各种考核指标,配以相应的采购、品种选择、库存补充、价格设定、促销等方面的权限。企业间的组织革新要求各个企业都按商品类别革新内部组织结构,这样两个合作企业的同种类别的商品管理团队就可以就经营问题进行协调。由此就引申出所创造的利益如何在供应链中分配的问题。这需要各个企业变原来的基于部门和产品的成本计算方式为基于活动的成本核算方式,即成本按活动来分摊。

第五节　第三方物流

物流作为企业联系客户和消费者的重要环节,其质量和水平直接影响企业的市场地位及其与客户的关系,社会迫切需要有专门的企业提供专业化、高水平的物流服务。基于此,第三方物流作为一种新型的物流形态应运而生并得到快速发展。第三方物流是现代物流的重要标志,蕴含着物流业务外包思想和一体化物流服务理念,其发展程度反映着一个国家物流业发展的整体水平。

一、第三方物流的概念

第三方物流(Third Party Logistics,即 3PL 或 TPL)是指由供方与需方以外的物流企业提供物流服务的业务模式。即第三方物流是相对于“第一方”发货人和“第二方”收货人而言的,它既不属于第一方,也不属于第二方,而是通过与第一方或第二方的合作来提供专业化的物流服务。

随着物流技术的不断发展,第三方物流在发展中逐渐形成了自己的鲜明特点和竞争优势。第三方物流的主要特征有以下几个方面:

1. 关系契约化

第三方物流是通过契约形式来规范物流经营者与物流消费者之间的关系的。物流经营者根据契约规定的要求,提供多功能直至全方位一体化物流服务,并以契约来管理所有提供的物流服务活动及其过程。

2. 服务个性化

一是第三方物流经营者需要根据不同物流消费者在企业形象、业务流程、产品特征、顾客需求特征、竞争需要等方面的不同要求,提供针对性强的个性化物流服务和增值服务。二是第三方物流经营者也需要根据市场竞争、物流资源、物流能力形成核心业务,不断强化所提供物流服务的个性化和特色化,以增强在物流市场中的竞争能力。

3. 功能专业化

第三方物流所提供的是专业的物流服务。从物流设计、物流操作过程、物流技术工具、物流设施到物流管理必须体现专门化和专业化水平，这既是物流消费者的需要，也是第三方物流自身发展的基本要求。

4. 管理系统化

第三方物流需要建立现代管理系统，应具有系统的物流功能，这样才能满足运行和发展的基本要求。

5. 信息网络化

物流服务过程中，信息技术网络化实现了信息实时共享，促进了物流管理的科学化，极大地提高了物流效率和物流效益。

【小思考 5.3】

什么是第四方物流？

答：第四方物流是 1998 年由美国埃森哲咨询公司率先提出的，是专门为第一方、第二方和第三方提供物流规划、咨询、物流信息系统、供应链管理等服务的企业。第四方物流企业并不实际承担具体的物流运作活动。

二、第三方物流优势分析

1. 第三方物流的成本价值

物流成本通常被认为是企业经营中较高的成本之一，控制物流成本，对于控制总成本具有非常重要的意义。企业将物流业务外包给第三方物流公司，由专业物流管理人员和技术人员，充分利用专业化物流设备、设施和先进的信息系统来完成，发挥其专业化物流运作的管理经验，以谋求整体最佳的效果。企业可以不再保有仓库、车辆等物流设施，对物流信息系统的投资也可转嫁给第三方物流企业来承担，并可以减少直接从事物流的人员，降低存货水平，削减存货成本，从而可减少投资和运营物流的成本；而且，通过第三方物流企业广泛的结点网络实施共同配送，可以大大提高运输效率，减少运输费用等，这些都是第三方物流能够产生的成本价值。

2. 第三方物流的服务价值

物流服务水平实际上已经成为企业实力的一种体现，而第三方物流在帮助企业提高自身顾客服务水平上有其独到之处。利用第三方物流企业信息网络和结点网络，能够加快对顾客订货的反应能力，加快订单处理，进行门对门运输，实现货物的快速交付，提高顾客满意度；通过其先进的信息技术和通信技术可加强对在途货物的监控，保证订货及时、安全送达目的地；产品的售后服务、退货处理、废品回收等也可由第三方物流企业来完成，保证了企业为顾客提供稳定、可靠的高水平服务。

3. 第三方物流的社会效益价值

第三方物流可通过物流系统社会化，实现信息、资源的共享，极大地促进社会物流资源的整合和综合利用，提高整体物流效率；通过专业技能，加强运输控制，制定合理的运输路线，采用合理的运输方式，组织共同配送、货物配载等，可解决运输无序化造成的城市交通混乱、堵塞问题，缓解城市交通压力。

4. 第三方物流的风险规避价值

非物流企业内部对物流设施的需求往往是有限或波动的，物流管理能力也不强，很容易造成企业内部物流资源的闲置浪费，效率低下。而采用第三方物流服务后，企业可以把这些用在物流上的巨额投资投到企业的核心业务上，可能会产生更大的效益。同时，企业利用第三方物流的运输、配送网络，通过其管理控制能力，可以提高顾客响应速度，加快存货的流动周转，从而减少内部的安全库存量，降低企业的资金风险。

5. 第三方物流的竞争力提升价值

第三方物流企业，可以站在比单一企业更高的角度上与整个制造企业的供应链完全集成在一起，为其设计、协调和实施供应链策略，通过提供增值信息服务来帮助客户更好地管理其核心能力。并且，第三方物流企业的客户可能遍及供应链的上下游，通过它可以将各相关企业的物流活动有机衔接起来，形成一种更为强大的供应链竞争优势，这是个别企业，特别是中小企业所无法实现的。

【伴随案例】

麦当劳的第三方物流

谈到麦当劳的物流，不能不说到夏晖公司这家几乎是麦当劳“御用 3PL”的物流公司。麦当劳没有把物流业务分包给不同的供应商，夏晖也从未“移情别恋”。

麦当劳要求夏晖提供一条龙式物流服务，包括生产和质量控制在内。于是，夏晖设在台湾地区的面包厂，就全部采用了统一的自动化生产线，制造区与熟食区加以区隔，厂区装设空调与天花板，以隔离落尘，易于清洁，应用严格的食品与作业安全标准。

麦当劳利用夏晖设立的物流中心为其各个餐厅完成订货、储存、运输及分发等一系列工作，使得整个麦当劳系统得以正常运作，通过它的协调与连接，为餐厅的食品供应提供最佳的保证。

“物流中的浪费很多，不论是人的浪费、时间的浪费还是产品的浪费都很多，而我们是靠信息系统的管理来创造价值。”夏晖的平均库存远远低于竞争对手，麦当劳物流产品的损耗率也仅有万分之一。夏晖认为，麦当劳全国终端复制的成功，与其说是各个麦当劳快餐店的成功，不如说是麦当劳对自己运营的商业环境复制的成功，而尤其重要的是其供应链的成功复制。离开供应链的支持，规模扩张只能是盲目的。

很让人感兴趣的是,麦当劳与夏晖长达30余年的合作,为何能形成如此紧密无间的"共生"关系,甚至两者间的合作竟然没有一纸合同?

"夏晖与麦当劳的合作没有签订合同,而且麦当劳与很多大供应商之间也没有合同。"的确有些难以置信!这种合作关系看起来不符合现代的商业理念,但却从麦当劳的创始人与夏晖及供应商的创始人开始一路传承下来。

"这种合作关系很古老,不像现代管理,但比现代管理还现代,形成超供应链的力量。"这种长期互信的关系使两者的合作支付了最低的信任成本。有一年,麦当劳打算开发东南亚某国市场,夏晖很快跟进,在该国投巨资建配送中心。结果天有不测风云,该国发生骚乱,夏晖巨大的投入打了水漂。最后,夏晖这笔损失是由麦当劳支付的。

【分析启示】 麦当劳采用了委托第三方物流代理的方式为其制造、库存、配送及管理,由供应商掌握公司的库存,采购也由夏晖公司来完成,麦当劳和供应商夏晖公司的关系就完全成了伙伴型的关系,充分实现了供应链的价值与功能。

三、第三方物流发展模式

从发展方向来看,第三方物流的发展有两种方向:纵向延伸(见图5.6),实行功能多样化;横向扩展(见图5.7),实行经营规模化。要成为一个优秀的第三方物流企业,应具备以下条件:

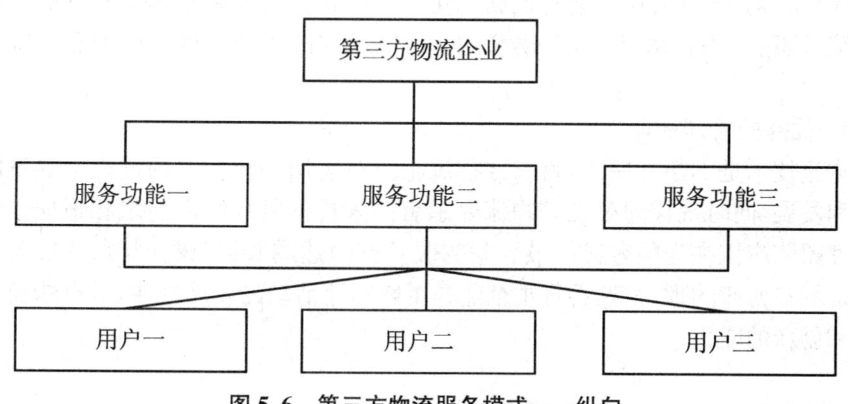

图5.6 第三方物流服务模式——纵向

1. 完善的客户服务功能

第三方物流作为一种服务性企业,在激烈的市场竞争条件下应该具有3CS的观念,即向顾客提供服务,以达到顾客满意直至达到顾客成功。这就要求第三方物流公司在为客户提供基础性的服务(如运输、存储等)的同时,积极向客户提供定制

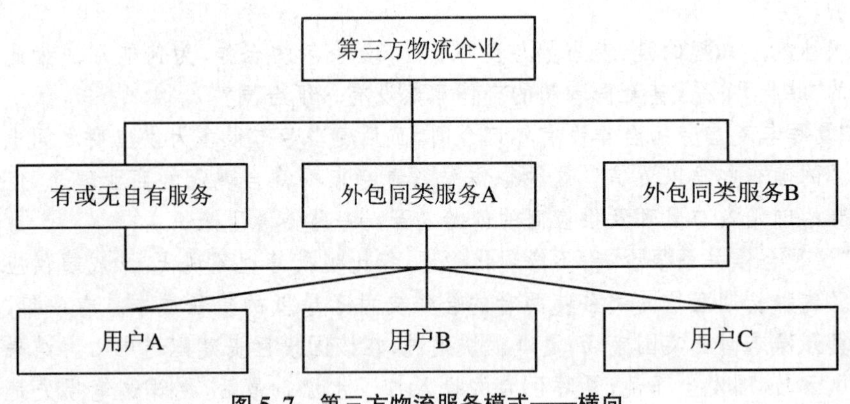

图 5.7 第三方物流服务模式——横向

化的增值服务。优秀的第三方物流公司能够研究分析客户的需求，精心设计出新型的服务项目，供客户选择。

2. 先进的配送网络

企业选择第三方物流公司的重要标准，是看企业产品的目标市场是否在物流提供商品的网络范围之内，并且网络要适应企业目标市场的动态增长。随着商品经济的发展，企业的目标市场已经延伸至全国甚至是全球，这就要求第三方物流企业在配送网络方面，能够给客户更多的选择。

3. 高度的信息化

高度的信息化表现在物流信息处理的电子化和计算机化，物流信息传递的标准化和实时化，物流信息收集的数据库化和代码化。这就要求建立先进的信息管理系统，运用条码技术、数据库技术、电子订货系统，实现快速反应和有效客户反应等。

4. 优秀的管理团队

物流技术是不断发展的，第三方物流企业在运用物流技术的过程中要不断地创新和发展，同时现代的第三方物流要求有高素质的管理团队与之相适应。优秀的管理团队应该在为顾客提供最满意的服务方面达成共识，树立与顾客实现共赢而不是零和博弈的理念，熟悉货主企业并了解物流活动的发展规律，具有物流系统开发和创新的能力。

四、第三方物流管理

1. 合同管理

工商企业与第三方物流企业建立合作关系的动机包括资产利用、资金问题、长期业务增长、市场全球化及其他与第三方物流分享的有关利益。第三方物流的服务承诺，常常要付出很大的代价，可能对财务平衡产生很大的影响。因此，第三方物流企业应坚持要求签订长期合同，以规避风险。相反地，工商企业在第三方物流企业不能提供所期望的标准时，可能会终止合同，以便选择别的第三方物流服务提供者。

2. 供应商管理

第三方物流在整合第二方物流资源和能力的基础上提供服务，因此，作为供应商的第二方物流企业在第三方物流的业务中，起着非常重要的作用，对供应商的控制和管理水平是第三方物流获得成功的关键因素之一。在我国现阶段，基于战略联盟的供应商管理对于提高物流的服务质量、提高物流企业的协同能力并使其最终走向紧密结合具有重要的意义。

3. 客户关系管理

第三方物流从一开始就是作为客户的战略伙伴出现的，因此，第三方物流同客户企业必须是一种互惠双赢、长期发展的战略性合作伙伴关系。在这一合作过程中体现为两种客户关系：一是第三方物流同客户企业之间的关系；二是第三方物流同客户企业的客户之间的关系。为了保证合作的效率和持久性，必须要加强客户关系管理，特别是前者，即第三方物流与直接客户关系的管理。

4. 能力管理

一般来说，第三方物流公司能提供仓库管理、运输管理、订单处理、产品回收、搬运装卸、物流信息系统、产品安装装配、运送、报送、运输谈判等近 30 种物流服务。第三方物流必须对自身物流资源进行全面的规划和衡量，以便能了解自身有多大的能力，可以承接多大的项目，完成多少订单。这个能力包括运输能力、保管能力、配送能力、装卸能力及设备能力等。例如，保管能力是指第三方物流企业的全部仓容中还可能接受的保管物品的数量。汽车运输能力是指第三方物流企业的运输工具及运输工作人员所能承担的运力的吨千米数等。对于第三方物流企业来说，这些都必须做到心中有数，才能最大限度地发挥物流管理的能力，平衡物流的负荷，达到最好的物流资源的销售水平，以便取得最佳的经济效益。

5. 信息管理

在第三方物流企业的物流管理中，信息管理是重要的组成部分，它贯穿于合同、供应商、客户关系、能力管理及其他物流管理中。第三方物流企业一般都建立有一个物流信息系统，这个信息系统可以利用新的信息技术来建立，如条形码技术、电子数据交换、全球定位系统等。物流信息系统在供应商、分销商、零售商以及消费者这条供应链中起着重要的纽带作用，它直接影响客户的满意度以及新产品从研制到市场的时间和效率，从而有效地提高整个物流系统的灵活性、速度和可靠性。

部分。

【补充阅读】

现代人力资源管理与传统人事管理的区别如表 6.1 所示。

表 6.1　现代人力资源管理与传统人事管理的区别

项　目	现代人力资源管理	传统人事管理
观念	视员工为有价值的重要资源	视员工为成本负担
目的	满足员工自我发展的需要，保障组织的长远利益实现	保障组织短期目标的实现
模式	以人为中心	以事为中心
视野	广阔，远程性	狭窄，短期性
性质	战略，策略性	战术，业务性
深度	主动，注重开发	被动，注重管好
功能	系统，整合	单一，分散
内容	丰富	简单
地位	策略层	执行层
工作方式	参与，透明	控制
与其他部门的关系	和谐，合作	对立，抵触
本部门与员工的关系	帮助，服务	管理，控制
对待员工的态度	尊重，民主	命令式的，独裁式的
角色	挑战，变化	例行，记载
部门属性	生产与效益部门	非生产、非效益部门

三、人力资源管理的职能

1. 获取

人力资源管理的首要职能是获取人力资源。通过选聘，获得组织所需要的人力资源。人员的选聘是组织的一件大事，它关系到组织人力资源素质的高低以及人事的匹配度问题，因此十分重要。

首先，选聘计划要根据组织的总体发展战略与人力资源规划的要求，确定选聘人数、种类，并根据战略与规划要求决定选聘人员的水平。在上述问题确定以后，再制订选聘计划。其次，选聘过程中要对选聘对象进行认真考核，采用一些素质测试手段，如面试、笔试、体格检查、心理测试。对于专业技术人员与管理人员，还要考核专业技能和管理能力。在整个选聘环节中，选聘人员的经验和素质极为重要，能不能在有限的时间内准确地识别一个人，除了科学的分析以外，有时还需要根据经验来判断。

2. 整合

又称为一体化。人员选聘来以后，要进行上岗引导，尽快帮助他们适应组织的环境，避免出现新员工在一开始工作的几个月就提出辞职的现象。因此，一方面要向新招收的员工介绍组织的情况，另一方面，还要了解新职工的思想状况、进入本组织的动机、需要、个人发展目标，然后再根据他们的思想情况有针对性地做好思想工作，把他们的思想统一到组织的发展目标上来。

3. 保持和激励

组织目标的实现取决于组织中员工的工作绩效。员工的工作绩效不仅取决于员工的工作能力，还取决于员工的工作积极性。组织需要有一套科学的人才激励机制，运用各种管理技巧，充分调动员工的积极性和主动性。采取各种方法使员工做到心理平衡、心情舒畅、努力上进。提倡管理者与职工之间双向沟通，在相互交流中达到提高认识、理顺情绪、相互理解、相互支持的目的，保持职工的工作积极性，在生活上关心、满足他们的需要，为他们的发展创造条件，对他们的成绩给予肯定，处理问题公平、公正。

4. 控制与调整

人力资源管理的重要职能是控制与调整。控制就是保证正常的协作关系，使员工按照各项制度进行工作，把内部矛盾与冲突保持在合理的限度以内，不使其激化，合理地处理工资、提升、调动以及退休等问题。

5. 培训与开发

培训与开发是人力资源管理的又一个重要职能，也是一个中心环节。因为现代组织的成败主要取决于人力资源的质量。资源都有消耗性，人力资源也会老化，人的体力、知识、技能以及态度与行为不能适应新时代的要求，老化的结果表现为这种资源的价值或所创造的价值的减损。为了维持人力资源的价值，一个组织只有依据社会和环境发展的要求持续不断地投资于人力资源的维持与提升，通过教育培训强化组织的知识、技能、态度与质量。把组织的员工队伍培养成为一支既具有高度责任心又具有高超职业技能的职工队伍，是组织的重大责任，所以，人力资源的培训与开发在人力资源管理职能中具有中心地位。

从国内外的发展趋势来看，人力资源管理的职能正从一种单纯的管理职能转变为组织经营的战略伙伴。如表 6.2 所示，人力资源管理部门在行政管理事务如维持人事记录、审核控制、提供服务等方面所花费的时间比重越来越小。新的技术使得人力资源服务可以通过自助式的形式提供,自助式服务只赋予雇员控制人力资源事务的能力。这也与雇员希望自己能够在个人职业生涯发展方面承担起更大的责任相一致。比如,培训课程目录的编制、学习课程的自由选择、福利计划的有选择性申请和登记、员工态度调查等。这不仅减低了成本,还有助于员工把人力资源部门看成是一个积极的部门。

表 6.2　人力资源部门角色的变化

	现在(%)	10 年以前(%)
维持人事记录	15	22
审核控制	12	19
人力资源服务提供者	31	35
战略经营伙伴	22	11
产品开发	19	14

人力资源职能的管理角色外包也已经出现。外包指请其他的公司来代替自己提供服务的做法。越来越多的公司已经将日常性的薪资管理工作外包出去了。此外,外包的做法还被运用到福利管理以及雇员的培训、甄选和招募等方面。

【补充阅读】

国内组织人力资源部门应当履行的主要职责如表 6.3 所示。

表 6.3　国内组织人力资源部门应当履行的主要职责

人力资源规划	配合公司战略,制定公司人力资源规划和方针政策,提出公司3～5年的人力资源战略;建立和执行公司的人力资源管理政策和制度
组织结构设计和岗位设置	根据公司发展状况,对公司组织结构和职位设置进行设计和调整
人员调配	根据组织结构及人员变动情况,调配人员;优化公司的人力资源配置,提高公司人力资源的有效性
人员选聘	根据各部门用人需求,负责公司的人员招募、甄选和录用
培训开发	制订员工培训计划,组织员工培训,组织培训绩效评估
绩效管理	制定、监控和管理公司的绩效管理体系
薪酬管理	建立、实施和管理公司薪酬与福利体系
员工关系管理	建立公司和员工间的沟通了解渠道和方法;管理员工的劳动合同
组织文化建设	对公司文化提炼、传播,提高公司的凝聚力
人力资源数据库建设与管理	建立相关行业专家数据库,为解决公司的人力资源问题提供信息

第二节 人力资源规划

一、人力资源规划的内涵

人力资源规划是指根据组织发展战略与目标的要求，科学地预测、分析组织在变化的环境中的人力资源的供给和需求状况，制定必要的政策和措施，以确保组织在需要的时间和需要的岗位上获得各种需要的人力资源，并使组织和个人得到长期的利益。

二、人力资源规划的内容

人力资源规划包括两个层次，即总体规划与各项业务计划（参见表6.4）。人力资源总体规划是指有关计划期内人力资源开发利用的总目标、总政策、实施步骤及总预算的安排。人力资源规划所属业务计划包括人员补充计划、人员使用计划、人员提升/接替计划、教育培训计划、薪资计划、退休解聘计划、劳动关系计划等。这些业务计划是总体规划的展开和具体化。

表6.4 人力资源规划及其各项业务计划

计划类别	目标	政策	步骤	预算
总体规划	总目标：如绩效、人力资源总量及素质、员工满意度	基本政策：如扩大、收缩改革，稳定	总体步骤（按年安排）：如完善人力资源信息系统等	总预算：×××万元
人员补充计划	类型、数量、对人力资源结构及绩效的改善等	人员标准、人员来源、起点、接待等	拟定标准、广告宣传、考试、录用	选聘、选拔费用：××万元
人员使用计划	部门编制、人力资源结构优化、绩效改善、职务轮换	任职条件、职务轮换、范围及时间	（略）	按使用规模、类别及人员状况决定工资、福利
人员接替与提升计划	后备人员数量保持、改善人员结构、提高绩效目标	选拔标准、资格、试用期、提升比例、未提升人员安置	（略）	职务变化引起的工资变化

续表

计划类别	目　标	政　策	步　骤	预　算
教育培训计划	素质与绩效改善、培训类型与数量、提供新人员、转变员工劳动态度	培训时间的保证、培训效果的保证	（略）	教育培训总投入、脱产损失
薪资计划	离职率降低、士气提高、绩效改善	激励重点：工资政策、奖励政策、反馈	（略）	增加工资、奖金额
劳动关系计划	减少非期望离职率、雇佣关系改善、减少员工投诉与不满	参与管理、加强沟通	（略）	法律诉讼费
退休、解聘计划	编制、劳务成本降低、生产率提高	退休政策、解聘程序等	（略）	安置费、人员重置费

人力资源规划按其用途及时间幅度划分，可分为战略性的长期规划（5 年或 5 年以上），策略性的中期规划（2～5 年）和作业性的短期计划（1～2 年），它们与组织的其他规划相互协调联系，既受制于其他规划，又为其他规划服务。图 6.1 表示组织规划与人力资源规划的关系。

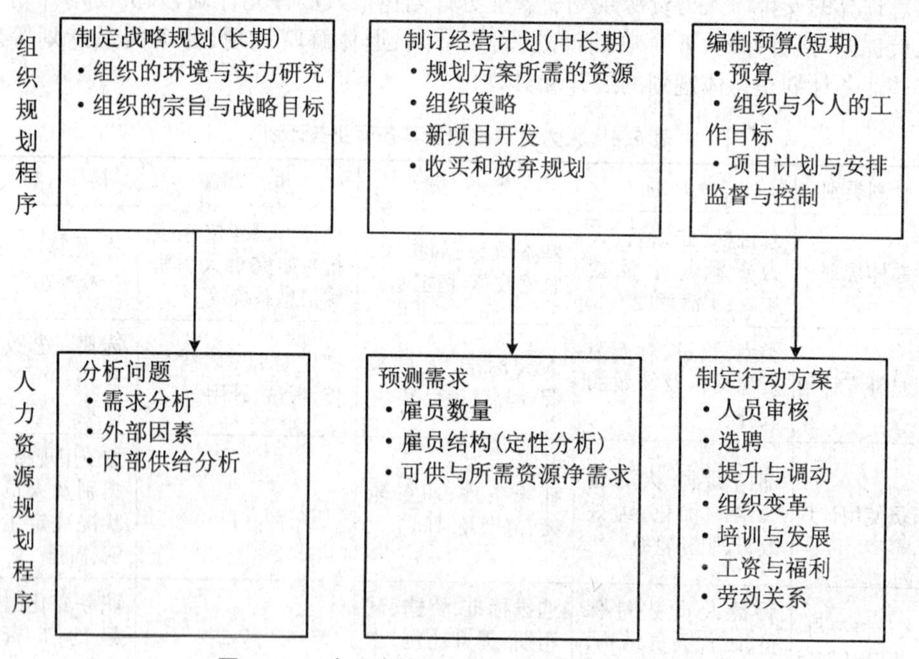

图 6.1　三个层次的组织与人力资源规划的关系

在战略规划层次上，人力资源规划及组织外部因素分析、预计未来组织对人力资源的需求、估计远期的组织内部人力资源数量、调整人力资源规划，重点在于分析问题。在策略计划(战术策略规划)层次上，人力资源规划涉及对人力资源需求与供给量的预测，并根据人力资源的方针政策，制订具体的行动方案。作业计划则涉及一系列的具体操作实务，要求任务具体明确，措施落实。

【伴随案例】

北大纵横人力资源规划

首先，北大纵横对整个外部环境有一个基本的判断：国内咨询行业市场需求未来 5 年将保持较快增长势头，同时北大纵横在这个市场中所占有的份额会逐年增长，并在国内管理咨询组织中保持领先地位。北大纵横的战略目标是在第三次创业结束时营业额达到 2 亿元人民币。

其次是对现有的人力资源状况分析。北大纵横基本的组织结构将是一个扁平化的梯形结构，梯形结构的上边是合伙人，下边是咨询顾问。公司现有专职咨询顾问近 200 人，其中合伙人 18 位，年合同额超过 5000 万。对咨询顾问的质量要求是：拥有 MBA 或管理学硕士、博士学位，有一定的管理工作经验，同时有较强的沟通和表达能力，逻辑思维和分析能力较强，适应团队合作的工作方式。而对合伙人的质量要求是：热爱公司，高度认同北大纵横的组织文化；上进心强，有强烈的成功欲望，持续努力；综合素质高，业务能力强，把握客户需求和获取订单的能力突出；团队合作精神强，不但能干好自己负责的工作，而且能够和团队成员合作一起完成公司工作。

最后是需求和供给预测。要保持业界领先的地位和 2 个亿的营业额，同时考虑到北大纵横人均营业额将从目前的 30 万/人·年提高到 40 万/人·年，管理预选顾问队伍将从现在的 100 多人增加到 500 人，合伙人增加到 50 位。从外部人力资源市场和组织内部培养两个角度来看，北大纵横认为基本可以实现这一人力资源规划。

由此，北大纵横基于战略目标的人力资源规划从结构、数量和质量上都已经清晰了。在此基础上，人员补充计划、人员使用计划、人员接替与晋升计划、教育培训计划、评估与激励计划等就可以一一详细制订了。

【分析启示】 人力资源规划作为企业人力资源管理的一项核心工作，其关键在于科学分析人力资源现状，有效进行人力资源需求和供给预测，并相应制定人力资源开发方案。

三、人力资源规划的过程

充分考虑组织的内外部环境,并制定出组织的战略计划后,就可以开始进行人力资源规划了。人力资源规划由两项基本内容组成:人力资源需求预测和人力资源供给预测。在对人力资源供需进行科学的分析与比较后,组织可由此确定人力资源规划方案,即进行未来人员目标的设定及其相应的策略选择。人员目标的设定就是要确定在未来一定时期内组织内部各岗位人员增加或减少的具体数目;策略选择就是选择合适的策略解决人员过剩或短缺的问题。减少过剩人员的策略有限制雇用、减少工作时间、提前退休和解聘等,而如果出现人员短缺,则需要通过选聘和选择,使组织能及时从外部获得一定数量和质量的人员,以满足组织的用人需求。人力资源规划过程的最后阶段,主要是执行人力资源规划方案,并对人力资源规划方案进行效果评估。人力资源规划的过程如图 6.2 所示。

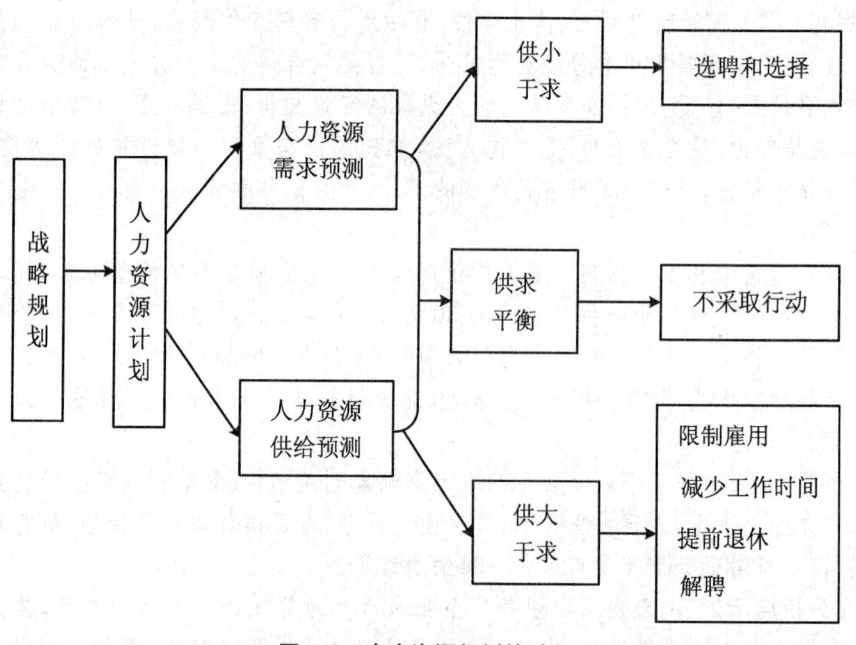

图 6.2　人力资源规划的过程

第三节 选聘与培训管理

一、人员选聘

(一) 选聘内容与程序

人员选聘就是通过招聘等手段去选择职位需要的企业成员的过程。具体地说,人员选聘是指在职位分类和定编定员的基础上,选择和配备合适的人员去担任企业中各项职务,以保证企业活动的正常进行,进而实现管理目标。

员工选聘有两个前提:一是人力资源规划,从人力资源规划中得到的人力资源净需求预测决定了预计要选聘的职位与部门、数量、时限、类型等因素;二是职务描述与任职说明书,它们为录用提供了主要的参考依据,同时也为应聘者提供了关于该工作的详细信息。

员工选聘大致分为招募、选拔、录用、评估四个阶段,这四个阶段可用图 6.3 来表示。

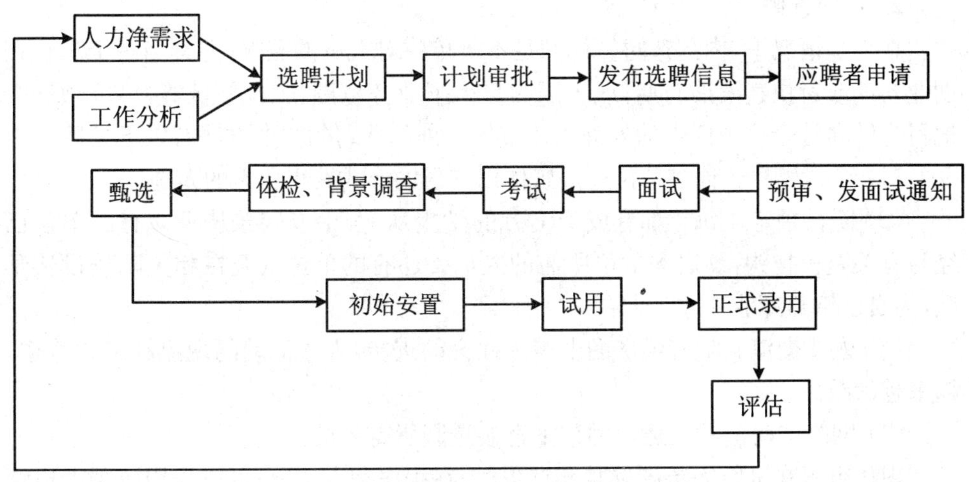

图 6.3 员工选聘程序

(二) 选聘来源与方法

1. 内部选聘

内部选聘是指在单位出现职务空缺后,从单位内部选择合适的人来填补这个位置。内部选聘主要有以下几种方法:

(1) 提拔晋升。这是指选择可以胜任这项空缺工作的优秀人员。这种做法给员工以升职的机会,会使员工感到有希望、有发展的机遇,对于激励员工非常有利。

(2) 工作调换。工作调换也叫做“平调”,是在内部寻找合适人选的一种基本方法。这样做的目的是填补空缺,但实际上它还起到许多其他作用。

(3) 工作轮换。工作轮换和工作调换有些相似,但又有些不同。如工作调换从时间上来讲往往较长,而工作轮换则通常是短期的,有时间界限的。另外,工作调换往往只涉及单个员工,是临时的,而工作轮换往往涉及两个以上员工,是有计划进行的。工作轮换可以使单位内部的管理人员或普通人员有机会了解单位内部的不同工作,给那些有潜力的人员提供以后可能晋升的条件,同时也可以减少部分人员由于长期从事某项工作而带来的烦躁和厌倦等感觉。

(4) 人员重聘。一些单位由于某些原因会有一批不在位的员工,如下岗人员、长期休假人员等。在这些人员中,有的恰好是内部空缺需要的人员。他们中有的人素质较好,对这些人员的重聘会使他们有再为单位尽力的机会。另外,单位使用这些人员可以使他们尽快上岗,同时也会减少培训等方面的费用。

2. 外部选聘

在许多情况下,内部选聘往往满足不了单位对人员的需求,尤其当一个单位在创业初期或者快速发展时期,或者因为扩大了业务范围、工作领域等,单位领导会把目光转向社会这个巨大的外部人才市场。外部选聘的主要方法有以下几种:

(1) 广告媒介。许多单位通过媒体以广告的形式获得所需的人选。

(2) 院校预定。每年都有成千上万的学生从大、中专院校毕业。有的单位已经与有关院校挂钩,预定本单位所需的人员。还有的单位甚至在相关院校设奖学金,为自己培养专业人才。

(3) 人才交流。随着经济的发展和社会的进步,人才流动的现象越来越普遍,越来越活跃。

(4) 网络选聘。就是通过网络来直接选聘所需人员。

现代组织在进行人员的选聘和选拔时,在程序和方法上,可以采用应聘者申请表分析、笔试、绩效模拟测试、面试、面谈、履历调查等手段。但不管是内部选聘还是外部选聘,在选聘工作中应坚持计划性、科学性和公正性的原则。

内部选聘和外部选聘各有优缺点,具体见表 6.5。

表 6.5　内部选聘与外部选聘的利弊对比

	利	弊
内部招募	· 被聘者可以迅速展开工作 · 可提高被聘者的士气 · 有利于保证选拔的正确性 · 可降低招募的风险和成本 · 有利于激励其他员工士气、调动工作积极性 · 充分利用内部资源 · 成功的概率高 · 有利于维系成员对组织的忠诚	· 易出现思维和行为定势，缺乏创新性，从而使组织丧失活力 · 易造成“近亲繁殖” · 招致落选者的不满 · 不利于被聘者展开工作 · 易引起内部争斗 · 选择范围有限，组织中最适合的未必是职位最适合的
外部招募	· 为组织注入新鲜血液 · 有助于突破组织原有的思维定势，利于组织创新 · 人际关系单纯 · 有利于平息、缓和内部竞争者之间的紧张关系 · 方便快捷，培训费用少	· 被聘者需较长的“高速适应期” · 对内部员工造成打击 · 被聘者可能会对组织文化不适应 · 被聘者的实际工作能力与选聘时的评估能力可能存在较大差距

【小思考 6.2】

为什么有的大学生称就业难？

答：大学生就业难，除了大学生就业观念原因外，大学生还面临“重学历轻技能、重理论轻实践”，“热门专业学生扎堆、冷门专业无人问津”等与企业及社会就业需求不对口的结构性过剩问题。

（三）人员甄选

成功的招募为组织吸引来足够的候选人，通过人员素质测评可以进一步明确应聘者的胜任能力特征，而甄选就是要从这些候选人中挑选出最适合空缺职位的人，以实现人员和职位最佳匹配的活动。

1. 人员甄选的含义

所谓甄选，是用人单位在招募工作完成后，根据用人条件和用人标准，运用适当的方法和手段，对应聘者进行审查和选择的过程。一般来讲，人员甄选主要考虑应试者以下方面的特征：基本生理及社会特征，如性别、年龄、户籍等；知识及技能特征，如学历、专业、工作经历、培训、专业资格证书；心理特征，如各种素质、人格、兴趣偏好。

【补充阅读】

著名组织的人员甄选标准

英特尔:六大价值观,即以客户为导向、严明的纪律、质量的保证、鼓励冒险、以结果为导向、创造良好的工作环境。

思科:文化的适应性、创新精神、团队合作性、客户导向、要有超越自我的目标。

某知名化妆品公司:强烈的进取心、卓越的领导才能、较强的表达能力、较强的分析能力、创造性、优秀的合作精神、正直的人格。

2. 人员甄选的方法与技术

(1) 利用求职申请表。对于大多数组织来说,求职申请表是甄选过程的第一步。求职申请表是一种能够迅速地从候选人那里获得关于他们可证实信息的良好手段,它可以使组织比较精确地了解候选人的历史资料,其中通常包括像教育、工作经历及个人爱好一类的信息。

(2) 笔试。笔试是最古老、最基本的人员甄选方法。它主要用于测试求职者的基本知识、专业知识、管理知识及综合分析能力、文字表达能力等方面的差异。笔试是使用频率非常高的一种人才选拔方法。笔试往往被作为其他甄选方式的补充或初步筛选的方法。许多组织都把它作为进入面试阶段的第一道关口。

(3) 面试。面试是组织最常用的,也是必不可少的测试手段。通过面试可判断出应聘者运用知识分析问题的熟练程度、思维的敏捷性、评议的表达能力,并且通过应聘者在面试过程中的行为举止,可以了解应聘者的外表、气质、风度以及情绪的稳定性等。此外,通过面试还可以核对应聘者个人材料的真实性。

(4) 评价中心技术。评价中心是近几十年来西方组织中流行的一种选拔和评估管理人员或专业人员尤其是中高层管理人员的一种人员素质测评体系,其核心内容是多种情境性测评方法。这种方法通常是将被测评者置于一个模拟的工作情境中,采用多种评价技术,有多个评价者观察、评价被评价者在这种模拟工作情境中的行为表现。因此,这种方法有时也被称为情境模拟方法。评价中心技术中所采用的情境性的测验包括多种形式,主要有公文处理模拟、无领导小组讨论、决策模拟竞赛、角色扮演、即席发言、演讲辩论、案例分析、团队游戏等。

(5) 工作抽样法。将空缺职位工作的几个关键环节抽样出来,让应聘者在无主持的状况下进行实地操作,以考察其实际工作能力和绩效。由于这种方法测量的是实际工作任务,工作样本与工作的相关度很高,候选人很难提供虚假答案,所以得到的信息更直接、更真实,评价结果也更客观、更公正。

(6) 背景调查。背景调查就是组织通过第三者对应聘者的情况进行了解和验证。背景调查是为了验证应聘者的个人资料,如教育背景、身份证明、各种证书的真实性以及犯罪记录、信用情况、先前的工作表现、离职的原因等,特别是对于职责水平要求高的工作职位，背景调查的重要性就更突出。

(7) 体检。体检一般是在求职者所有其他测试都通过后，在其正式就职之前进行的。目的一是要确定求职者的身体状况是否适合职位及环境的要求；二是为后续的健康检查提供基础，也为未来保险或员工赔偿服务；三是及时发现求职者本人可能不知道的传染疾病。体检要特别注意合法性，不能对求职者有疾病歧视。

二、员工培训

(一) 员工培训的意义

员工培训可以使员工更快地具备履行岗位职责应具备的条件，有利于开发人的智力，发掘员工的工作潜能，提高员工工作质量和工作效率，有利于增强员工对组织的归属感和凝聚力，激发员工的积极性，进而提高组织整体竞争力。

(二) 员工培训的原则

(1) 理论联系实际、学以致用的原则。
(2) 专业知识技能培训与组织文化培训兼顾的原则。
(3) 全员培训和重点提高的原则。
(4) 严格考评和择优奖励的原则。

(三) 员工培训的内容

公司在挑选、录用员工的时候虽然进行了大量的工作，采用了考试、测试及其他科学方法，但这些新员工并不是一开始就具备完成规定工作所必需的知识和技能的，也缺乏在公司集体中同心协力的工作态度。因此，公司为使他们尽快掌握必要的知识、技能和应具备的态度而需要对他们进行教育培训。

同时，公司是在一个不断变动的经济和技术环境中生存和发展的，公司员工的知识、技能和工作态度就必须要与这种不断变动的外部环境相适应，知识、态度需要不断更新，技能需要不断提高。所以，公司员工培训是针对两种人的：一种是新录用的员工，另一种是公司现有的员工。

培训员工的方式多种多样，并随实践的发展而发展。“培训”这个概念我们经常使用，但其真正含义非常深刻、丰富。员工培训的完整内容应该是：通过各种教导或经验介绍的方式，在知识、技能、态度等方面改进员工的行为方式，以达到期望的标准。因此，一个公司完整的员工培训工作应包括以下三个方面的内容：

1. 知识的培训

通过培训，应使员工具备完成工作所必需的基本知识，而且还应让员工了解公司的基本情况,如公司的发展战略、目标、经营状况、经营方针、规章制度等,便于员工参与公司活动,增强员工主人翁精神。

2. 技能的培训

通过培训,使员工掌握完成本职工作所必备的技能,如谈判技能、操作技能、处理人际关系的技能等,由此也能培养、开发员工的潜能。

3. 态度的培训

员工态度如何,对员工的士气及公司的绩效影响很大。必须通过培训,建立起公司与员工之间的相互信任,培养员工对公司的忠诚度,培养员工应具备的精神和态度,增强主人翁精神。

公司与其所处的环境关系十分密切,特别是公司员工在公司外面的言行代表着本公司整体,直接影响着公司的形象和声誉。因此,公司应从长远利益和整体利益出发,采取多种方法(包括对员工的教育培训),树立公司的自豪感,增强公司的向心力,教导员工自觉地维护公司的声誉和利益。

(四) 员工培训的方法和类型

对员工培训的方法和类型可以进行不同的分类:按照培训时是否离开岗位可以分为在岗培训(在职培训)和离岗培训(脱产培训),按照培训时是否离开组织又可以分为内部培训和外部培训,等等。

1. 在职培训的方法

一般认为在职培训的优点主要有:能够提供现成经验;与工作的相关性好;边生产边学习,学以致用;可以利用组织内的设施和有关条件;易于与师傅和其他人员交流;实践性强等。正是由于这些优点,在职培训有着广泛的应用,主要有以下几种方法:

(1) 学徒培训。学徒培训是指在师傅的指导下,通过实际生产劳动,培养新技术工人的一种传统培训方法。学徒期与工种有关,一般为1~3年。学徒培训适用范围广,培训数量大,能利用已有的设备和技术,因此很多国家都有学徒培训的制度。新中国成立以来,我国有80%以上的新技术工人是通过学徒培训的方式培训出来的。学徒制的缺点在于偏重技术操作方面的训练,而在理论学习上显得不足,从而限制了学习的广度和深度。

(2) 工作轮换。工作轮换是近期发展起来的一种培训方法,即在两个不同工种的职员间交换工作。工作轮换特别适用于管理人员和技术人员,可以丰富他们的工作内容,获得不同领域的工作经验,有助于形成从不同角度理解问题的思维方式,而且易于理解他人的工作。

但是,工作轮换可能使职员在新岗位上不那么认真和钻研,加上时间不长,同时由于工作轮换在人事和工作安排上比较麻烦，因此很多组织不太喜欢采用这种方法。工作轮换在对管理人员的在职培训中使用得多一些。

(3) 项目指导。项目指导是指由指导人员首先明确工作的要求、内容和程序，并做出示范，然后由学习者进行实际操作的一种培训方法。如果前一步做得较好就可以进入下一步。若出现问题，要立即纠正，直到指导人员满意为止。项目指导非常直观且进行实地操作，能使学习者对工作中所用的设备和工具有很好的了解。因而被广泛地用于对操作工和低级别职员的培训中。

2. 脱产培训方法

在职培训省时省钱，而且可以很快见效。但是，中小型组织由于人手和经费各方面的条件限制，有时无力组织脱产培训，就得利用外部的培训机构来进行。即使是大公司有时也需要进行外部的脱产培训，其优点在于：学习更专心，不受工作牵制，学员只考虑学习的事；可以进行更专业化的学习，尤其是理论知识的学习；学员来自不同组织和单位，可以相互交流，因而可以了解更多的信息；有利于学员能力的全面发展。

脱产培训的方法更为多样，这些方法既可以在组织内部使用，也可以在组织外部使用。

(1) 课堂培训。课堂培训是绝大多数脱产培训所采用的方式。这些方法允许在同一时间内培训多人，而且对于智力活动相对较多的工作，用课堂培训的方式更现实、更有效，因为课堂培训有利于学员独立思考。课堂培训可以采取多种形式，如讲授、实验、录像、幻灯、电影及计算机等手段，学员的学习程序和效果可以通过练习及考试来检查。

课堂培训的缺点：由于培训采取脱产形式，脱离工作岗位，因而对学到的东西还有一个应用到实际的过程。而且在大部分情况下，课堂培训都是单向沟通的，老师讲、学员听，不利于学员了解自己的学习效果，很难做到真正掌握。

(2) 游戏。游戏也是一种常用的有效的培训方法，可以在计算机上通过游戏来学习。有效的游戏可以在没有设备的情况下，通过模拟的设备和环境来学习，部分游戏是参与式的，可以提供与真实情况非常相似的"竞争者""市场""经济环境"等，使学员身临其境地学习如何应对变化的情况。

(3) 案例研究。案例研究是在培养经营和管理人员时常用的方法。通过观察和分析，学员要找出问题的症结并提出解决问题的方法，有时解决的方法不止一个。因此，通过案例研究可以培养学员观察问题、分析问题和解决问题的能力。

(4) 小组讨论。小组讨论很多时候是和案例研究结合在一起的。对有些问题，通过讨论可以集思广益，更易发现问题的症结。而且小组讨论还可以使学习者锻炼口头表达能力和与他人交流的能力，有利于小组成员间的相互学习。实践证明，在很多时候讨论的效果大于独自学习。

3. 自我培训和发展

在职培训和脱产培训绝大多数是由各组织组织或是由组织提供的。但有时组织提供的培训不符合职员的愿望，或者职员对自己的将来另有打算，或者组织没有提供培训的机会，而职员又想改变目前的工作和环境，从而试图通过自己的努力来提高工作的效率和质量，这时职员就会有自我培训与发展的需要。

一般而言，自我培训常采用在职的形式，利用业余的时间来学习，如上夜大。而且自我培训更注重能力方面的提高和对基础知识、知识结构方面的培训。自我培训大多由职员自己诊断和设想应该学习什么内容与课程，很少由专家指导应该进行怎样的学习。

【伴随案例】

肯德基的员工培训

对于员工培训，肯德基可谓有自己的一套独特模式。肯德基在中国特别建有适用于当地餐厅管理的专业训练系统及教育基地——教育发展中心。每年为来自全国各地的2000多名肯德基餐厅管理人员提供上千次的培训课程。

肯德基的内部培训体系分为职能部门专业培训、餐厅员工岗位基础培训以及餐厅管理技能培训。每位职员进入公司之后要去肯德基餐厅实习7天，以了解餐厅营运和公司企业精神的内涵。职员一旦接受相应的管理工作，将参加由公司开设的传递公司企业文化的培训课程。作为直接面对顾客的“窗口”——餐厅员工，从进店的第一天开始，每个人就都要认真学习工作中基本的操作技能。从不会到能够胜任每一项操作。新进员工将接受公司安排的平均近200个工作小时的培训，通过考试取得结业证书。目前，肯德基在中国大约有5000名餐厅管理人，针对不同的管理职位，肯德基都配有不同的学习课程，学习与成长的相辅相成，是肯德基管理技能培训的一个特点。

【分析启示】 先进的管理依靠优秀的人才才能实现，人才培训则是造就优秀人才的必然途径。肯德基不断投入资金、人力对员工进行多方面各层次的培训。从餐厅服务员、餐厅经理到公司职能部门的管理人员，这些培训不仅帮助员工提高了工作技能，同时还丰富和完善了员工自身的知识结构和个性发展，也使肯德基的核心竞争力得到提升。

第四节 绩 效 考 评

一、绩效考评的定义及用途

绩效考评是对员工的工作绩效进行评价,以便形成客观、公正的人事决策的过程。绩效考评最普遍的用途之一是为与晋升、岗位轮换、解聘等有关人力资源的决策提供依据;绩效考评信息也能为确定个人和企业对培训和发展方面的需要提供必要依据。此外,绩效考评的另一个重要作用就是向员工提供绩效反馈,鼓励员工绩效的改进。根据相关调查,绩效考评的主要用途如表 6.6 所示。

表 6.6 绩效考评的主要用途

使用目的	比例
报酬	85.6%
绩效反馈	65.1%
培训	64.3%
提升	45.3%
人事规划	43.1%
留用或解雇	30.3%
人事研究	17.2%

* 基于做出回应的 600 个组织的调查。

二、绩效考评的内容

(1) 德,指员工的思想政治表现与职业道德。特别是职业道德直接关系到员工的工作质量、为社会所做的贡献、对社会精神文明的影响等。

(2) 能,指员工本身具有的、潜在形态的各种知识、技能的总和。对员工的考核主要包括:① 基本能力,包括知识、技能和体力;② 工作能力,包括决策能力、领导能力、判断能力、创造能力、表达能力、理解能力、谈判能力等。

(3) 勤,指员工的勤奋敬业精神。主要表现在工作的积极性、主动性、创造性、纪律性和出勤率等。“勤”实质是责任感的具体表现,是强烈的事业心的外在反映。

(4) 绩,指员工的工作成绩和效果。包括员工所完成工作成果的数量、质量和效率。这是绩效考核最重要的内容。

(5) 个体,主要了解员工的性格、偏好、思维特点等。

人力资源管理中的日常绩效考评,一般主要包括工作实绩、工作态度和工作能力三方面内容。绩效考评时,应根据不同的人员、不同的岗位,确定出具体的评价项目和标准。

三、绩效考评的方法

(一) 按一定的考评范围和角度的不同划分

1. 综合考评

综合考评是指按照德、能、勤、绩、个性,以绩效为主,对员工进行的全面考核与评价。综合考评的因素多,涉及面广,工作量较大。一般适用于领导干部的选拔、管理人员的晋升、职称评定等方面。

2. 工作行为考评

工作行为考评是指针对员工的工作行为表现进行的考核与评价,其考评的内容主要是员工的工作态度和工作能力。考评的方法可以是相对考评,即员工之间的相互比较评价;也可以是绝对考评,即按照预先确定的统一评价标准进行考评。工作行为考评一般适用于员工绩效较难量化的考评以及以脑力劳动为主的管理人员和工程技术人员。

3. 工作成果考评

工作成果考评是指对员工的工作成果进行的考核与评价,其考评的内容主要是员工的工作成绩。成果考评一般适用于员工的工作成绩可以直接量化为具体标准的场合,如生产第一线的操作人员、推销员等。

(二) 按考评方法的性质划分

1. 主观考评

主观考评是指主要由考评者的主观判断对被考评者进行考核和评价。此种方法较为简单易行,但易受考评者主观心理偏差的影响,削弱了考评的公正性。为了降低主观心理偏差的影响,应强化考评指标的设计,尽量提高考评的客观性。一般可采取分值评价法,即对人员绩效考评的项目加以指标化,每一指标确定若干个等级和分值,并逐项对被考评者进行评级和评分,然后将各项指标的得分值汇总,其总分就是对人员绩效考评的结果。此方法将定性与定量相结合,有较系统的评价依据，因此比较科学合理，有助于提高评价的效率和质量。

2. 客观考评

客观考评是指以客观标准对员工进行的考核与评价。此方法不受考评者主观因素的影响，完全以硬性的客观指标为依据，如直接量化的生产指标和工作指标。此方法客观性强，但也存在侧重于工作成果、忽视工作行为的局限性。

(三) 按考评的时间划分

1. 定期考评

定期考评是指经过一定的时期，定期对员工进行的考评，如年度考评。

2. 不定期考评

不定期考评是指不定时间、不定期限地对员工进行的考评。

【补充阅读】

平衡计分卡

平衡计分卡(The Balanced ScoreCard，简称 BSC)，是绩效管理中的一种新思路，适用于对部门的团队考核。

平衡计分卡是 20 世纪 90 年代初由哈佛商学院的罗伯特·卡普兰(Robert Kaplan)和诺朗诺顿研究所所长(Nolan Norton Institute)、美国复兴全球战略集团创始人兼总裁戴维·诺顿(David Norton)主持的“未来组织绩效衡量方法”研究计划所形成的一种绩效评价体系。当时该计划的目的在于，找出超越传统以财务量度为主的绩效评价模式，以使组织的“策略”能够转变为“行动”而发展出来的一种全新的组织绩效管理方法。平衡计分卡自创立以来，在国际上，特别是在美国和欧洲，很快引起了理论界和客户界的浓厚兴趣与反响。

平衡计分卡被《哈佛商业评论》评为 75 年来最具影响力的管理工具之一。它打破了传统的单一使用财务指标衡量业绩的方法，而是在财务指标的基础上加入了未来驱动因素，即客户因素、内部经营管理过程和员工的学习成长。平衡计分卡在集团战略规划与执行管理方面发挥了非常重要的作用。根据解释，平衡计分卡主要是通过图、卡、表来实现战略的规划。

四、绩效考评的实施

(一) 绩效考评的执行者

员工的绩效考评可以由任何了解员工表现的人来进行。其中可供选择的方式包括：上级考核下级，下级考核上级，同事之间相互考核，外部人员对内部人员进行考核，员工自我考核，多方人员参加不利于绩效的改进。

（二）考评反馈

绩效考评的工作结束以后，要将考评的结果告之员工，这是有效的绩效考评不可或缺的部分，是绩效持续改进的重要动力。

考评结果的反馈方式主要是考评后的反馈面谈。考评结果面谈实际上是主持考评的管理者与被考评者之间的沟通过程。由于管理者传递表扬和建设性批评的信息，因此，这种谈话既可能是机会也可能是风险。所以，掌握好这种谈话需要一定的技巧乃至艺术，归纳为以下几点：

1. 对事不对人

焦点置于以硬的数据为基础的绩效结果上，先不要责怪和追究当事人个人的责任与过错，语气尽量不带威胁性，针对个人的批评很易引起反感、强辩与抵制。所以要强调的是客观结果。

2. 谈具体

一般不要作泛泛的、抽象的一般性评价，要拿出具体结果来支持结论，援引数据，列举实例。

3. 不仅要找缺陷，更要究其原因

人们常在发现问题后绕过对病因的挖掘，导致制定措施时无的放矢，不能对症下药。要引导和鼓励被考评者自己分析造成问题的原因，启发他挖掘原因直到找准为止。

4. 保持双向沟通

要共同解决问题，必须是个双向过程，不能上级单方面说了算。

5. 落实行动计划

绩效面谈只有导致改进实效，才算成功。双方必须共同商量出有针对性的改进计划。

（三）影响绩效考评的因素

1. 考评者的判断

考评者的个人特点，如个性、态度、能力、价值观和情绪与心境等都会影响考评结果。

2. 与被考评者的关系

除考评者与被考评者之间的关系的亲疏、过去的恩怨外，对被考评者的职务要求与工作特点的了解程度也是影响考评结果的重要因素。

3. 考评的标准与方法

考评维度选择恰当与否，定义是否清晰、明确，内容是否相关和全面都会对考评结果产生影响。

4. 晕轮效应问题

考评者因一个人在某一方面的优劣而在其他考评项目上全给高分或全给低分。这种以偏概全,一好百好,不作具体、全面分析的做法会造成考评的误差。

5. 近因效应问题

对人考评时过多地从近期的表现出发,而忽视了长期的一贯表现。

6. 类己效应问题

对跟自己的某一方面(种族、籍贯、性别、学历、专业、兴趣、爱好、母校等)相类似的人有偏爱而给予较有利的评估。

7. 趋中效应问题

硬套"两头小,中间大"的一般规律,不从实际出发,或没有仔细考察,干脆来个平均主义,都评"中等"。

8. 对比效应问题

把对一个人的印象移到与之相关的另一个人(如其亲戚、继任者、推荐者)身上,或将被考评者与另一位典型人物做人际比较来评判。

9. 板块效应问题

实际生活中,人们习惯把处于不同层次的社会群体视为稳定的板块,对处于该群体某一成员也认定具有板块特征,会产生板块效应。

10. 首因效应问题

首因效应就是人们常说的第一印象。首次相遇时所获印象最深,如果以此为标准,将产生主观性与片面性的问题。

第五节　薪酬管理

薪酬管理是指在企业发展战略指导下,对员工薪酬支付原则、薪酬策略、薪酬水平、薪酬结构、薪酬构成进行确定、分配和调整的动态管理过程。薪酬管理是人力资源管理活动的重要一环,同时也是人力资源管理的有效手段之一。

一、薪酬的概念与构成

(一)薪酬

薪酬是员工因向所在的组织提供劳务而获得的各种形式的酬劳。狭义的薪酬指货币和可以转化为货币的报酬。广义的薪酬除了包括狭义的薪酬以外，还包括获得的各种非货币形式的满足。

（二）薪酬的构成

薪酬的构成即组成薪酬总量（薪酬性收入）的各种成分及其在薪酬总量中的比重。它的各个成分各有侧重地执行不同的薪酬职能，以更好地体现按劳分配原则和全面调动劳动者的积极性，促进生产效率的提高、经济效益的增加。薪酬体系的构成如图6.4所示。

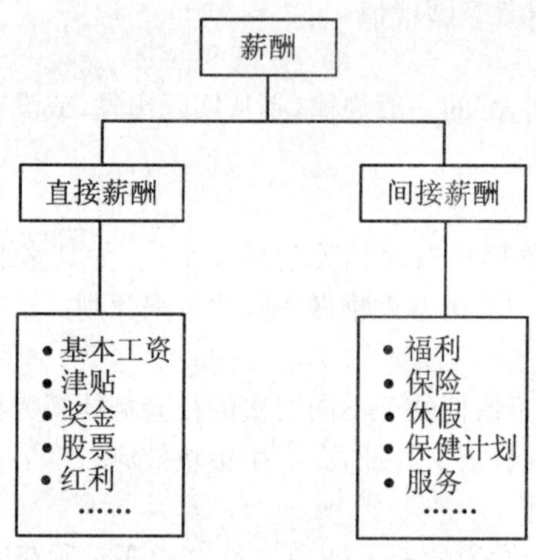

图6.4 薪酬体系的构成

1. 直接薪酬

（1）基本工资。基本工资又称为不变工资，主要是以一定的货币定期支付给员工的劳动报酬，以员工所在部门、岗位、职务及个体间的劳动差异包括熟练程度、复杂程度、责任大小及劳动强度为基准，根据劳动定额完成情况或工作时间而定。基本工资是员工劳动收入的主体部分，一般占薪酬总量的50%～60%，也是确定其他劳动报酬和福利待遇的基础。基本工资具有相对稳定性和固定性的特点，不能及时反映劳动者的实际劳动数量及质量的变化。通常基本工资由最低工资、年功工资、职位工资、技能工资等几个部分组成。

（2）可变工资。与基本工资相对应的是可变工资，以员工超额有效劳动、所在的劳动条件和劳动强度等为依据计算所得的报酬，具体分为奖金、津贴、股票及分红等形式。在辅助薪酬中，又以奖金、津贴为主要形式。奖金是根据员工超额完成任务或以优异的工作绩效而计付的薪酬，旨在鼓励员工提高劳动生产率，也可称为绩效薪酬。津贴是为了补偿和鼓励员工在恶劣的工作环境下劳动而计付的薪酬，有利于吸引劳动者到脏、苦、累的岗位上工作。可变工资和组织效益与劳动者个人的能力及付出有直接关系。不同组织的员工和同组织中的不同员工之间,可变工资水平的差异很大。

2. 间接薪酬

间接薪酬主要包括福利、保险和服务等,是指组织为了吸引或维持骨干员工而支付的作为基本工资补充的若干项目,给予员工各种形式的待遇,如住房、用车、带薪休假、节假日工资、工作午餐、医疗保健等。间接薪酬与直接薪酬的不同在于前者不是以员工向企业提供的工作时间为单位来计算的,通常不考虑员工的实际绩效如何,对于处于同一工作层次上的所有员工来说都是可以获得或是可以获得其中一部分的,这取决于组织对间接薪酬的控制。如果组织将间接薪酬的部分组成用来奖励绩效,那么这些会成为激励性的薪酬,如为绩效优秀的员工提供更多的带薪假期,而其余的则可以通过公平的分配和标准化的员工待遇来强化组织的凝聚力,培养员工的归属意识。一般来说,间接薪酬的费用是由雇主全部支付的,但有时也要求员工承担其中一部分。

【小思考 6.3】

为什么在现代企业中,福利在整个薪酬中的比重越来越大?

答:福利反映了组织对员工的长期承诺,正是由于福利的这一独特作用,使许多在各种各样组织中追求长期发展的员工,更认同福利待遇而非仅仅是高薪。

二、薪酬体系合理设计的要求

1. 加大薪酬的浮动比例

薪酬的活力在于其差别与能动性。无论用什么办法建立起来的薪酬体系,只要固定不变,就会失去其活力,丧失其激励性。因此,在设计时,应尽可能增加薪酬体系中的浮动部分,使薪酬体系能更好地反映贡献的差异与变化,以增强其激励性。

2. 必须与绩效紧密挂钩

奖酬与员工的实际工作成果和贡献挂钩,是形成奖酬激励性的最直接因素。从国外企业和我国企业改革的趋势来看,都特别重视员工的个人绩效在奖酬中的作用,按照实际贡献确定薪酬,增加薪酬中体现业绩的部分。

3. 突出技能工资的作用

随着智力资本贡献率的加大,一些新经济企业更加重视对员工的智力投入和对员工的智力开发,把员工的技能作为确定薪酬的主要依据,使技能工作制度得到发展。

4. 科学地确定岗位薪酬差别

要坚持“向生产一线的主要岗位,特别是技能要求高、责任重、贡献大的岗位倾斜,向苦、脏、累、险岗位倾斜”。同时,岗位工资的级差要实行不等额梯进制,即层次越高,技能要求越高,因此,工资水平也应越高。

5. 注重奖酬激励的长期性

对于一线员工,应该注重激励的长期性。为了克服高层管理者的短期行为和有利于技术骨干的长期贡献,对他们实行长期激励具有特别重要的意义。企业通常采用年薪制与股票期权来对高层管理者和技术骨干实行长期激励。

三、薪酬管理的影响因素

(一)外部影响因素

1. 劳动力市场供需状况

如果社会上可供企业使用的劳动力大于企业需求,则企业的薪酬水平相应会降低;反之,企业的薪酬水平会提高。

2. 行业行情

由于科技发展和历史原因,各行业的员工对薪酬水平的期望是不同的。如热门行业或新兴行业(如金融、信息行业的员工)和传统行业(如纺织、环卫行业)的员工对薪酬期望是有高低区别的。

3. 当地生活水平

这一因素从两个方面影响企业的薪酬水平。一方面,地区生活水平提高了,员工对个人生活的期望也高了,造成了企业制定较高的薪酬水平的压力;另一方面,生活水平高也意味着物价指数要持续上涨,为了保持员工生活水平不下降,企业不得不定期适当调整薪酬水平。

4. 国家有关的法令和法规

国家的许多法令、法规对企业的薪酬水平有影响。如地区用工最低工资标准,女职工的特殊保护,员工的养老、退休、医疗保险,安置残疾人就业,禁止使用童工,等等。

(二)内部影响因素

1. 企业的经营性质与内容

在劳动密集型的企业中,员工主要从事简单的体力劳动,劳动成本在总成本中占很大比例;在高科技企业中,高技术员工占主导,这些员工从事的是科技含量较高的脑力劳动,因此劳动成本在总成本中比重不大。这两种类型的企业的薪酬政策是不同的。

2. 企业经营战略

企业经营战略对薪酬水平的影响是非常直接的。如果企业采用低成本战略，那它必然会尽可能降低成本，其中包括薪酬成本。相反，采用创新战略的企业，为吸引创新型人才，高薪是其中重要手段之一。

3. 企业文化

企业文化对薪酬的设定有重要影响。在偏向于物质刺激的企业文化下，企业倾向于用较高的货币薪酬刺激员工的工作热情；而在偏向于精神刺激的企业文化下，企业用适中的薪酬就能起到相同的刺激效果。

4. 企业的支付能力

企业的支付能力直接影响员工的薪酬水平。一般来说，实力较强的大公司和那些经营状况较佳的企业，倾向于高于平均薪酬水平的工资；反之，规模较小或处境不景气的企业，薪酬水平可能会定得较低。但是，经济实力仅能确定其所能支付薪酬的上限，在确定组织的薪酬水平时，管理者还要考虑其他因素。

5. 部门绩效

确定薪酬时加入部门绩效考核系数，可以鼓励团队精神。

6. 职位的相对价值

职位的相对价值包括职位的责任大小、工作的复杂程度、任职资格要求的高低、工作环境是否危险等。

（三）员工个人因素

1. 员工工龄

一般企业都会考虑员工每工作满一年就增加工龄工资，以鼓励员工在企业里长期工作。

2. 员工技能

考虑员工从事的不同工作岗位，需要有不同的专业技能，而某些技术可能是公司紧缺的，或者需要多年积累才能具有的，所以，会有不同技能的薪资差别。

3. 工作绩效

对不同工作表现、贡献不同价值的员工，实行差异性的薪资待遇。

四、典型的薪酬体系

1. 职务工资制

职务工资制是首先对职务本身的价值做出客观的评估，然后根据这种评估的结果赋予担任这一职务的从业人员与其职务价值相当的工资的一种工资制度。这种工资体系建立在职务评价基础上，职工所执行职务的差别是决定基本工资差别的最主要因素。职务工资制的特点是：进行严格的职务分析，比较客观公正；职务工资比重较大，职务津贴高，在整个工资中职务工资一般在60%以上，工资浮动比重小，比较稳定；职务等级严格，对应严格的工资等级；容易形成管理独木桥，职员晋升的机会比较小，成长的空间比较小，影响职员工作的积极性、主动性和创造性。

2. 职能工资制

职务工资制基于职务，发放的标准是职务；职能工资制基于员工能力，发放的标准是员工能力。能力工资占整个工资65%以上比例。设计职能工资制的难点在于很难科学有效地对员工的能力进行测试和评价。著名的素质冰山模型表明，员工有很大一部分能力是隐藏着的，没有外显出来，特别是员工的行为动机根本无法正确进行测试，因此评估员工能力就相当困难。另外，基于能力设计薪酬，哪些能力应用于固定工资，哪些能力又与浮动工资有关？哪些能力应用于短期激励和考核，哪些能力与长期激励和考核有关？这些都应该弄清楚。当然，职能工资制相比职务工资制要科学、合理得多，因为它把员工的成长与公司的发展统一起来考虑，而不是把员工当机器，仅仅执行一定的职务和承担一定的职责。职能工资制的重点在于职业化任职资格体系和职业化素质与能力评价体系的建立。

3. 绩效工资制

绩效工资制度的前身是计件工资，但它不是简单意义上的工资与产品数量挂钩的工资形式，而是建立在科学的工资标准和管理程序基础上的工资体系。它的基本特征是将雇员的薪酬收入与个人业绩挂钩。业绩是一个综合的概念，比产品的数量和质量内涵更为宽泛，它不仅包括产品数量和质量，还包括雇员对企业的其他贡献。业主支付给雇员的业绩工资虽然也包括基本工资、奖金和福利等几项主要内容，但各自之间不是独立的，而是有机地结合在一起。绩效工资制的优点：一是有利于雇员工资与可量化的业绩挂钩，将激励机制融于企业目标和个人业绩的联系之中；二是有利于工资向业绩优秀者倾斜，提高企业效率和节省工资成本；三是有利于突出团队精神和企业形象，增大激励力度和雇员的凝聚力；四是绩效工资占总体工资的比例在50%以上，浮动部分比较大。

4. 年薪制

以公司制为代表的企业，通常由董事会领导下的经理阶层负责企业经营，这可以使投资者的资本与经营者的才干融为一体，有可能使各种生产要素实现高效运行，并最大限度地产生经济效益。但是，公司制企业特别是股份公司也有自己的弱点：它采取所有者与经营者相分离的非所有权换位的产权重组。在企业运行模式中，所有者的目标是企业利润最大化，而经营者的目标是个人经营才干的效用最大化，两者的目标有差别。所有者承担的风险是资本亏损，而经营者承担的风险只是职位丧失和收益减少，两者的责任不对称。同时所有者无法精确衡量经营者工作的努力程度，以及这种努力可能带来的最大利润。为了避免由此造成企业的效率损失，必须建立经营者的激励机制和约束机制，其中一项重要方法是，通过改进经营者的年薪制，从而有效地激励和约束经营者的行为。

五、薪酬制度管理

企业的薪酬制度一经建立，如何投入日常正规的运作并对之实行适当的控制与管理，使之发挥应有功能，是一个相当复杂的问题，因为它会受到多种因素的制约。

首先，必须坚持按劳分配的原则，必须使绝大多数职工感到分配结果公平合理，令他们满意；其次，还需要使他们觉得未来存在着很多的提升机会，看到希望与前途。此外，员工的薪酬需要不断进行调整，否则其激励的功能会大大退化。薪酬的调整大致有如下几个类别：

1. 绩效性调整

所谓绩效性调整，是指根据员工绩效考评的结果对薪酬所做的调整。这种调整主要从两个方面影响员工的薪酬增长。第一，员工在绩效考评中得到的评定等级越高，其薪酬提高的幅度就越大，反之，所得到的评定等级越低，其薪酬提高的幅度就越小。在实践中，企业一般将综合员工在一年中各次绩效考评中的结果进行一次薪酬调整。第二，从长期来看，对于两个处于相同工资幅度的员工，在绩效考评中经常得到较高评定等级的员工要比不能经常得到较高评定等级的员工更快地达到该级别工资的上限。所以，绩效考评的结果不仅影响员工工资增长的幅度，也会影响员工薪酬水平的增长速度。

2. 生活指数调整

这是为了补偿员工因通货膨胀而导致的实际收入相对减少的损失而做的调整。这种调整通常有两种方式。第一，等比式调整，即所有员工都在原有工资基础上再调升同一百分比。这种调整可以保持工资结构内在的相对极差，使代表企业工资政策的工资曲线的斜率虽有变化，却是按同一规律变化的。但是，由于较高级别的工资调升的绝对值幅度较大，似乎进一步扩大了级差，从而使工资偏低的多数员工很容易产生不公平感。第二，等额式调整，即全体员工不论原有工资的高低，一律给予相同的调升。这种调整表面上看似公平，却会导致工资极差的缩小，使工资曲线每一点的斜率按不同规律变化，造成薪酬管理的混乱，动摇了原工资结构设计的依据。

3. 效益性调整

这是企业在经营效益良好、有较多盈利时，对全体员工的工资进行的普遍提高。它可能是浮动式的、非永久性的，当效益欠佳时也能重新调回。

4. 工作经验性调整

随着时间的增加，工作者对岗位、系统工作的熟悉程度也必然会随之增加，他的经验及他对这项工作的理解也会越来越深，从而有利于他改进工作方法，提高工作效率，更好、更合理地完成本职工作。现在通行的工资调整办法是实行人人等额逐年递增。但实际上，不同的职位随着工作年限的增加，工作经验的累积情况是不同的，因此最好借鉴经验曲线来调整。经验曲线描述的是工作年限与工作经验的关系。一般来说，越是简单、易做的工作，其经验积累得越快，并且这种经验也将很快达到顶峰，不再继续增加。但如果工作本身难度很高，需要较强的创新精神，那么这种经验的积累速度将是十分缓慢并且是长期的，这种经验只要稍微增加就必将极大地促进员工能力的大幅度提升和工作效率的提高。工资的调整如果跟不上其他经验的积累和能力增长，必将导致人才的流失，因为凭着他(她)的经验、能力完全可以在市场上得到更高的报酬。

复习思考题

1. 什么是人力资源？它有什么特点？

2. 简述人力资源管理的主要内容。联系企业实际，谈谈人力资源管理的职能。

3. 简述人力资源规划的内容和程序。

4. 比较内部选聘和外部选聘优缺点。

5. 常用的人员甄选的方法与技术有哪些？

6. 结合具体企业，谈谈员工培训的内容与方法。

7. 绩效考评内容是什么？影响绩效考评的因素有哪些？

8. 影响薪酬管理的因素有哪些？

案例分析

摩托罗拉的薪酬管理

摩托罗拉是世界著名的通信设备供应商，其卓越业绩的背后是先进的管理水平。而适应变革的薪酬管理则是摩托罗拉公司人力资源管理的重要特色，也是使其能够有效地吸引、保留和激励员工的重要手段。摩托罗拉薪酬管理的主要框架和特点如下：

1. 适应变革的薪酬

在摩托罗拉，薪水的标准从职位入手，同一个职位可能会有差距，因为要看工作业绩。有些具有特殊能力的人，可能要从国外招聘，薪水跟国际市场挂钩。摩托罗拉的工资水平在市场上处于中间档次。

摩托罗拉的薪水一大部分是基本工资，占的百分比很大，此外还有年终奖金。摩托罗拉意识到固定工资也有好有坏，2000 年开始摩托罗拉的工资结构有所变化，增加了工资中的可变动部分，并将以前每年一次的奖金改为每季度发放。以前奖金与全球市场挂钩，2000 年开始以一个国家单元的业绩作为奖金发放的主要依据。

2. 科学调节薪酬

如果员工对自己的薪酬不满，可以向人力资源部提出来，摩托罗拉会对其进行市场调查。如果真的比市场平均水平低，摩托罗拉会普调工资。在摩托罗拉刚刚开始工作时，学历上的差别会在工资中体现出来，例如研究生和本科生会有差别。但在工作一段时间之后，本科生比研究生工资水平高也是常见的现象。随着时间的推移，老员工的工资经过几年连续上涨，其工资基数变得很大，因此应届毕业生的涨幅就会比老员工高。除此之外，对有创造性的员工，摩托罗拉会破格调级。

摩托罗拉年终评估在来年的 1 月份进行，个人评估是每季度一次，部门评估是一年一次，年底对业务进行总结。根据 Scorecard（平衡记分卡）的情况，公司年底决定员工个人薪水的涨幅，同时根据业绩晋升员工。摩托罗拉常年都在选拔干部，一般比较集中于每年的 2、3 月份，挑选管理精英到总部去考核和学习，到 5、6 月份将定下管理人才。

3. 都有奔头

摩托罗拉将其经理的级别划分为：初级经理、部门经理、区域经理（总监）、副总裁（兼总监或总经理）、资深副总裁。在摩托罗拉，员工的男女比例相当。摩托罗拉的经理数量达到 664 人，女经理人数占到经理总数的 23%，而且计划要发展到 40%。在摩托罗拉，中专毕业的工人也有最终当上部门经理的。摩托罗拉强有力的培训给许多人提供了成长的空间。在摩托罗拉，技术人员可以搞管理，管理人员也有做技术的，做管理的和做技术的在工资上有可比性。在许多企业大家都盯着职业经理人的位置，因为收入多，而在摩托罗拉做技术的和做经理的完全可以拿一样多的工资。摩托罗拉对许多职能部门都有专业职称评定，如在法律部、人力资源部可以评经济师、副教授、教授等，这样的职称与其薪酬相挂钩。摩托罗拉现在共有 1377 名具有内部职称的专业人员，分布在 8 个不同的事业部。

问题：

1. 摩托罗拉薪酬管理的特色在哪里？它是如何支持公司提升其竞争力的？

2. 摩托罗拉的薪酬管理与绩效管理和培训体系是如何进行衔接的？这样的衔接具有什么样的好处？

实践训练

将学生分为3组，分别扮演招聘会组织策划者、招聘企业工作人员和求职人员。对所聘人员进行分析，提出人员培训的建议。

第七章 财务管理

学习目标

1. 掌握现代企业财务管理的基本内涵、市场观念及其目标;
2. 了解企业筹资管理的基本概念,掌握资金成本的计算及资金结构的优化;
3. 熟悉现金流量的内容,掌握现金流量的几种定量方法;
4. 理解利润分配的原则与程序,了解利润的构成内容;
5. 掌握财务分析的基本内容,了解财务分析的几种重要方法。

【引例】

宝钢的财务管理模式创新

宝钢经过多年的探索和实践,逐步建立了一整套具有宝钢特色的、适应企业生产经营管理需要的财务管理模式,其核心内容主要包括以下五个方面:

1. 以企业价值最大化为导向

宝钢的核心价值观是追求企业价值最大化,即追求为股东、用户、员工、社会及其他利益相关者持续不断地创造价值,促使各利益相关者协调平衡、共同发展,使整个供应链价值最大,最终实现企业价值最大化。

2. 以全面预算管理为龙头

在宝钢,预算是公司经营思想的具体体现,在生产经营的各个方面都发挥着重要作用,并已成为宝钢财务控制体系的龙头。年度预算则由总预算、制造成本预算和期间费用预算组成,是公司生产经营的基本目标和控制标准,建立了全面预算管理的控制体系。

3. 以标准成本管理为基础

标准成本制度是运用标准成本与实际成本的对比,揭示差异并进行分析的方法,实施对成本的事前、事中和事后控制,通过对成本中心成本绩效衡量,着力于成本改善,并运用标准成本服务于经营决策的成本管理体系。其特点包括:便于分清责任,衡量业绩;便于确立成本管理的系统观和全局观;便于加强成本过程控制;便于优化资源配置,指导营销决策。

4. 以现金流量控制为核心的资金集中统一管理

融资权的集中,即统一确定融资规模、结构和渠道。调度权的集中,即实行统一调度，银行账户开设、变更或注销由资金管理部门统一办理。运作权的集中，即统一协调金融机构，避免资金分散运作，实现规模资金保值增值运作。

5. 以信息技术为支撑

宝钢开发出符合自己需要的特大型企业信息管理系统——宝钢整体产销信息管理系统，即宝钢的企业资源计划(ERP)系统，由销售管理、质量管理、生产管理、出厂管理、成本管理、统计管理和会计管理等子系统组成。宝钢通过信息技术这一强有力的支撑，真正创建了一个完整的、集成的、实时的、公司级的成本会计管理系统。

【分析启示】 宝钢经过多年的探索和实践，逐步建立了以全面预算管理为龙头，以标准成本管理为基础，以信息技术为支撑，以现金流量控制为核心的资金集中统一管理的财务管理新模式，通过价值管理，使企业朝着谋求价值最大化这一财务管理的目标迈进。

任何企业都可以被看做是一个相互联系着的财务资源的运动系统，财务资源的合理配置如何、有效使用与否及效能高低，直接决定着系统的运作状态和效果。企业作为一个具有法人资格的独立的经济实体，要实现其自负盈亏、自我积累、自我发展、争取经济效益最大化的目标，就必须管好财务资源，即财务管理。财务管理是现代企业的核心管理，不仅为企业开展生产经营活动提供了基本条件，而且是企业加强经济管理、提高经济效益的重要手段。

第一节　财务管理概述

一、财务管理概念

企业生产经营活动是物资运动与资金运动的统一。物资运动是企业资金运动的基础，资金运动又反映和控制着企业的物资运动。企业的资金之所以会形成资金运动过程，就是由于人们在生产经营活动中存在筹集资金、使用资金和分配资金活动的缘故。企业资金的筹集、使用和分配构成了企业的财务活动。同时，在财务活动过程中还必然发生着企业与国家、其他法人实体、投资者和职工个人的经济利益关系，这种经济利益关系反映了企业财务的本质，往往又称为财务关系。所以，企业财务可以概括为企业的财务活动及其所引起的财务关系，是财务活动和财务关系的统一。

企业生产经营活动中客观存在着的财务活动和财务关系，要求企业财务管理人员务必加以管理和处理。由此，企业财务管理的概念可以界定为：财务管理是基于现代企业生产经营过程中客观存在的财务活动和财务关系而产生的，是利用价值形式组织财务活动、处理财务关系的一项综合性管理工作。

【补充阅读】

CFO(Chief Financial Officer)——财务总监，指公司首席财政官或财务总监，是现代公司中最重要、最有价值的顶尖管理职位之一，是掌握着企业的神经系统(财务信息)和血液系统(现金资源)灵魂人物。

二、财务管理目标

财务管理目标是指在特定的环境中，通过组织财务活动、处理财务关系所要达到的目的。具有代表性的财务管理目标主要有以下几种：

1. 利润最大化

利润是增加业主投资收益、提高职工劳动报酬的来源，也是企业补充资本公积、扩大经营规模的源泉。以利润最大化作为理财目标，反映了企业生产经营活动中投入与产出的对比结果，在一定程度上体现了企业经济效益的高低。

利润最大化的目标在实践中也暴露出一些难以解决的弊病：一是利润最大化没有考虑发生的时间问题，即没有考虑货币的时间价值；二是利润最大化没能有效地考虑风险问题，这可能会使财务人员不顾风险的大小去追求最多的利润；三是利润最大化往往会使企业财务决策带有短期行为的倾向，即只顾实现眼前的最大利润，而不顾及企业的长远发展。

2. 资本利润率最大化或每股利润最大化

所有者作为企业的投资者，其投资目标就是取得资本收益。以资本利润率和每股利润作为考核企业财务成果的重要指标，就是把企业实现的利润额用投入的所有资本或股本股数进行对比，用以说明企业的盈利水平，因而对于进行财务分析、财务预测都有着重要的作用。但是，这两个指标尚不能避免上述利润最大化的第二个、第三个缺陷。

3. 企业价值最大化

企业价值不是账面资产的总价值，而是企业全部财产的市场价值，它反映了企业潜在或预期获利能力。这种观点的优势在于：一是考虑了取得报酬的时间因素，并用货币时间价值的原理进行科学的计量；二是科学地考虑了风险与报酬之间的关系，能有效地克服企业财务人员不顾风险大小，片面追求利润的错误倾向；三是能克服企业在追求利润方面的短期行为，因为影响企业价值的不仅有过去和目前的利润水平,预期未来利润的多少对企业价值的影响所起的作用更大;四是有利于社会总财富的增加,各种企业都把追求财富价值作为自己的目标,整个社会的财富(价值)也将得以增加。

三、财务管理观念

1. 财务主体观念

所谓财务主体是指具有独立资金,进行独立财务活动,实行独立核算的单位。财务主体观念的实质,在于强调企业是一个独立的法人所有者,拥有区别于企业终极所有者(如股东)具有终极所有权(股权)的法人所有权,并以此区别于投资者、债权人及其他企业的独立的法人资本、财务自主权及相应的经济责任。财务主体观念"为确定企业所掌握的经济资源和进行的经济业务提供基础",从而界定了企业与所有者之间的产权关系,同时也为树立财务目标,灵活、经济、有效地运用完整的法人资金提供了依据。

2. 风险报酬观念

市场经济就是风险经济,但风险总是与收益联系在一起的。如果说企业生产经营的目的是为了收益,那么可以认为,生产经营活动本身是为了风险而存在的。

从财务角度来看,风险是收益或损失的可能性。如某项投资,可能会带来收益,但也可能无法实现其预期目标,这种可能性即表明风险已客观存在。因此,在进行财务决策时,除了考虑收益外,还必须考虑风险。或者说,理想化的管理原则是在一定的风险下必须使收益达到较高的水平;在收益一定的情况下,风险必须维持在较低的水平。

3. 时间价值观念

资金时间价值是指资金在周转使用过程中,随着时间的推移而产生的价值增量。这是现代市场经济条件下的一种必然现象,任何企业的财务活动,都是在特定的时间中进行的。离开了时间价值因素,就无法正确地计算不同时期的财务收支,也无法正确评价企业盈亏。时间价值原理,正确地揭示了不同时点上的资金之间的换算关系。

从形式上说,资金时间价值是资金所有权与资金使用权相分离后,资金所有者向使用者索取的一种报酬,因此借贷关系的存在是资金时间价值产生的前提。从来源上看,资金时间价值是社会资金使用效益的一种体现,是资金周转的结果。因此,企业利润是资金时间价值来源,或者说时间价值是利润在社会范围内的再分配。

【小思考 7.1】

表示资金时间价值的利息率是银行同期贷款利率吗?

答：正确。资金时间价值是指一定量资金在不同时点上的价值量差额，通常使用没有风险没有通货膨胀情况下的社会平均利润率衡量。

4. 机会成本观念

机会成本是指因采用某一方案而放弃另一方案所造成的收益丧失。任何企业的投资决策都是在不同的方案中进行选择的，选择其中的任何一个都意味着对其他方案收益的放弃，这种收益也就成为企业进行投资时所考虑的机会成本。机会成本观念对企业财务管理非常重要，原因就在于企业的大量决策都是建立在机会成本作为决策方案取舍依据的基础之上的。

5. 经济观念

所谓经济观念是指在进行财务管理过程中，必须考虑管理项目效益与管理项目成本之间的比较，也就是注重管理本身的经济性原则。因为任何管理都会发生一定的成本，当然同样也会带来一定的管理收益。当管理的收益小于管理成本时，管理也就成为一种无效的投资。经济观念要求企业在进行财务管理时，除了分析项目本身的经济效益并遵循求利性原则外，在决策或管理之初，就应对所决策或管理项目本身进行类似的管理收益与管理成本的比较分析。

四、财务管理方法

财务管理方法是为了实现财务管理目标，完成财务管理任务，在进行理财活动时所采用的各种技术和手段。作为价值管理，财务管理方法有其独特的方法体系。

1. 财务预测

财务预测是根据财务活动的历史资料，考虑现实的要求和条件，对企业未来的财务活动和财务成果所做出的科学的预计和测算。现代财务管理必须具备预测这个“眼睛”，以便把握未来，明确方向。财务预测方法的作用在于：测算各项生产经营方案的经济收益，为决策提供可靠依据；预计财务收支变化情况，以确定经营目标；测定各项定额和标准，为编制财务计划、分解计划指标服务。财务预测的主要内容包括流动资产需要量与短期性投资预测，固定资产需要量与长期性投资预测，成本费用预测，价格与销售收入预测，利润总额与指标预测等。进行财务预测所采用的方法通常有定性与定量方法之分，前者如经验推算法，后者如时间序列法、量本利分析法、回归分析法等。

2. 财务决策

财务决策是指在财务目标的总体要求下，从若干个可供选择的财务活动体系中，选出“满意”方案的过程。在财务活动的预期方案只有一个时，决定是否采用这个方案也属于决策问题。在市场经济条件下，财务机制的核心是财务决策，财务预测是为财务决策服务的，财务计划是财务决策的具体化。财务决策内容包括筹资决策、投资决策、成本费用决策、利润决策等。财务决策方法有盈亏平衡点分析法、决策树法、后悔值法等。

3. 财务计划

财务计划是在一定的计划期内以货币形式反映生产经营活动所需要的资金及其来源、财务收入与支出、财务成果及其分配的计划。财务计划是以财务决策确立的方案和财务预测提供的信息为基础来编制的，是财务预测和财务决策的具体化，是控制财务活动的依据。财务计划的内容主要包括资金筹措计划、固定资产与流动资产计划、长期投资计划、成本费用计划、销售收入计划和利润及利润分配计划等。财务计划的编制方法主要有固定计划法、弹性计划法和滚动计划法等。

4. 财务控制

财务控制是指在财务管理过程中，利用有关信息和技术手段，对企业的财务活动施加影响或调节，以便实现计划所规定的财务目标。如财务控制的关键在于，应以有关财务目标、指标为依据，将目标、指标细分化，归口负责，层层分解，落实到有关职能部门、车间、班组或个人，与各责任中心配合建立财务收支责任制和预算制。利用核算资料及时掌握财务活动的情况，采取有力的保证措施，形成企业目标、指标自上而下层层分解，保证措施自下而上环环相扣的体系，确保企业经营活动的顺利开展。

5. 财务分析

财务分析是根据有关信息资料，运用特定的方法，对企业财务活动过程和结果进行分析和评价的一项工作。通过财务分析，可以掌握各项财务计划指标的完成情况，评价企业的财务状况，研究和掌握企业财务活动的规律性，改善财务预测、决策、计划和控制，提高企业经济效益，提升企业管理水平。财务分析方法主要有对比分析法、比率分析法和因素分析法等。

第二节　筹 资 管 理

筹集资金是企业资金运动的起点，是决定资金运动规模和生产经营发展程度的重要环节。通过一定的资金渠道，采取一定的筹资方式，组织资金的供应，保障企业生产经营活动的需要，是企业财务管理的一项重要内容。

一、基本概念

1. 筹资渠道与筹资方式

筹资渠道是指企业的资金来源,筹资方式是指企业取得资金的具体形式。资金从哪里来和如何取得资金,既有区别又有联系。同一渠道的资金可采用不同的方式取得,而同一筹资方式也往往适用于不同的资金渠道。

我国企业筹集资金的主要渠道有:财政资金、银行资金、非银行性质的金融资金、其他法人企业资金、外商资金、居民个人资金和企业内部资金等。我国企业筹资方式主要有:吸收投资、发行股票、发行债券、银行借款、融资租赁、内部积累和商业信用等。

2. 所有者权益与负债

企业所筹集的资金,主要有所有者权益和负债两大类。所有者权益是指投资人对企业净资产的权利,包括投资者投入企业的资本金及持续经营中形成的经营积累。企业通过发行股票、吸收直接投资、留存利润等方式筹集的资金也属于企业的所有者权益,不用还本,因而也称之为企业的自有资金或主权资金。

负债是企业所承担的能以货币计量、需要以资产或劳务偿还的债务。企业通过银行借款、发行债券等方式筹集的资金属于企业的负债,到期要归还本金,因而也称之为企业的借入资金或负债资金。

3. 资金成本与财务风险

企业投资者把资金投放于企业,目的是为了获得满意的报酬。因此,企业不能无偿使用这些资金,必须从其经营的收益中拿出一定数量的资金支付给投资者。所谓资金成本就是指企业取得并使用资金所必须支付的费用。从投资者的角度来看,资金成本也就是投资者的报酬。所以,资金成本与投资者的报酬是同一事物的两个方面。

不同的资金,具有不同的成本和风险。所谓财务风险是指企业不能及时向投资者支付报酬所引起的风险。企业在筹集资金时,应合理安排资金结构,尽量避免出现过大的财务风险。

二、资金成本

资金成本是衡量筹资、投资经济效益的标准。企业筹得的资金付诸使用以后,只有当投资项目的投资收益率(资金利润率)高于资金成本率时,所筹集和使用的资金才能取得较好的经济效益。

(一) 资金成本的概念

资金成本是指企业为取得和使用资金而支付的各种费用,是有偿占有各种资金而付出的代价。它包括资金占用费和资金筹集费:股息、利息等属于资金占用费,该部分主要包括资金时间价值和投资者考虑的投资风险报酬;委托金融机构代理发行股票、债券的注册费和代办费、向银行借款支付的手续费等属于筹集费用。

在不同条件下筹集资金的总额并不相同,为了便于分析比较,资金成本通常以相对数表示,即资金成本率。资金成本率和筹集资金总额、筹集费用、占用费用的关系如下:

$$\text{资金成本率}=\frac{\text{资金占用费用}}{\text{筹集资金总额}-\text{资金筹集费用}}$$

资金成本率的一般公式为

$$K=\frac{D}{P(1-F)}$$

式中:K——资金成本率;

D——资金占用费;

P——筹集资金总额;

F——筹资费用率。

资金成本是一个重要的经济范畴,是在商品经济条件下,由于资金所有权和使用权分离而形成的一种财务概念。资金作为一种特殊的商品也有其使用价值,即能保证生产经营活动顺利进行,还能与其他生产要素相结合使自己增值。企业筹集资金以后,取得了这些资金的使用价值,就要为资金所有者暂时丧失其使用价值而付出代价,即向资金所有者和中介人支付占用费和筹资费,也就是资金成本。所以,资金成本概念是商品经济条件下所有权和使用权分离的必然结果。

【小思考 7.2】

企业进行筹资时,首先应考虑内部筹资,然后再考虑外部筹资,这种说法对吗?

答:正确。企业向外部筹资大多需要花费一定的筹资费用,从而提高了筹资成本。因此,企业进行筹资时,首先应考虑内部筹资,然后再考虑外部筹资。

(二) 资金成本的计算

企业资金来源的种类很多,其资金成本计算的方法各异。但短期资金来源往往没有或只有很少的资金成本,且占用时间有限,所以在筹资决策中往往不加考虑。在筹资决策中重点是计算长期资金的成本。现就几种主要的资金来源,说明资金成本计算的基本方法。

1. 债券成本率

企业发行债券筹集资金所支付的利息,通常在缴纳所得税前,这就等于少缴了一部分所得税。企业实际负担的债券利息应为:债券利息×(1－所得税率)。另外,企业发行债券还要支付一定的筹资费用,这使得企业实际筹集的资金小于债券面值。企业实得资金应为:债券发行总额×(1－筹资费率)。

由此,债券成本的计算公式应为

$$K_d = \frac{I(1-T)}{Q(1-f)}$$

式中:K_d——债券资金成本率;

I——债券总额的每年利息支出;

T——所得税税率;

Q——债券发行总额;

f——筹资费率。

例:某公司发行 8 年期债券,票面价值 1000 元,年利率为 10%,筹资费用率为 2%,所得税率为 30%,债券按面值发行,每年付息,8 年后一次还本,求企业债券的资金成本是多少?

$$\begin{aligned} K_d &= \frac{1000 \times 10\% \times (1-30\%)}{1000 \times (1-2\%)} \\ &= 10\% \times \frac{1-30\%}{1-2\%} \\ &= 7.1\% \end{aligned}$$

对于银行长期借款亦可按同样的公式计算资金成本率,但有的银行要求企业在银行中经常保持一定的存款余额作为抵押,因此,计算企业所取得的资金总额时,就应从长期借款总额中扣除存款保留余额。

2. 优先股成本率

企业发行优先股股票,同发行债券一样,也需要支付筹资费用,如注册费、代销费等,并定期支付股利。但同债券利息不同,优先股股利是在税后支付的,不会减少企业应上缴的所得税。因此,优先股成本率的计算公式为

$$K_p = \frac{D_p}{P_p \times (1-f)}$$

式中:K_p——优先股成本率;

D_p——每年股利支出;

P_p——优先股股本总额;

f——筹资费率。

例:某企业发行优先股票面金额 300 万元,售价 400 万元,筹资费率为 5%,年

股息率为10%,求优先股成本率是多少?

$$K_p = \frac{300 \times 10\%}{400 \times (1-5\%)} = 7.89\%$$

3. 普通股成本率

确定普通股成本率的方法,原则上与优先股相同。但是普通股的股利是不固定的,通常是逐年增长的。如果每年以固定比率 G 增长,第一年的股利为 D_c,则第二年为 $D_c(1+G)$,第三年为 $D_c(1+G)^2$,第 n 年为 $D_c(1+G)^{(n-1)}$。因此,确定普通股成本率的公式可简化为

$$K_c = \frac{D_c}{P_c(1-f)} + G$$

式中:K_c——普通股成本率;

D_c——下一年发放的普通股总额的股利;

P_c——普通股股本总额;

G——普通股股利预计每年增长率;

f——筹资费率。

例:某企业发行普通股正常市价为400万元,筹资费率为4%,下一年的股利率为10%,以后每年增长5%,求普通股成本率是多少?

$$K_c = \frac{400 \times 10\%}{400 \times (1-4\%)} + 5\% = 15.4\%$$

4. 留存利润成本率

企业的税后利润,除用以支付股利外,总要留一部分用以发展生产,追加投资。表面上看,用公司的留存收益进行投资,似乎不花费什么成本。其实不然,从股东角度来看,企业留存收益可以作为股息分配给股东,而股东可以用这部分股息收入或者购买企业的股票,或者用于证券市场投资,或者存入银行,从而获利。但普通股持有者没有以股息的形式取得这部分利益,而是将这笔资金直接用于发展生产,等于股东对企业追加了投资。因此,留存利润是股东放弃了其他投资机会而应得的报酬,是一种机会成本。

留存利润成本率的计算方法,与普通股相同,只是不考虑筹资费用。

$$K_n = \frac{D_c}{P_c} + G$$

式中:K_n——留存利润成本率;

D_c——下一年发放的普通股总额的股利;

P_c——普通股股本总额;

G——普通股股利年增长率。

（三）综合资金成本的计算

企业从不同来源取得资金，其成本各异。为了进行筹资和投资决策，就需要计算全部资金来源的综合资金成本率，即加权平均的资金成本率。其计算公式如下：

$$K_w = \sum W_j K_j$$

式中：K_w——综合资金成本率；

W_j——第 j 种资金占总资金的比重；

K_j——第 j 种资金的成本。

例：某企业共有资金120万元，其中债券资金35万元，优先股15万元，普通股50万元，留存利润20万元。各种资金成本率分别为6％、12％、15.5％、14％，试计算该企业综合资金成本率，见表7.1。

表7.1

长期资金	各种资金成本率	资金数额(万元)	资金比重	综合资金成本率
长期债券	0.06	35	0.2917	0.0175
优先股	0.12	15	0.125	0.015
普通股	0.155	50	0.4167	0.0646
留存利润	0.14	20	0.1666	0.0233
合计		120	1	0.1204

综合资金成本率

$$\begin{aligned}K_w &= 6\% \times 29.17\% + 12\% \times 12.5\% + 41.67\% \times 15.5\% + 16.66\% \times 14\% \\ &= 12.04\%\end{aligned}$$

在上例中，各种资金的数额是按账面价值计算的。其实，股票、债券等的市场价值常常由于各种因素而发生变动，如按市场价值计算则更加接近实际，比较准确。但是，如果按新的市场价值计算，那么各种资金来源的资金数额和所占比重就要重新计算。

三、资金结构

（一）财务杠杆原理

资金结构是指在企业资金总额（资本总额）中各种资金来源的构成比例，最基本的资金结构是借入资金和自有资金的比例。企业在筹资过程中,要合理安排自有资金和借入资金的比例。在期望投资收益率高于利息率的条件下,借入资金对自有资金的比率愈大,自有资金的收益率就愈高。反之,在期望投资收益率低于利息率的条件下,借入资金对自有资金的比例愈大,自有资金的收益率就愈低。这个原理叫做"财务杠杆原理"。利用财务杠杆原理,企业可以在不改变生产方法、销售条件等情况下,采用负债经营的方法,提高自有资金收益率,从而实现财务杠杆利益。

$$期望自有资金收益率=期望投资收益率+\frac{借入资金}{自有资金}\times(期望投资收益率-借入资金利息率)$$

现确定企业资金总额 400000 元,期望收益 62000 元:

第一种情况,如全部资金均系自有资金,则期望自有资金收益率与期望投资收益率相同,即

$$\frac{62000}{400000}\times100\%=15.5\%$$

第二种情况,如借入资金对自有资金的比例为 1∶3,借入资金利息率为 10%,则期望自有资金收益率为

$$15.5\%+\frac{100000}{300000}\times(15.5\%-10\%)=17.33\%$$

第三种情况,如借入资金对自有资金的比例仍为 1∶3,而借入资金年利息为 19.5%,则期望自有资金收益率为

$$15.5\%+\frac{100000}{300000}\times(15.5\%-19.5\%)=14.16\%$$

由此可以看出,企业并非在任何情况下增加负债都是有利的。如果投资收益率低于借款利息率,则由于财务杠杆作用,自有资金收益率将会下降;如果企业营业利润少于应付的借款利息,则企业还将因发生亏损而面临破产危险。因此,企业在进行筹资决策中,要充分权衡财务风险,合理安排资金结构。

(二) 最优资金结构的标准

不同的资金结构,会给企业带来不同的资金成本和财务风险。通常将由于生产经营上的原因给企业收益带来的不确定性,称为经营风险;将由于筹集资金上的原因而给企业财务收益带来的不确定性,称为筹资风险,即财务风险。资金结构的变化,会使财务风险发生变化,财务风险的变化又会影响个别资金成本的变化,最终会影响企业综合资金成本。因此,原来资金结构比较合理的企业,在筹资时应继续保持合理的结构;原来资金结构不合理的企业,应通过筹资活动,力求趋于

合理。

所谓最优资金结构，是指能使企业综合资金成本最低的资金结构。企业的综合资金成本的高低取决于两个因素：一是各种资金的资金成本，二是各种资金在总资金中所占的比重。如果各种资金的资金成本不变，则综合资金成本取决于各种资金的比重；如果各种资金的比重不变，则综合资金成本取决于各种资金的成本。但是，当各种资金的比重发生变动时，由于改变了企业的财务风险，所以往往又会影响各种资金的成本，这将使分析变得更加复杂。

（三）最优资金结构的确定

资金结构怎样为最优，并无固定模式，在不同国家、不同行业、不同地区、不同企业都不相同。求解最优资金结构的方法固然很多，但都过于繁杂，实用性较差。这里仅介绍最常见的因素分析法。

因素分析法是财务人员通过分析影响资金结构的各种因素，并根据以往经验来确定最优资金结构的一种方法。影响资金结构的主要因素有：

1. 财务状况和经营情况

盈利能力越大、财务状况越好、变现能力越强的企业越有能力负担财务风险，从而对举债融资、负债经营带来吸引力。

2. 销售的稳定性

企业的销售和盈余很稳定，则可较多地利用债券融资；如果销售和盈余有周期性或波动比较激烈，则负担固定的债券费用意味着财务风险较大，因此，举债不宜过多。

3. 风险程度

经营风险大的企业，采用自有资金方式融资比较理想，因为不用定期支付利息，也不用按时偿还本金，以便用较为稳固的财务基础来抵消部分经营风险。

4. 所有者和管理者的态度

如果企业的所有者不愿使企业的控制权旁落，则可能不愿增发新股，而尽量举债融资；如果企业管理者比较稳健，则会减少债务资金的使用，减少风险。

5. 贷款银行的意见

企业财务人员都会与贷款人商讨财务结构并尊重贷款银行的意见。如果企业过多举债，银行可能会拒绝贷款。

【补充阅读】

跨国产业资本问题

跨国产业资本进入中国市场是源于中国市场潜在的市场价值和资源优势，看重的是中国企业现有的价值和中国市场的巨大潜在价值和规模。中国市场高成长性和国内市场快速发展的上涨势头为中外投资人提供了可观的投资回报和收益。跨国产业资本出于全球利益的整体考虑,尤其是上市型产业资本,即母公司是整体上市公司的跨国公司时,需要理性评估国际产业资本的投资特点和价值逻辑。一般作如下考虑:

收购并寻求绝对控股权,控股权不低于51%。IAS国际会计准则、FAS美国会计准则对集团公司合并子公司财务报表有明确的最低控股比例,因此以跨国公司为代表的国际产业资本对收购目标最低持股比例大多不低于51%,多数情况是100%绝对控股。

国际产业资本全球资产、市场布局和整体战略定位。任何有规模的跨国产业资本都会从全球利益和全球产业布局的现实利益考虑实施收购后的重组和新产品、组织结构的调整。完成收购本土企业后,该企业产品战略、市场开发、组织结构和公司发展定位必然优先服从集团在全球的整体商业利益。

跨国产业资本将收购目标定位在优质、有价值、有成长空间的本地公司。收购后将该资产并入母公司资产名下,合并到母公司财务报表中。至此,本土被收购目标公司未来成长价值会在跨国公司母公司市值和股价中得到充分体现。出于市场竞争的需要,跨国产业资本不会轻易让在华控股的公司拥有完全的自主发展,一定程度上有规模的本土企业选择与行业中领先的跨国产业资本进行股权交易时,其自主发展产品、对外拓展全球业务的空间会受到“合约”的限制和约束。

第三节 投资管理

投资是指企业为了获取未来收益或者满足某些特定用途,以其货币资金、实物资产或无形资产投放于其他企业,或者购买其他企业的股票、债券等有价证券的经营活动。企业投资活动实际上是企业资产的流动和重新组合的过程。在市场经济条件下,它对于合理配置资源,推动产业结构调整,发展横向经济联合和提高经济效益起着重要的作用。本节仅阐述企业对外投资的管理,资产及成本管理从略。

一、投资的分类

1. 长期投资与短期投资

按照投资回收时间的长短,可以把企业投资分成长期投资和短期投资。长期投资是指一年以上才能收回的投资,主要指厂房、机器设备等固定资产的投资,也包括无形资产和长期有价证券的投资。由于长期投资中固定资产占的比重最大，所以，长期投资有时主要指固定资产投资。短期投资又称流动资产投资，是指在一年以内能收回的投资，主要指对货币资金、短期有价证券的投资。

2. 对内投资与对外投资

按投资的方向，可以把企业投资分成对内投资和对外投资。对内投资是指把资金投放在企业内部，购置各种生产经营用资产的投资。对外投资是指企业以现金、实物、无形资产或者购买股票、债券等有价证券方式向其他单位投资。随着企业横向经济联合的不断开发，对外投资越来越重要。

3. 直接投资与间接投资

按照投资与企业生产经营的关系，可以把投资分成直接投资和间接投资两类。直接投资是指把资金投放于生产经营性资产，以便获取利润的投资。在非金融性企业中，直接投资占的比重很大。间接投资又称证券投资，是指把资金投放于证券等金融资产，以便取得股利或股息收入的投资。随着我国金融市场的完善和多渠道筹资的形成，企业间接投资越来越广泛。

二、现金流量分析

企业进行直接投资，必须认真分析计算各投资项目的现金流量，并利用科学的投资评价指标进行评价。企业直接投资中现金流量是指现金流入流出的数量。一定时期内的现金流入量减去包括税金在内的现金流出量以后的差额，称为净现金流量(NCF)。一个投资方案的现金流量，主要由以下几部分构成：

1. 初始现金流量

(1) 固定资产的投资，包括固定资产的购入或建造成本、运输成本和安装成本等。

(2) 流动资金的垫支，指为配合固定资产投资的正常运转而投放于原材料、半产品、产成品、现金等流动资产上的资金。

(3) 其他投资费用，指与固定资产有关的职工培训费、注册费等。

2. 营业现金流量

营业现金流量是指投资项目投入使用后，在其寿命周期内由于生产经营所带来的现金流入和流出的数量。现金流量一般以年为单位进行计算，现金流入一般是指营业现金收入，现金流出是指营业现金支出和交纳的所得税。如果一个投资项目的每年销售收入等于营业现金收入，付现成本(指不包括折旧的成本)等于营业现金支出，那么，年营业现金净流量可用下列公式计算：

每年净现金流量(NCF)＝每年营业收入－付现成本－所得税

或

$$每年净现金流量(NCF)=净利+折旧$$

3. 终结现金流量

终结现金流量是指投资项目完结时所发生的现金流量,主要包括:① 固定资产的残值收入或变现收入;② 原有垫支在各种流动资产上的资金的收回;③ 其他。为了正确地评价投资项目的优劣,必须正确地计算现金流量。现举例说明如下。

上华企业购入一设备以扩充生产能力,现有 A、B 两个方案可供选择,A 方案需投资 100000 元,使用寿命为 5 年,采用使用年限法计提折旧,5 年后设备无残值。5 年中每年销售收入为 60000 元,每年付现成本为 20000 元。B 方案需投资 120000 元,另外需垫支流动资金 20000 元。采用使用年限法计提折旧,使用寿命也为 5 年,5 年后有残值收入 20000 元。5 年中每年销售收入为 80000 元,付现成本第一年为 30000 元,以后随设备陈旧,逐年增加 4000 元,假设所得税率为 30%。试计算两个方案的现金流量。

先计算两个方案的年折旧额:

$$A方案年折=\frac{100000}{5}=20000(元)$$

$$B方案年折=\frac{120000-20000}{5}=20000(元)$$

计算两个投资方案的营业现金流量,并结合初始现金流量和终结现金流量编制两个投资方案的现金流量计算表(见表 7.2、表 7.3)。

表 7.2　投资项目营业现金流量计算表　　单位:元

项目 \ 时间(年)	1	2	3	4	5
A 方案: 销售收入①	60000	60000	60000	60000	60000
付现成本②	20000	20000	20000	20000	20000
折旧③	20000	20000	20000	20000	20000
税前净利④=①-②-③	20000	20000	20000	20000	20000
所得税⑤=④×30%	6000	6000	6000	6000	6000
税后净利⑥=④-⑤	14000	14000	14000	14000	14000
营业现金流量⑦=①-②-⑤=③+⑥	34000	34000	34000	34000	34000

续表

时间(年) 项目	1	2	3	4	5
B方案： 销售收入①	80000	80000	80000	80000	80000
付现成本②	30000	34000	38000	42000	46000
折旧③	20000	20000	20000	20000	20000
税前净利④＝①－②－③	30000	26000	22000	18000	14000
所得税⑤＝④×30％	9000	7800	6600	5400	4200
税后净利⑥＝④－⑤	21000	18200	15400	12600	9800
营业现金流量⑦＝①－②－⑤＝③＋⑥	41000	38200	35400	32600	29800

表7.3 投资项目现金流量计算表 单位:元

时间(年) 项目	0	1	2	3	4	5
A方案： 固定资产投资	－100000					
营业现金流量		34000	34000	34000	34000	34000
现金流量合计	－100000	34000	34000	34000	34000	34000
B方案： 固定资产投资	－12000					
营业现金	－30000					
营业现金流量		41000	38200	35400	32600	30000
固定资产残值						
流动资金回收						
现金流量合计		41000	38200	35400	32600	30000

三、投资决策指标计算及评价

投资决策指标是评价投资方案是否可行的判断标准。投资决策指标可分为两大类:非贴现现金流量指标和贴现现金流量指标。非贴现现金流量指标有投资回收期、平均报酬率,贴现现金流量指标有净现值和内含报酬率等。

1. 投资回收期

投资回收期(PP)是指回收初始投资所需要的时间,一般以年为单位表示。投资回收期的计算,会因为每年的营业净现金流量是否相等而有所不同。

NCF 相等时,投资回收期的计算公式为

$$\text{投资回收期}=\frac{\text{原始投资额}}{NCF}$$

以上华企业A方案为例,其 NCF 相等,所以投资回收期为

$$PP=\frac{100000}{34000}=2.94(\text{年})$$

NCF 不相等时,计算回收期应根据每年末尚未收回的投资额加以确定,见表7.4。

表 7.4

年份	每年的 NCF	年末尚未收回的投资
1	41000	109000
2	38200	70800
3	35400	35400
4	32600	2800
5	79800	0

$$\text{投回收期}=3+\frac{2800}{79800}=3.04(\text{年})$$

在采用投资回收期预测投资收益时,回收期最短的方案为最优方案。

2. 平均报酬率

平均报酬率(ARR)是投资项目寿命周期内平均的年投资报酬率,也称平均投资报酬率。其计算公式为

$$\text{平均酬率}=\frac{\text{年均净现金流量}}{\text{初始投资额}}\times 100\%$$

仍以上华公司为例,则

$$\text{A方案平均酬率}(ARR_1)=\frac{34000}{100000}\times 100\%=34\%$$

$$\text{B方案平均酬率}(ARR_2)=\frac{\frac{41000+38200+35400+32600+79800}{5}}{150000}\times 100\%$$

$$=30.27\%$$

在采用平均报酬率这一指标进行预测时，平均报酬率越高，说明投资项目的效益越好。

3. 净现值

净现值(NPV)是投资项目投入使用后的净现金流量的现值减去初始投资以后的余额。其计算公式为

$$NPV=\left[\frac{NCF_1}{1+i}+\frac{NCF_2}{(1+i)^2}+\cdots+\frac{NCF_n}{(1+i)^n}\right]-c$$

$$=\sum_{t=1}^{n}\frac{NCF_t}{(1+i)^t}-c$$

式中：NPV——净现值；

NCF_t——第 t 年净现金流量；

i——贴现率；

n——投资项目的预计使用年限；

c——初始投资额。

净现值的计算过程如下：

第一步，计算每年的营业净现金流量。

第二步，计算未来报酬的总现值，这又可分为三步来进行：

(1) 将每年的营业净现金流量折算成现值。如果每年的 NCF 相等，则按年金法折算成现值；如果每年的 NCF 不相等，则先对每年的 NCF 进行贴现，然后加以合计。

(2) 将终结现金流量进行贴现，折算为现值。

(3) 将以上两项合计，计算未来报酬的总现值。

第三步，计算净现值。

净现值=未来报酬的总现值-初始投资

在采用净现值法进行预测时，净现值越大，则说明经济效益越好。

仍以上华公司为例，假定该厂的资金成本率为10%。

A 方案的 NCF 相等，故 A 方案的净现值为

$$NPV_1=NCF\times PVIFA_{i,n}-c$$
$$=34000\times PVIFA_{10\%,5}-100000$$
$$=34000\times 3.791-100000$$
$$=28894(元)$$

B 方案的 NCF 不相等，应先计算未来报酬的总现值，即

$$未来报酬总现值=41000\times PVIF_{10\%,1}+38200\times PVIF_{10\%,2}+35400\times PVIF_{10\%,3}$$
$$+32600\times PVIF_{10\%,4}+79800\times PVIF_{10\%,5}$$
$$=41000\times 0.909+38200\times 0.826+35400\times 0.751$$

$$+32600\times 0.683+79800\times 0.621$$
$$=167229.2(\text{元})$$

故B方案的净现值为

$$NPV_2=167229.2-150000=17229.2(\text{元})$$

从以上计算可以看出,两个方案的净现值都大于零,故都是可取的。但 $NPV_1>NPV_2$,所以A方案的效益更好。

【小思考7.3】

企业在投资项目决策中,只要投资方案的总投资收益率大于1,该方案就是可行方案,这种说法正确吗?

答:不正确。只有当总投资收益率大于或等于基准投资收益率(事先给定)时,方案才可行。

第四节 利润管理

利润是企业在一定时期生产经营活动所取得的主要财务成果。从整个社会来看,利润是为国家积累资金、保证社会再生产的重要资金来源;从企业来看,利润是企业生存与发展的必要条件,也是评价一个企业生产经营状况的一个重要指标。利润管理是企业经营管理的一项主要内容,对提高企业的经济效益具有重要意义。

一、利润构成及计算

企业利润总额一般由营业利润、投资净收益和营业外收支净额构成,是企业一定时期从事生产经营活动、投资活动和其他非经营活动所取得的净收益。用公式表示如下:

利润总额=营业利润+投资净收益+营业外收支净额

(一)营业利润

营业利润是企业从事经营活动所取得的利润,是企业利润的主要来源。营业利润由主营业务利润加其他业务利润,扣除当期管理费用和财务费用。其计算公式为

营业利润=主营业务利润+其他业务利润-管理费用-财务费用

1. 主营业务利润

主营业务利润是企业从事生产经营活动取得的利润,是营业利润的主要构成

部分。主营业务利润在工业企业称为产品销售利润,是企业销售产成品、自制半成品、提供工业性劳务等所取得的净收益。其计算公式如下:

主营业务利润=产品销售净收入-产品销售成本
-产品销售费用-产品销售税金及附加

2. 其他业务利润

其他业务利润是企业从事基本生产活动以外的其他经营活动所取得的利润。对于工业企业来说,其他业务利润包括销售材料、出租固定资产、出租包装物、外购商品销售、无形资产转让、提供非工业性劳务等取得的利润。其计算公式为

其他业务利润=其他销售收入-其他销售成本-其他销售税金及附加

(二) 投资净收益

投资净收益是指企业对外投资所取得的收益减去对外投资所发生的损失后的净额。其计算公式为

投资净收益=投资收益-投资损失

1. 投资收益

投资收益是指企业对外投资所取得的股利、债券利息、对外投资分得的利润、投资到期收回或者中途转让取得的款项高于实际投资数额的差额,以及按权益法核算的股利投资在被投资单位增加的净资产中所拥有的数额等。

2. 投资损失

投资损失是指企业对外投资到期收回或中途转让取得的款项低于实际投资数的差额,以及按权益法核算的股权投资在被投资单位减少的净资产中所分担的数额等。

(三) 营业外收支净额

营业外收支净额是指营业外收入减去营业外支出后的余额,其计算公式如下:

营业外收支净额=营业外收入-营业外支出

1. 营业外收入

营业外收入包括固定资产的盘盈和出售净收益、罚款收入、因债权人原因确实无法支付的应付款项、教育费附加返还款等。

(1) 固定资产的盘盈和出售净收益是指盘盈固定资产的重置完全价值减去估计折旧后的差额,以及转让或者变卖固定资产所取得的价款减清理费用后的数额与账面净值的差额。企业出售固定资产的净收益之所以作为营业外收入,这是因为企业的固定资产是企业的劳动手段,企业购入固定资产是为“用”而买,却不是为“卖”而买,因此,不应作为销售收入,而应作为营业外收入。

(2) 罚款收入是指企业取得的因对方违反有关法规、合同或协议而按规定支付的滞纳金和各种形式的罚款收入在弥补了违规或违约造成的经济损失后的罚款净收入。罚款收入是对对方违约的经济制裁，不是企业生产经营活动的收入。所以，不应作为销售收入，而应作为营业外收入处理。

(3) 因债权人原因确实无法支付的应付款项是指因债权人单位变更登记或撤销等而无法支付的各项应付款项。

(4) 教育附加返还款是指自办职工子弟学校的企业，在交纳教育费附加后，教育部门返还给企业所办学校经费的补贴数。

营业外收入应当在发生收入时，按实际发生数额直接增加企业利润总额。

2. 营业外支出

营业外支出包括固定资产盘亏、报废、报损和出售的净损失、非季节性和非大修理期间的停工损失、职工子弟学校经费和技工学校经费、非常损失、公益救济性捐赠、赔偿金、违约金等。

(1) 固定资产盘亏、报废、毁损和出售的净损失是指盈亏、毁损的固定资产，按照原价扣除已提折旧、过失人和保险公司赔款后的差额，以及报废、出售的固定资产的变价收入减去清理费用后与账面净值的差额。

(2) 非季节性和非大修理期间的停工损失是相对于季节性和大修理期间的停工损失而言的，前者作为营业外支出，而后者作为成本费用处理。

(3) 职工子弟学校经费和技工学校经费是指企业按照国家规定自办的职工子弟学校支出大于收入的差额，以及发生的自办技工学校的经费支出。但是，新建职工子弟学校校舍的资金应列作资本性支出，不得列入营业外支出。

(4) 非常损失是指自然灾害造成的各项资产净损失(扣除保险赔偿款及残值)，以及由此造成的停工损失和善后清理费用。

(5) 公益救济性捐赠是指国内重大救灾或慈善事业的救济性捐赠支出。

(6) 赔偿金、违约金是指企业违反有关法规或未履行合同、协议，而向其他单位支付的赔偿金、违约金、罚息等罚款性支出。

营业外支出应当在发生支出时，按实际发生数额直接冲减企业利润总额。

二、利润预测及计划

(一) 利润预测

利润预测是企业经营预测的一个重要方面，它是在销售预测的基础上，通过对产品销售量、价格水平、成本费用进行分析和测算，预测出企业未来一定时期的利润水平。

利润预测对企业的经济决策具有重要意义。一是企业通过利润预测可以对有关收入、成本和利润进行综合细致的分析，为经济决策提供可靠的依据。二是开展利润预测可以发现生产经营中存在的问题，有利于改善经营管理，提高经济效益。

利润预测的方法有很多，这里只介绍最常用的量本利分析法。量本利分析，也称损益平衡分析或保本分析等，它主要对成本、业务量和利润三者之间变化关系进行分析。进行量本利分析，成本必须按其特性分为变动成本和固定成本，然后再建立量本利的数学模型，进行定量预测。

1. 保本销售量(额)预测

测算保本点是量本利分析中最基本的方法。保本点也称损益平衡点或盈亏临界点，保本点是指当企业的销售量达到某一点时，企业的销售收入恰好等于销售成本，在这一点上企业正好不亏也不赚，处于保本状态，所以这点称为保本点。保本点一般有两种表现形式：一种是以实物表示，称为保本销售量(Q)；另一种是以货币金额表示，称为保本销售额(S)。其计算公式如下：

$$\text{保本销售量} = \frac{\text{固定成本总额变动}}{\text{销售单价} - \text{单位变动成本}} = \frac{C}{P - V}$$

$$\text{保本销售额} = \text{保本销售量} \times \text{销售单价} = Q \times P$$

例：上华企业生产和销售甲产品，通过市场预测，甲产品的销售单价为900元。需分配的固定成本总额为180000元，单位变动成本为500元，则保本销售量及保本销售额为

$$Q = \frac{C}{P - V} = \frac{180000}{900 - 500} = 450(\text{件})$$

$$S = Q \times P = 450 \times 900 = 405000(\text{元})$$

2. 目标利润预测

目标利润是企业生产经营活动的一个重要目标。企业可以通过量本利分析，预测出在一定销售水平下的利润，也可以预测出为了达到一定目标利润所需要实现的销售额。其计算公式如下：

$$\begin{aligned}\text{目标利润} &= (\text{预计销售量} - \text{保本销售量}) \times \text{单位边际贡献} \\ &= (\text{预计销售额} - \text{保本销售额}) \times \text{边际贡献率}\end{aligned}$$

$$\text{单位边际贡献} = \text{销售单价} - \text{单位变动成本}$$

$$\text{边际贡献率} = \frac{\text{单位边际贡献}}{\text{销售单价}} \times 100\%$$

$$\text{目标销售量} = \frac{\text{固定成本总额} + \text{目利利润}}{\text{单位边际贡献}}$$

$$\text{目标销售额} = \text{目标销售量} \times \text{销售单价}$$

$$=\frac{\text{固定成本总额}+\text{目标利润}}{\text{边际贡献率}}$$

仍以上华企业为例，假定计划期企业目标利润为60000元，则其目标销售量和目标销售额为

$$\text{目标销售量}=\frac{180000+60000}{900-500}=\frac{240000}{400}=600(\text{件})$$

$$\text{目标销售额}=\text{目标销售量}\times\text{销售单价}=600\times900=540000(\text{元})$$

（二）利润计划

利润计划是在利润预测的基础上编制而成的，是对利润预测和经营决策结果的具体反映，以便在未来的经济工作中组织实施，实现企业的经营目标。

利润是由主营业务利润、其他业务利润、投资净收益、营业外收支净额等组成。因此，在编制利润计划时，可以先编制主营业务利润计划、其他业务利润计划、投资收益计划和营业外收支计划等，然后，在这些计划的基础上就可以汇总编制利润计划。

例：某企业根据销售预测，计划期间可实现产品销售收入120000元，产品销售成本为90000元，为销售产品而支付的销售费用为8000元，因上交的销售税金及附加为9000元，其他销售收入预计为30000元，其他销售成本为18000元，应上交的其他销售税金及附加为2000元，企业对外投资，预计投资收益为30000元，投资损失为8000元，根据企业过去情况及目前的经营环境预测营业外收入为9000元，营业外支出为8000元，计划期管理费用预计为3000元，财务费用预计为2000元。根据上述资料可以编制出该企业计划期利润计划如表7.5所示。

表7.5 某企业××年第一季度利润计划表 单位：元

顺序号	项　目	本年计划数
1	产品销售净收入	120000
2	减：产品销售成本	90000
3	产品销售费用	8000
4	产品销售税金及附加	9000
5	产品销售利润（5=1−2−3−4）	13000
6	其他销售收入	30000
7	减：其他销售成本	18000
8	其他销售税金及附加	2000
9	其他销售利润（9=6−7−8）	10000

续表

顺序号	项　目	本年计划数
10	减:管理费用	3000
11	财务费用	2000
12	销售利润(12＝5＋9－10－11)	18000
13	投资收益	30000
14	减:投资损失	8000
15	投资净收益(15＝13－14)	22000
16	营业外收入	9000
17	减:营业外支出	8000
18	利润总额(18＝12＋15＋16－17)	41000

三、利润分配管理

企业利润分配是一项重要的财务活动,反映了国家、企业、投资者和职工的利益关系,以及长远利益与近期利益、整体利益与局部利益的关系,也是国家调节收入与分配和促进经济发展的重要杠杆。

1. 利润分配原则

在市场经济条件下,企业要组织好利润分配,协调好各方面关系。企业应遵循的利润分配原则如下:

(1) 必须遵守国家的财经法规,保证国家的财政收入和企业生产经营的需要。在利润分配以前,首先要依法及时、足额地缴纳所得税,同时要按照《公司法》和《企业财务通则》规定,确定正确的分配项目和顺序。

(2) 必须兼顾企业所有者、经营者和职工的利益,既要考虑企业的长远利益,也要调动各方面的积极性,不能只强调长远利益而忽视所有者和职工的近期利益,也不能只顾近期利益而损害企业的长远利益。对投资者必须强调资本保本原则,保证所有者的权益不受侵犯,并做到股权平等、公平合理。

(3) 要提高企业的自我发展能力和承受风险的能力,优先考虑企业积累,同时兼顾投资者的利益。如果当年无利润或以前年度亏损未予以弥补,原则上就不得分配利润。

(4) 处理好企业内部积累和职工利益的关系,既要防止企业积累比例过大,而职工生活得不到改善,影响职工的积极性,也要防止对职工分配过多,削弱企业的积累能力。

2. 利润分配程序

企业的利润总额按照国家规定作相应调整后，首先要缴纳所得税，税后剩余部分的利润为可供分配的利润。可供分配利润再按如下顺序进行分配：

(1) 支付被没收的财物损失，违反税收规定支付的滞纳金和罚款。这是企业由于违反税法等行为而支付的惩罚性支出，应由税后利润支出。

(2) 弥补以前年度亏损。企业发生年度亏损，可以用下一年度的利润弥补；下一年度不足弥补的，可以在五年内用所得税前利润延续弥补，延续五年未弥补完的亏损，用交纳所得税后的利润弥补。

(3) 提取盈余公积金。盈余公积金分为法定盈余公积金和任意盈余公积金。法定盈余公积金是国家统一规定必须提取的公积金，它的提取顺序在弥补亏损之后，按当年税后利润的10%提取。盈余公积金已达到注册资本50%时不再提取。任意盈余公积金由企业自行决定是否提取以及提取比例。任意盈余公积金的提取顺序在支付优先股股利之后。法定盈余公积金和任意盈余公积金可用于弥补亏损和按国家规定转增资本金。转增资本金就是将盈余公积金转为实收资本，它实际上是向股东发放股票股利的过程。但是，转增资本金后，法定盈余公积金不得低于注册资金的25%。

(4) 提取公益金。公益金主要用于企业职工的集体福利设施支出。法定公益金的提取比例为5%～10%。

(5) 向投资者分配利润。企业以前年度未分配利润，可以并入本年度向投资者分配。在分配时，要按照投入资本的比例，坚持同股同利。

【伴随案例】

长虹的选择

1993～1998年，四川长虹被国家统计局命名为“中国最大彩电生产基地”，“长虹牌”彩电成为产销量居全国第一的中国彩电第一品牌。1994～1997年是四川长虹的高速发展时期，产销量和净利润迅速增长，品牌市场占有率连续数年排名全国第一。并于1997年净利润达到高峰的26亿元，比1996年增长约55.95%，是1994年的369.34%，这段时期可视为公司的高速成长期。而1998～2001年可视为衰退期。从1998年开始四川长虹净利润逐年下降，1998年比1997年下降了23.28%，自1999年开始急剧下降，2001年净利润仅是1997年的33.90%。由此可以看出，从1998年四川长虹的经营状况开始恶化进入衰退期。而2002年和2003年长虹业绩出现了反弹的迹象，主营业务收入连续两年大幅度增长，并在2003年恢复到141.3亿元的水平。但净收入增幅与主营业务收入相比小了很多，2003年的净利润还不到1997年的10%。2004年四川长虹跌入谷底，由于没及时清理财务报表中的诸多隐患，报出了36.8亿元的巨亏。2005年四川长虹新管理层上任后，逐步扭亏为盈，并实现净利润 2.85 亿元。从 2005～2007 年，四川长虹再次进入成熟阶段。与此相对应，从 1994～1997 年，四川长虹每年都发放股利，并且在此期间一直没有间断过送红股，其中 1994 年和 1997 年同时发放了股票股利和现金股利，1995 年和 1996 年只发放了股票股利，未分配现金股利。不过，从 1998 年开始，公司声称为进一步增强未来在家电行业的竞争能力，积极培养公司发展后劲，不再分配股利直至 2004 年。而随着我国资本市场不断成熟，相关政策法规不断完善，以及长虹新管理层的上任，从 2005～2007 年，四川长虹恢复发展股利，且股利政策以现金股利为主。

【分析启示】 制定适合本公司的股利政策对一个企业来讲是非常重要的，公司要充分认识股利政策在整个财务管理中的重要地位，以企业理财目标为基础对股利政策进行中长期规划，使股利政策与企业发展的生命周期相适应，促进企业更好地发展。

第五节 财务分析

财务分析是财务管理的重要方法，是企业对其经济活动过程和结果进行分析，以了解、判断企业财务状况和经营成果，发现存在的问题，提出改进建议，为企业未来的财务预测和决策提供依据。

一、财务分析内容

在市场经济条件下，企业由产品经营转向资本经营，财务分析的内容也应围绕资本结构、营运能力、偿债能力、盈利能力及发展能力几个方面进行。

1. 资本结构

对企业资本结构的分析，主要从企业长期负债、短期负债、所有者权益等来源所取得的资金之间以及资金使用是否保持合理的比例关系方面进行分析。只有比例合理，才能有稳定基础，才能使企业得以稳步发展。

2. 资金运用

运用资金是否充分有效，是决定企业经营水平的前提。企业资金的多少，可以表现为经营能力的大小，有效地经营可以使企业增加收入，加速资金周转。因此，只有分析企业是否有效地运用资金，才能判断企业是否具备获取较多收入的能力。

3. 获利能力

获利能力的大小是衡量企业经营好坏的重要标志。一般来说，经营良好、管理有方的企业具有较强的获利能力。因此，分析获利能力是企业具有活力和发展前途的重要内容。

4. 偿债能力

偿债能力大小的分析，是判断企业财务状况稳定与否的重要内容。企业偿债能力强，可以举债筹集资金来获取利益；反之，偿债能力差，则使企业陷入困境，甚至危及企业生存。

5. 发展能力

在当前市场竞争激烈，生产技术迅速发展的时代，企业必须求生存、求发展，从而使企业自身立于不败之地。因此，分析企业发展能力，能促使企业提高扩大再生产的增长速度，增强市场竞争的实力。

二、偿债能力分析

企业偿债能力是指企业对各种到期债务偿付的能力。如果到期不能偿付债务，则表示企业偿债能力不足，财务状况不佳。偿债能力分为短期偿债能力和长期偿债能力，其评价指标也各有侧重。

(一) 短期偿债能力分析

衡量一个企业的短期偿债能力，主要是对流动资产和流动负债的分析，流动资产大于流动负债，说明企业具有短期偿债能力；反之，则偿债能力不足。流动资产越多，偿债能力越强。

1. 流动比率

流动比率是企业流动资产与流动负债之比。即企业用以偿付每元流动负债所具有的流动资产额。它是衡量企业短期偿债能力的常用比率。其计算公式为

$$流动比率=\frac{流动资产}{流动负债}$$

例如：某企业 2010 年 12 月 31 日流动资产总额为 180 万元，流动负债总额为 100 万元。其流动比率为

$$\frac{180}{100}=1.8$$

评价流动比率的标准，一般以 2∶1 左右较好。流动比率过高，虽然表示企业流动性大，有足够的变现资产来偿债，但并不说明有足够的现金可以还债，也可能存货积压，应收账款增多，因此还要结合现金流量进行分析。如果现金不足，则说明企业资金过多滞留在流动资产形态上，未能参加生产经营运转；流动比率过低则说明企业资金不足，偿债能力低下。

2. 速动比率

速动比率是企业速动资产与流动负债之比。即企业用以偿付每元流动负债所具有的速动资产额。它是衡量企业近期偿债能力的比率。其计算公式为

$$速动比率=\frac{速动资产}{流动负债}$$

速动资产是企业在较短时间内能变为现金的流动资产,但不包括存货,因为存货是要通过销售经应收款项后才能变现,其流动性相对较差。所以,速动资产变现能力强,具有较强的偿债能力。

例如:仍以上例为例,设流动资产总额 180 万元中,存货为 75 万元。其速动比率为

$$\frac{180-75}{100}=\frac{105}{100}=1.05$$

对速动比率的评价,一般认为 1∶1 表示企业有较好的偿债能力。比率过高,资金往往滞留在应收款项形态上;而比率过低,则又表示支付能力不足。运用这个指标时,也要因行业各异,没有统一标准。

对短期偿债能力的评价,除流动比率、速动比率指标外,还要结合现金比率、营运比率等指标一起进行综合评价。

(二)长期偿债能力分析

长期偿债能力是指企业偿还长期债务的能力。衡量企业长期偿债能力主要是看企业资金结构是否合理、稳定以及企业长期盈利能力的大小。因此分析长期偿债能力的主要指标有资产负债率、产权比率等指标。

1. 资产负债率

资产负债率亦称负债比率或杠杆比率。这是企业负债总额与资产总额之比,即每元资产所承担负债的数额。其计算公式为

$$资产负债率=\frac{负债总额}{资产总额}\times 100\%$$

例如:某企业的负债总额为 100 万元,资产总额为 180 万元,其资产负债率为

$$\frac{100}{180}\times 100\%=56\%$$

这个指标反映了在企业总资产中债权人所提供的比重。因此,比率越大,说明在企业总资产中由债权人提供的部分越多,企业负债就多,举债就困难;如果比率较小,说明在企业总资产中由债权人提供的部分越少,企业财力较强,债权保障程度较高。该指标也从另一个侧面反映了企业利用债权人提供资金进行生产经营从而增强获利能力的机会。因此,评价这个指标的标准,一般以 50%左右为好。

2. 产权比率

产权比率又称负债权益比率，是企业负债总额与所有者权益之比。它反映债权人提供的资本与所有者提供的资本相对关系，说明了企业的财务结构与债权人投入资本受所有者权益的保障程度。其计算公式为

$$产权比率=\frac{负债总额}{所有者权益}\times100\%$$

例如：某企业2010年长期负债为75万元，所有者权益为60万元，其产权比率为

$$\frac{75}{60}\times100\%=125\%$$

产权比率越低，表示企业的长期偿债能力越强，债权人就越有安全感；反之，比率越高，企业长期偿债能力越弱，债权人就不安全。这个指标的评价标准，一般应小于1。此例中产权比率为125%，表示借款比重较大，债权人受所有者权益保障程度较低。

三、营运能力分析

营运能力是指企业经营的效率高低，即资金周转的速度快慢及其有效性。营运能力的分析评价指标主要有流动资产周转率、存货周转率等。

1. 流动资产周转率(次数)

企业的经营效率一般用流动资产周转率来表示其速度的快慢及利用效率。流动资产周转率(次数)是销售收入与流动资产之比，是指在一定时期内流动资产可以周转的次数。其计算公式为

$$流动资产周转率(次数)=\frac{销售收入}{平均流动资产}$$

这个指标的周转次数越多，说明周转速度越快，利用效率越高。

分析评价企业流动资产周转速度还可用流动资产周转期，它是指流动资产周转一次需要的时间。其计算公式为

$$流动资产周转期(天数)=\frac{平均流动资产}{日销售收入}$$

这个指标表明流动资产周转一次的天数。天数越少，说明速度越快，利用效果越好。

例如：某企业2010年销售收入为1800万元，平均流动资产为450万元。其流动资产周转次数和天数为

$$流动资产周转率(次)=\frac{1800}{450}=4(次)$$

$$流动资产周转期(天)=\frac{450}{1800\div360}=90(天)$$

在使用这个指标时，对平均流动资产的计算一般为(期初＋期末)/2，企业内部使用时，应按月、按旬平均计算。

2. 存货周转率

在分析流动资产周转率、了解企业流动资产总的周转速度的基础上，要进一步分析流动资产中个别项目的周转速度，可以增强对企业经营效率的分析程度。特别是其中存货周转率尤为重要，因为存货在流动资产中占有极大的比重。

存货周转率是衡量企业销售能力及存货管理水平的综合性指标。它是销售成本与平均存货之比。其计算公式为

$$存货周转率(次)=\frac{销售成本}{平均存货}$$

同流动资产周转率一样，存货周转率越高，表示存货周转速度越快，利用效率越好。

分析存货周转速度也可以用存货周转期来表示。存货周转期的计算公式为

$$存货周转期(天)=\frac{平均存货}{日销售成本}$$

存货周转期越短，存货周转速度越快，利用效率也就越好。

【补充阅读】

应付账款业务分析与流程重组

福特汽车公司是美国三大汽车巨头之一，但是到了20世纪80年代初，福特像许多美国大企业一样面临着日本竞争对手的挑战，正在想方设法削减管理费和各种行政开支。公司位于北美的应付账款部有500多名员工，负责审核并签发供应商供货账单的应付款项。按照传统的观念，这么大一家汽车公司，业务量如此庞大，有500多个员工处理应付账款是非常合情合理的。当时曾有人想到，要设法利用电脑等设备，使办公能实现一定程度的自动化，提高20%的效率就很不错了。

促使福特公司认真考虑“应付账款”工作的是日本马自达汽车公司。马自达公司是福特公司参股的一家公司，尽管规模远小于福特公司，但毕竟有一定的规模了。马自达公司负责应付账款工作的只有5个职员。5∶500，这个比例让福特公司经理再也无法泰然处之了，应付账款部本身只是负责核对“三证”，符则付，不符则查，查清再付。整个工作大体上是围着“三证”转，自动化也帮不了太大的忙。应付账款本身不是一个流程，但采购却是一个业务流程。思绪集中到流程上，重组的火花就渐渐产生了。重组后的业务流程完全改变了应付账款部的工作和应付账款部本身。现在应付账款部只有125人(仅为原来的25%)，而且不再负责应付账款的付款授权，这意味着业务流程重组工程为福特公司的应付账款部门节省了75%

的人力资源。

类似的例证还有很多，如 IBM 信用卡公司通过业务流程重组工程，使信用卡发放周期由原来的七天缩减到四个小时，即提高生产能力 100 倍；柯达公司对新产品开发实施企业业务流程重组后，结果把 35 毫米焦距一次性照相机从产品概念到产品生产所需要的开发时间一下子缩减了 50%，从原来的 38 周降低到 19 周；一家美国的矿业公司取得了总收入增长 30%，市场份额增长 20%，成本压缩 12%以及工作周期缩短 25 天的好成绩；欧洲一个零售组织将工作周期缩短了 50%，并使生产率提高 15%；一家北美化学公司的订单传递时间缩短了 50%以上，所节约的成本超过 300 万美元。

四、盈利能力分析

盈利能力是企业获取利润的能力，它是衡量企业经营效果的重要指标。分析企业盈利能力，可以从各个不同角度进行。常用的指标有总资产报酬率、资本收益率、社会贡献率、社会积累率、销售利润率等。

1. 资本收益率

资本收益率是企业利润与实收资本之比，它是衡量投资者投入资本的获利能力与企业管理水平的综合指标。其计算公式为

$$资本收益率=\frac{利润额}{实收资本额}\times 100\%$$

资本收益率反映了资本的获利能力，是指每元资本所获取的利润（可以分别计算总利润和净利润）。一般来说，资本收益率越高，说明资本带来的利润越多，利用效果越好。如果资本收益率高于银行利息率，则适当举债对投资者是有利的；反之，过多负债会影响投资者利益。

例如：某企业 2010 年实收资本总额 150 万元，净利润为 18 万元；2009 年实收资本总额 140 万元，净利润为 15.4 万元。比较资本收益率情况如下：

$$2009\text{ 年资本收益率}=\frac{15.4}{140}\times 100\%=11\%$$

$$2010\text{ 年资本收益率}=\frac{18}{150}\times 100\%=12\%$$

该企业资本收益率 2010 年比 2009 年提高了 0.01，说明资本使用效率是提高的。

2. 销售利润率

销售利润率是企业利润与销售额之间的比例，它是以营业收入为基础分析评价企业获利能力，反映销售收入的收益水平指标，是指每元销售额所获得的利润。

一般来说，销售利润率越高，企业获利能力越强，销售收入的收益水平越高。其计算公式为

$$销售利润率=\frac{利润额}{销售收入}\times 100\%$$

这个指标的分解式为

销售利润率＝毛利率－销售税金率－销售成本率－费用率

分析企业销售收入的收益水平，一般使用销售利润率；如果企业投资收益或营业外收支过大，则要使用营业利润率；如果企业其他业务利润过大，则要使用主营业务利润率。其计算公式为

$$营业利润率=\frac{营业利润}{销售收入}\times 100\%$$

$$主营业务利润率=\frac{主营业务利润}{销售收入}\times 100\%$$

分析企业获利能力，首先要看其销售毛利的实现情况，因为它是企业最基本的利润。分析销售毛利的指标是毛利率，它是销售收入减去销售商品进价成本后的差额与销售收入的比率。其计算公式为

$$毛利率=\frac{销售毛利}{销售收入}\times 100\%$$

例如：某企业 2010 年有关损益资料如表 7.6 所示，要求计算销售利润率、主营业务利润率、毛利率、营业利润率。

表 7.6

项　　目	全年累计数(万元)
销售收入	410
减：营业成本	270
销售毛利	140
销售费用	22
管理费用	29
财务费用	6
销售税金及附加	7
主营业务利润	76
加：其他业务利润	6
营业利润	82
投资收益	8

续表

项　　目	全年累计数(万元)
营业外收入	3
减:营业外支出	1
利润总额	92
减:所得税	30.36
净利润	61.64

$$毛利率=\frac{140}{410}\times 100\%=34.15\%$$

$$主营业务利润率=\frac{76}{410}\times 100\%=18.54\%$$

$$营业利润率=\frac{82}{410}\times 100\%=20\%$$

$$销售利润率=\frac{61.64}{410}\times 100\%=15.03\%$$

五、发展能力分析

分析企业发展能力,主要是观察企业经营规模、资本增值、支付能力、生产经营成果、财务成果的增长情况,从而评价企业的营运能力和盈利能力。

1. 利润增长率

利润增长率是企业本期利润与基期利润之比,用以反映企业利润的增长幅度。其计算公式为

$$利润增长率=\left(\frac{本期利润}{基期利润}-1\right)\times 100\%$$

2. 资本增值保值率

资本增值保值率是企业年末所有者权益比年初所有者权益增值保值情况,是对企业经营成果是否形成积累的增加做出评价,用以反映投入资本的完整性和保值性。其计算公式为

$$资本增值保值率=\frac{年末所有者权益}{年初所有者权益}\times 100\%$$

对这个指标的评价是:比值大于1表示增值,比值等于1表示保值,比值小于1则表示减值。一般要大于1,至少不能少于1,小于1就说明企业资本流失,应查明原因,予以改进。

复习思考题

1. 怎样理解现代企业财务活动及财务关系?
2. 现代企业财务管理的新观念有哪些? 谈谈这些观念的实际意义。
3. 什么是财务杠杆原理? 如何实现财务杠杆利益?
4. 联系实际,说说怎样优化资金结构。
5. 现金流量有哪些? 尝试作现金流量分析。
7. 简述利润构成的内容及利润分配的程序。
8. 财务分析的内容有哪些? 怎样进行偿债能力分析?

案例分析

沃尔玛公司案例

沃尔玛在美国的成功战略在于,他们以低成本销售各种名牌产品。在全世界的低价零售业中,沃尔玛拥有50%的市场份额。在沃尔玛的全部供应商中,包括宝洁、克罗克斯和强生等公司。对于消费品生产商来说,沃尔玛是他们最主要的顾客之一,但是沃尔玛绝对不依赖于某一个厂商。在沃尔玛的全部采购额中,没有任何一家供应商超过4%的份额。此外,沃尔玛成功地说服所有供应商通过网络与其保持联系。

在沃尔玛销售的全部商品中,85%是通过自己的分销系统运到每一个商店(竞争对手中通过自己的分销中心进行配货的比例不到50%)。沃尔玛在进行店面扩张时遵循"饱和"战略。这个战略的标准是:分销中心可以在一天之内把货物运到商店。因此,分销中心的选址应该符合这一战略,以便于能够在一天之内为150～200个商店进行配货。商店的位置无论多远,与分销中心的距离必须保持在一天的运输路程之内。每个分销中心通过激光传送带和交叉仓储技术全天24小时营业,在这种情况下,当一方接收货物的同时,另一方可以签发订单。

公司拥有一支由3000多辆卡车和12000多辆拖车构成的运输队(而大多数竞争对手则是把运输工作外包)。沃尔玛采用了一套卫星网络定位系统,从而使得公司的所有商店、分销中心和供应商之间随时保持联系,实现信息的实时分享。由于该系统以商品订单为核心,可以使得卡车尽可能地进行满载运输,从而最大限度地减小了存货成本。

沃尔玛的市场营销战略是"天天低价",以此来最大限度地吸引消费者。传统的低价零售商在很大程度上依赖于大张旗鼓的"打折销售"。

每一家商店都构成一个投资中心，因此可以用利润与存货投资的比例考核它的业绩。所有商店的销售额、费用以及盈亏数据可以通过网络进行收集、分析以及实时传输。可以根据区域、地区、商店、商店中的不同部门，甚至是每一个部门中的各个种类，对这些数据进行分析。公司在技术方面进行了大规模的投资，以不断改进订单处理、货物运输、通信和物流的自动化程度。商店经理可以通过销售额的变化了解当地消费者的采购模式。

零售商店的主要成本之一就是偷窃损失。沃尔玛采取了一项鼓励商店雇员积极参与阻止偷窃的奖励计划，在通过自身努力而减少的损失中，所有店员可以获得其中的一半。

为了回报雇员对沃尔玛的忠诚和贡献，沃尔顿提出了利润分享计划。他解释说："所有在沃尔玛工作超过1年，并且每年工作时间超过1000小时的店员都有资格参与这项计划。""对于所有符合要求的店员，我们根据利润增长率，按照一定的比例，把利润的一部分纳入到他们的工作当中，这些店员在离开沃尔玛的时候，可以以现金或沃尔玛公司的股票形式获得这部分收益。"

问题：

1. 你认为沃尔玛成功的战略表现在哪些方面？
2. 沃尔玛是如何降低成本的？
3. 沃尔玛的"天天低价"策略对我国零售超市的启示是什么？

实践训练

组织学生调研企业，了解企业的财务状况和经营情况，重点查阅财务报表，尝试对企业的偿债能力、运营能力、盈利能力、发展能力进行分析，做出评价，并形成简易的财务分析报告。

第八章　现代企业信息管理

学习目标

1. 掌握企业信息管理的内容、目标和任务；
2. 认知管理信息系统的结构和功能；
3. 掌握决策支持系统的组成及功能；
4. 掌握专家系统的结构和功能。

【引例】

小鼠标点出大梦想

苏里格气田地处毛乌素沙漠，地质条件差，开发难度大，单井日产量只有1万余立方米，为了提高气田的采收率，必然要加密井网，最终建井数量将超过1万口。如何有效管理好上万平方千米内的上万口气井？如果采取人工管理方式，不仅巡井、采集井口生产数据要消耗大量人力资源，而且难以适应有效监控、安全生产和环保的要求。

建设者们提出了“远程数据传输”的构想，即用一套价格低廉的装置把气井的流量、压力、温度等重要数据传输到集气站，再由集气站通过光缆传输到苏里格气田生产指挥中心。这一想法为苏里格气田持续推进低成本大规模开发提供了新思路。

通过油田科技和工程人员分工合作、齐心协力开展科技攻关，苏里格气田气井、集输管网等全部被搬进了电脑，使上万个气井的实时生产数据、3000个管网的运行数据、20多万个瞬时生产数据和其他基础数据，汇集成了具有系统性、适用性、兼容性，而且准确、可靠、便捷、安全的数据平台，并在此基础上形成了包括生产运行管理子系统、采气工艺子系统、地质专家子系统、地面管网优化运行子系统、电子自动巡井和远程紧急关井子系统六大平台为基础的信息化生产管理系统。这个系统将气田的每个生产流程都纳入到管理范围之内，实现了气田生产的全过程自动化控制。步入苏里格气田信息化管理平台，25个大型液晶显示屏上不断跳跃着变化的数据，实时反映着每口气井的生产运行情况。如今，在苏里格气田的每个生产现场，无论是集气区还是处理厂，只需用手轻点鼠标便可获得各种所需的数据资料。

信息化改变了以往的生产运行模式，实现了生产组织由过去的重日常生产向重技术管理方向转变，细化了环节控制，实现了气田可视化、精细化管理。在不计算规模因素、劳动组织架构优化、系统升级扩容及后期井数增加而产生的单井费用摊薄等因素影响的前提下，信息化管理后单井成本费用比信息化前降低了2570万元/年，信息化建设为企业创造了不菲的综合效益。

（资料来源：南洁.小鼠标点出大梦想：苏里格气田数字化建设综述[J].中国石油石化，2010(17).）

【分析启示】 苏里格气田的信息化已经扩展到生产指挥、现场作业等各个层面，实现了新型劳动组织形式，缩短了管理链条，扩大了管理幅度，提高了人力资源的优化效率和生产运行的管理效率，而且还减轻了员工的劳动强度，降低了安全风险，极大地优化了劳动组织、降低了生产成本、提高了管理效率，有效地推进了各项生产工作的顺畅运行，成为苏里格气田可持续发展的必由之路。

人类已处于信息社会，信息技术的迅猛发展使得信息的产生、传递、处理和运用变得更加迅捷，对人们的生产生活产生了深远的影响，企业的运作和管理方式也随之发生了根本性的变化。信息已经成为所有企业的关键性资源，也成为企业管理的基础。能否做出正确的决策，乃至管理工作的成败在很大程度上取决于企业信息管理的成效。但是，在这个信息爆炸的时代，我们已经被信息的海洋所淹没，如何才能从广泛的信息源中获取我们所需要的适当信息呢？信息管理可以帮助我们正确理解信息、信息管理和管理信息系统的本质，掌握有效的信息管理方法和技术。

第一节　现代企业信息管理概述

现代企业通过信息管理可以实现对企业内外部环境信息的实时掌握和处理，并利用信息分析成果对企业的管理决策予以支持，对企业的管理过程进行协调、控制。其中，各种信息资源是企业开展信息管理的基础，科学的信息管理活动是企业信息管理取得成功的保障。

一、信息和企业信息

1. 信息

信息科学涉及的范围非常广泛，不同的学科对信息有着不同的解释。如：信息是关于客观实际的可通信的知识；信息是维系事物内部结构和外部联系、感知、表达并反映其属性和差异的状态和方式；信息是指应用文字、数据和信号等形式，通过一定的传递和处理来表达各种相互联系的客观事物在运动变化中所具有的特征性内容的总称；信息是减少不确定性的一种客观存在和能动过程。

人们对信息概念的理解是一个动态的过程，时代不断赋予信息新的含义。总之，从广义上来理解，信息是物质形态及其运动形式的体现，是客观事物之间相互作用与联系的表征。狭义地理解，它是由客观事物发出的，依附某种介质载体传递的各种消息、情报、资料、知识的统称。信息的概念可从以下几个方面来理解：

(1) 信息是客观世界各种事物的特征的反映。信息源于物质，不可以脱离物质而存在，信息活动要耗费能量。

(2) 信息是可以感知、可传递的。信息是构成事物联系的基础，是人和动物与客观世界联系的中介。人们直接通过感官获得的周围信息所占的比重很有限，大量的信息要通过适当的传输工具或媒介获得。

(3) 信息不是事物本身。信息是各种事物之间联系的表征，如用仪器、仪表和传感器探测，则以各种代码、参数形式出现；如果是人类传出的信息，则以声音、语言、文字、图像、图表和动作等形式出现。

(4) 信息是经过人们通过加工和有序化，再现意识过程所获得的有关客观事物的消息、情报和资料等。

信息不同于数据。数据是针对客观事物记录下来的、可以鉴别的符号。这些符号包括数字、符号、文字、图形等。数据经过处理仍然是数据，只有经过解释的数据，具有了意义，才能成为信息。例如，汽车里程表上的数据不一定成为信息，只有当司机观察里程表上的数据以便做出速度调整的决定时，才成为信息。

依据不同的分类标准，信息可以分成不同的类型。按照管理的层次可以将信息分为战略信息、战术信息和作业信息；按照加工顺序可以将信息分为一次信息、二次信息和三次信息等；按照反映形式可以将信息分为数字信息、图像信息和声音信息等；按照应用领域可以将信息分为管理信息、社会信息、科技信息等。

【小思考 8.1】

信息传递的介质载体有哪些?

答：信息的传递需要依托于一定的介质载体，主要包括声波、电波、文字、图像等。

2. 企业信息

企业信息属于管理信息的范畴，是信息在企业生产实践中的具体体现。具体地讲，企业信息是指与企业生产经营活动有关的各种有用的消息、情报、数据、资料等的总称。企业信息的类型主要可以划分为：

(1) 按照信息来源划分，企业信息可以被划分为企业内部信息和企业外部信息。企业内部信息来自于内部各部门、各环节，如与供、产、销等环节的人、财、物使用情况有关的资料和数据，一般通过计划、会计统计报表、财务分析等资料反映。企业外部信息包括国家的方针、政策法令、经济、科技、市场的供求、价格、竞争等信息，来自于国家、政府和国内外市场。

(2) 按照信息的稳定性划分，企业信息可以划分为固定信息、流动信息和偶然信息。固定信息是指在一定时期内相对稳定、不发生根本变化的，可以在各项管理活动中重复使用的信息，如企业的规章制度、劳动定额标准、企业历史数据等，是企业管理的重要依据。流动信息是反映某一个时期生产经营中各个环节活动的实际进程、计划完成情况和产生问题等方面的信息。偶然信息大多来自于企业外部环境的偶然性变化，带有突发性。偶然信息要求企业管理者及时收集信息，并迅速决断，及时处理。

(3) 按照信息的作用划分，企业信息可以划分为决策信息、控制信息和作业信息。决策信息一般为企业最高管理层服务，用于确定企业的经营目标和决策方案，制定战略和策略。控制信息一般为企业内部各中层管理部门服务，用于监督、控制生产经营过程，使其符合生产经营目标要求。作业信息主要来自于企业基层管理部门和业务部门，一般为基层管理人员所使用，以掌握企业业务进度，便于根据实际变化调整局部计划，组织日常生产经营活动。

二、企业信息的性质

1. 客观性

信息客观地反映了事物的属性，客观性是信息的中心价值，不符合事实的信息不仅没有价值，还可能具有负的价值，既害别人，也害自己。

2. 时效性

时效是指从信息源发送信息，经过接收、加工、传递、利用的时间间隔及其效率。时间间隔越短，信息利用越及时，使用程度越高，信息的价值就越大，时效性就越强。速度慢，错过了时间，会使其价值衰减或消失。

3. 不完全性

受人们认识能力和成本等因素的限制，关于客观事实的信息是不可能全部得到的。因此，数据收集或信息转换要有主观思路，要运用已有的知识，进行分析和判断。只有对信息进行正确舍弃，才能正确地使用信息。

4. 层次性

企业管理分为不同的层次，处于不同层次的管理者需要做出的决策类型不同，需要的信息也不同。通常把信息管理分为战略层、战术层和作业层三个层次。

5. 价值性

企业信息是经过加工并对企业的生产经营活动产生影响的数据，是一种资源，具有价值。搜集资料需要投入，索取一份经济情报或通过大型数据库查询文献需要付费，这些都是信息价值性的部分体现。

6. 可共享性

信息依附于载体而被传递，不同于物质的传递。信息由传播者传递给接受者，传播者并不因此失去信息，而是可以共享这一信息。信息的共享性可以促进信息的广泛传播，让众多需要的人共同享有。

7. 替代性

信息的替代性是指信息作为企业的一项重要资源，可替代其他资源给企业带来经济效益，甚至使濒临绝境的企业起死回生。

8. 变换性

信息是可以变换的，它可以由不同的方法和不同的载体来载荷，这一特征在多媒体时代尤为重要。

【补充阅读】

信息管理的三个层次

1. 战略层

战略信息与企业高层管理者和企业的总体发展目标相关，是企业高层管理者为了实现企业的总体目标，对实现这一目标所必需的资源水平、种类，以及资源的获取、配置的指导方针等方面进行决策所需要的信息。如新产品开发、新厂选址、开拓新市场、关停生产线等。

2. 战术层

战术层信息是管理控制信息，是帮助管理者掌握资源的实际利用情况，并与企业的资源利用计划进行比较，从而了解是否达到了预期的目的，并指导其采取必要的措施提升资源利用效率的信息。例如，月度计划与实际完成情况的比较、库存控制等。管理控制信息一般来源于企业内部的各个部门，并跨越了各个部门之间的界限。

3. 作业层

作业信息与企业日常活动有关，用于解决经常性的问题，并用于保证具体工作任务的切实完成。例如，每天统计的产量、质量数据等。

三、企业信息在现代企业经营活动中的作用

在市场经济条件下，企业离开了信息，就无法有效地组织经营活动。谁能及时

户、知识工人、信息专业人士和信息的提供者等。

(三)企业信息管理的目标和任务

1. 企业信息管理的目标

总的来说,企业信息管理的目标是通过对信息资源的管理,提高信息质量和信息的可用性,使企业信息资源的价值最大化,并实现企业内部的信息共享。具体包括:

(1)通过信息资源管理来提高企业效率,增强企业的获利能力和战略地位。

(2)把企业的信息计划纳入到企业的战略计划。

(3)扩展信息资源管理到企业的各个管理层次和职能部门。

(4)启用信息主管制定公司范围内的信息资源管理战略。

(5)统一并集成现有的信息技术和信息系统。

(6)为企业开发新的信息技术及应用。

2. 企业信息管理的主要任务

(1)对企业中信息资源的开发利用进行总体规划。

(2)组建信息资源管理机构,并进行信息技术、设备和人员的配置、培训。

(3)负责组织企业管理信息系统的构思、开发、运行、维护和管理。

(4)建设和维护整个组织中的数据信息标准规范和管理制度。

(5)对信息资源的新技术和方法进行跟踪研究,应用于组织的信息管理。

(6)负责组织内部所有信息资源的安全和保密工作。

(7)向组织中的所有部门提供信息资源的咨询、服务和维护。

(8)综合利用信息资源辅助组织的高层决策。

(四)企业信息管理组织

信息资源是企业的战略资源,信息管理已成为企业管理的重要支柱,一般的大中型企业均设有专门的组织机构和专职人员从事信息管理工作,如信息中心(或计算中心)、图书资料馆(室)、企业档案馆(室)等。同时,企业中还有一些兼有信息管理任务的组织,如计划与统计部门、产品与技术的研究与开发部门、市场研究与销售部门、标准化与质量管理部门、人力资源管理部门、教育培训部门、政策研究与法律咨询部门等。

1. 企业信息中心

企业信息中心是基于现代信息技术的信息管理机构,其管理手段及管理对象多与现代计算机技术、通信及网络技术有关。大型企业的信息中心的结构如图8.1所示。大中型企业的信息中心的主要职能包括:

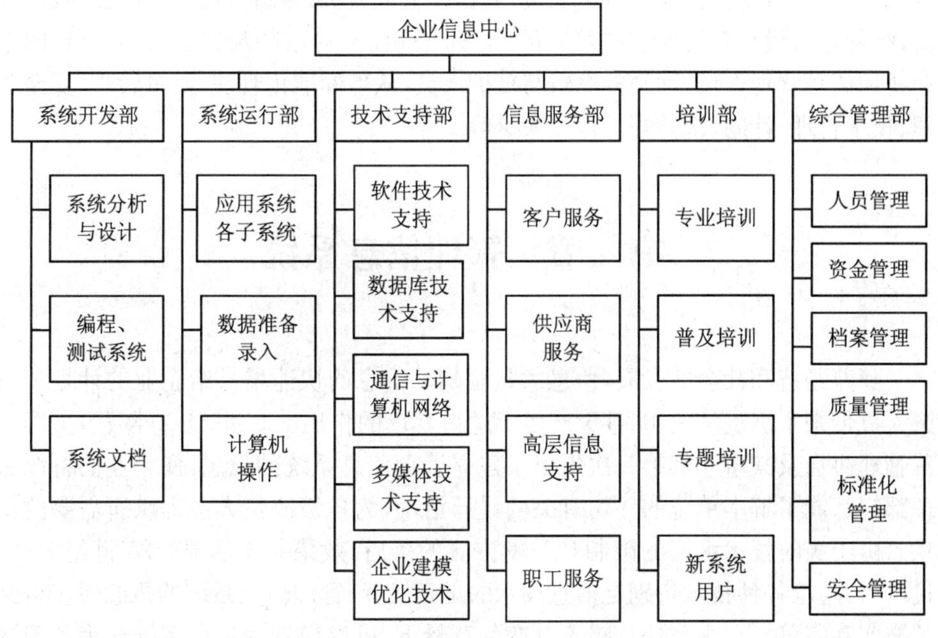

图 8.1　大型信息中心结构图

(1) 在企业主要负责人的主持下制定企业信息资源开发、利用、管理的总体规划，其中包括信息系统建设规划。

(2) 企业管理信息系统的开发、维护与运行管理。

(3) 信息资源管理的标准、规范、规章制度的制定、修订和执行。

(4) 主持信息资源开发与管理专业人员的技能培训、企业广大员工信息管理与信息技术知识的教育培训和新开发的信息系统用户培训。

(5) 企业内部和外部的宣传与信息服务。

(6) 为企业其他信息技术推广应用项目，如计算机辅助设计 CAD、计算机辅助制造 CAM 等提供技术支持。

2. 企业信息管理人员

(1) 信息总监。由于信息管理在组织中的战略地位，企业主要高层领导必须从企业的全局出发，直接领导与主持企业的信息管理工作。担负这一职责的企业高层领导人就是企业的首席信息官(Chief Information Officer)或信息总监。

(2) 中、基层管理人员。中、基层管理人员主要包括上文中所说的专门从事信息管理工作的组织机构及其他兼有信息管理任务的职能部门的主要负责人。

(3) 企业管理信息系统的专业人员。企业管理信息系统的专业人员主要包括：系统分析员，系统设计人员，程序员，系统文档管理人员，数据采集人员，数据录入人员，计算机硬件操作与维护人员，数据库管理人员，网络管理人员，通信技术人员，结构化布线与系统安装技术人员，承担培训任务的教师及教学辅助人员，图书资料和档案管理人员，网站的编辑与维护人员，从事标准化管理、质量管理、安全管理、技术管理、计划、统计等工作的人员等。

第二节　管理信息系统

随着经济和社会的发展，信息大量增加。信息的快速增长给企业的计划和决策人员带来了沉重的负担，甚至产生了适得其反的作用。20 世纪 60 年代，美国经营管理协会及其事业部第一次提出了建立管理信息系统的设想，使企业的各级管理部门都能了解本单位的一切有关的经营活动，为各级决策人员提供所需要的信息。由于当时技术水平的限制和开发方法的落后，效果并不明显。20 世纪 80 年代以后，随着各种技术特别是信息技术的迅猛发展，管理信息系统的概念逐步得到了充实和完善。在当前信息瞬息万变的背景下，可以说管理信息系统成为了现代企业信息资源管理的唯一可行的手段。

一、管理信息系统的概念

管理信息系统（Management Information System，MIS）是由人、硬件、软件和数据资源组成，能及时和正确地收集、加工、存储、传递和提供管理信息的系统，它能实测组织运行情况、预测未来、辅助组织决策、控制组织行为，帮助组织实现目标。具体来说，信息系统由计算机、计算机网络、系统软件、数据库系统、信息系统应用软件以及开发、维护和使用系统的人员共同组成。管理信息系统具有如下的特点：

1. 面向管理决策

管理信息系统是一个为管理决策服务的系统，它必须面向管理决策，能满足管理决策的需要，及时提供所需要的信息，帮助管理者做出正确的决策。

2. 进行全面管理的综合系统

虽然一个企业在建设管理信息系统时，可以根据需要逐步建设应用于各个领域的子系统。但是，最终必须要对各个子系统进行整合，形成一个对整个组织进行全面管理的综合系统，实现应用管理信息系统对企业进行综合管理的目标。对管理信息系统进行综合的意义在于可产生更高层次的管理信息，为企业决策服务。

3. 人机结合的系统

企业建设管理信息系统的目的在于提供决策支持,但最终的决策只能由人来做出。因而,管理信息系统建设中必须要能体现人机的结合。各级管理人员既是信息系统的使用者,又是信息系统的组成部分,在开发信息系统过程中,要正确界定人和计算机在系统中的地位和作用,充分发挥其各自优势,使信息系统的性能达到最优。

4. 现代管理方法和手段相结合的系统

管理信息系统应用的实践表明,如果不采用先进的管理方法,只是简单地采用计算机来提高数据处理的速度,那么信息系统的应用仅仅是仿真手工管理,只不过是减轻了管理人员的劳动量,其作用的发挥非常有限。要想充分发挥管理信息系统在管理中的作用,就必须要将其与先进的管理方法和手段相结合,在开发信息系统时融入现代管理思想。

二、信息系统的发展历程

从电子计算机问世以来,伴随着现代社会对信息需求的快速增长和信息技术的飞跃发展,信息系统经历了由单机到网络,由低级到高级,由电子数据处理到管理信息系统再到决策支持系统,由数据处理到智能处理的过程。其发展历程经历了以下几个阶段:

1. 电子数据处理系统(Electronic Data Processing Systems,EDPS)

它又可以分为两个阶段:单项数据处理阶段和综合数据处理阶段。

(1) 单项数据处理阶段(20 世纪 50 年代到 60 年代中期),是电子数据处理的起步阶段。由于当时的计算机硬、软件条件的限制,主要是用计算机部分地代替手工劳动,进行一些简单的单项数据处理工作,如工资计算、统计产量等。这个阶段的处理方式是先在各业务地点人工收集、整理数据,然后将数据定期送入机房进行集中处理。对于数量巨大并要求及时处理的业务,单项数据处理与手工处理方式相比已经显示出了明显的优势。

(2) 综合数据处理阶段(20 世纪 60 年代到 70 年代中期),随着计算机技术的发展,出现了大容量直接存取的外存储器,且一台计算机能够带动若干个终端,不同的用户在各个业务地点可以通过不同的终端同时使用一台计算机。数据可以通过终端实时地输入计算机,处理结果也可以通过终端输出到不同的地点。因而可以对多个过程的有关业务数据进行综合处理,使得各类信息报告系统应运而生。如 IBM 生产计算机时,由生产状态报告系统监视每一个元件生产的进度,它大大加快了计划调度的速度,减少了库存。综合数据处理阶段可以实现将分散在各处的数据进行综合处理，大大提高了数据处理的效率和质量。这一处理方式对于要求及时性和具有广泛地域性的业务显示出了优势。

2. 管理信息系统(Management Information Systems,MIS)

20 世纪 70 年代初，随着数据库技术、网络技术和管理方法的发展，一些企业开始在管理中全面地使用计算机，构成了计算机化的全方位的信息系统，即现代管理信息系统。管理信息系统最大的特点是集中，能将组织中的数据和信息集中起来，进行快速处理，统一使用。有一个中心数据库和计算机网络系统是 MIS 的重要标志，MIS 的处理方式是在数据库和网络基础上的分布式处理，不仅能把组织内部的各级管理联结起来，而且能够克服地理界限，把分散在不同地区的计算机网互联，形成跨地区的各种业务信息系统和管理信息系统。管理信息系统的另一个特点是利用定量化的科学管理方法，通过预测、计划、优化、管理、调解和控制等手段来支持决策。

3. 决策支持系统(Decision Support Systems,DSS)

20 世纪 70 年代，国际上展开了关于为什么 MIS 失败的讨论。人们认为，MIS 能够提供大量的报告，其失败的原因主要在于其提供的大量信息并非经理决策所需。当时，美国的 Michael S. Scott Morton 在《管理决策系统》一书中首次提出了决策支持系统的概念。这是一种高度灵活，具有良好的交互性，用于非结构化决策的信息技术系统。

DSS 将管理信息系统与决策者联系在一起，信息系统拥有高速、大量和复杂的处理能力，而决策者则具有经验、实践知识、直觉和判断能力，而且熟悉决策过程。DSS 是 MIS 发展的新阶段，是把数据库处理与经济管理数学模型的优化计算结合起来，具有管理、辅助决策和预测功能的管理信息系统。

管理信息系统是一个不断发展的概念。20 世纪 90 年代以来，DSS 与人工智能的概念、方法和技术(如专家系统、知识工程、模式识别等)以及计算机网络技术等结合形成了智能决策支持系统(Intelligent Decision Support Systems,IDSS)和群体决策支持系统(Group Decision Support Systems,GDSS)等，并产生了许多新的概念。

三、管理信息系统的结构

目前，对管理信息系统的结构描述尚无统一的模式。管理信息系统是企业信息系统的核心，贯穿于企业管理的全过程，同时又覆盖了管理业务的各个层面，因而它是一个包含各种系统的广泛结构。图 8.2 是管理信息系统的结构矩阵：纵向结构概括了基于管理任务的系统层次，横向结构从管理的组织和职能上概括了管理信息系统的组成。

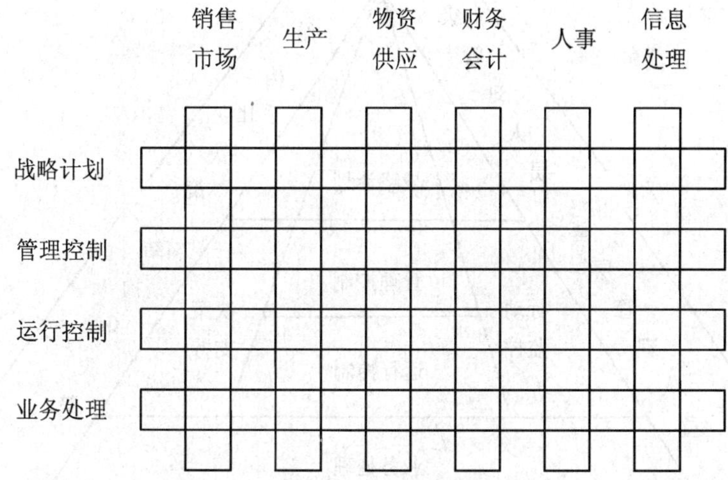

图 8.2 功能子系统和管理活动矩阵

(一) 基于管理任务的系统层次结构

管理信息系统的任务在于支持管理任务处理。管理任务分为战略管理、管理控制、运行控制和业务处理等不同的层次,因此管理信息系统可以按照管理任务的层次相应地进行分层,不同管理层次对信息的需求是不同的。表 8.1 描述了不同管理层次之间信息特性的差别。

表 8.1 不同管理层次的信息特性

信息特性	运行控制	管理控制	战略管理
来源	系统内部	内部	外部
范围	确定	有一定确定性	很宽
概括性	详细	较概括	概括
时间性	历史	综合	未来
流通性	经常变化	定期变化	相对稳定
精确性要求	高	较高	低
使用频率	高	较高	低

从处理信息的工作量来看,一般业务处理的信息量较大,层次越高,信息量越小,形成如图 8.3 所示的金字塔形系统结构。塔的底部是结构化的管理过程和决策,而顶部则为非结构化的管理工作和决策。

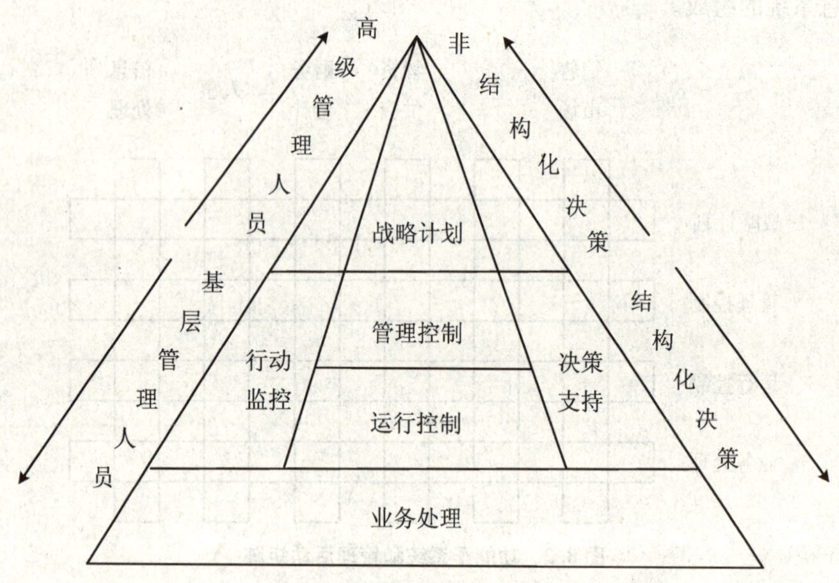

图 8.3　金字塔形系统结构

(二) 基于管理职能的系统结构

企业内部各职能部门都有着自己特殊的信息需求,因此需要为之专门设计相应的功能子系统,以支持其管理决策活动。同时因为各职能部门之间存在着各种信息联系,从而使各个功能子系统构成一个有机的整体,管理信息系统正是完成信息处理的各功能子系统的综合。管理信息系统可由下列子系统构成:

1. 销售与市场子系统

销售与市场功能通常包括产品的销售、推销以及售后服务的全部活动。其中业务处理活动有销售订单、推销订单的处理。运行控制活动包括编制销售计划和推销项目计划、雇佣和培训销售人员,以及按照区域、产品、顾客等分类标准对销售情况进行定期分析。管理控制涉及将总的销售成果与市场计划进行比较,需要用到有关客户、竞争者、竞争产品和销售力量等方面的数据。在战略管理方面包括新市场的开拓和针对新市场的战略,它使用的信息有顾客分析、竞争者分析、顾客调查信息、收入预测和技术预测等。

2. 生产子系统

生产子系统的功能包括产品的设计与制造、生产设备计划、作业的调度与运行、生产工人的录用与培训、质量的控制与检验等。生产子系统中典型的业务处理是生产指令、装配单、成品单、废品单和工时单等的处理。运行控制要求把实际进度和计划进度比较,找出瓶颈环节。管理控制需要概括性报告,反映进度计划、单位成本、所用工时等项目在整个计划中的变动情况。战略管理包括制造工艺、方法及各种自动化方案的选择。

3. 物资供应子系统

物资供应子系统包括采购、入库、库存控制、出库等管理活动。业务处理数据为供应计划、申请、购货订单、加工单、收货报告、库存票、提货单等。运行控制要求把物资供应情况与计划进行比较，产生库存水平、采购成本、出库项目等分析报告。管理控制信息包括计划库存与实际库存的比较、外购项目的成本、缺货情况及库存周转率等。战略管理主要涉及新的物资供应战略、对供应商的新政策以及“自制与外购”的比较分析，可能还有新供应方案、新技术等信息。

4. 财务和会计子系统

与财务有关的业务处理有赊欠申请、销售、开单据、收账凭证、支付凭证、支票、转账传票、分类账和股份转让等。运行控制使用日报表、例外情况报告、延误处理记录、未处理事项报告等信息。管理控制利用财务资源成本、会计数据处理成本及差错率等信息。战略管理包括：保证足够资金的长期战略计划、为减少税收冲击的长期税收会计政策以及对成本会计和预算系统的计划等。

5. 人事子系统

人事子系统包括人员的录用、培训、考核记录、工资和终止聘用等。其业务处理要产生有关聘用条件、培训说明、人员的基本情况数据、工资变化、工时、福利及终止聘用通知等内容。运行控制层要完成聘用、培训、终止聘用、改变工资和发放福利等；管理控制主要将实际情况与计划比较，产生各种报告和分析结果，用以说明在岗工人的数量、招工费用、技术专长的构成、应付工资、工资率及是否符合政府就业政策等。人事战略计划包括对招工、培训、工资、福利及各种策略方案的评价，对这些策略能否确保企业获得完成战略目标所需的人力资源进行评估，以及对就业制度、教育情况、地区工资率的变化及对聘用和留用人员的分析。

四、管理信息系统的功能

1. 采集功能

这是管理信息系统的首要功能，它将存在于企业组织内外部的、时间和空间上分散的各种有关信息收集起来，并转换成系统所需要的数据形式。信息的采集要注意到信息的真实性和有效性，采集的手段也要方便可行。

2. 处理功能

处理功能指管理信息系统对各种类型的数据进行处理操作，包括录入、加工、整理、检查、存储、传输和管理等工作。信息处理功能是管理信息系统的最基本的功能。

3. 计划功能

计划功能指借助信息系统，利用所积累的信息对企业管理的各种工作进行合理的计划和安排。例如，市场开发计划、市场营销计划、新产品作业计划等。

4. 控制功能

控制功能是指通过信息反馈，对企业整个生产经营活动中的各个部门、各个环节的运行进行监测、协调和控制。这样有利于从系统的角度保证企业各系统的正常运行。

5. 辅助决策功能

辅助决策功能即通过一些建模技术和运筹学的方法，为企业的高层管理者提供一些辅助决策数据，从而为进行科学的决策提供一定的支持。

【伴随案例】

九芝堂的营销管理信息系统

湖南九芝堂股份有限公司创建于1650年，是国家重点中药企业、深交所上市公司、中国著名的老字号企业。多年来，公司的经济效益取得了显著的增长，跻身于全国中药行业十强之列。

九芝堂营销管理信息系统囊括了业务管理、仓库管理、账务管理、客户管理、领导查询、费用管理、计划管理、系统管理等八大子系统，基本涵盖了营销业务领域的方方面面。实现了以事务为基础，以客户为中心，确保账账相符，账实一致的指导思想。

营销管理信息系统的应用，使发货单、发票、结算单等单据登账时的速度比原系统提高30多倍，系统在数据查询、数据分析时的速度远比原系统高，配合多达400多个实用报表的使用，在数据量比原先多三分之一情况下，营销中心每月结算时所用的时间不到原来的一半。

在数据对账分析方面，账务系统中增加了客户对账、产品对账功能，它能使业务、财务、仓库迅速、准确对账，将财务部对账的时间减少了一半。

在业务监督、审核对比分析方面，系统中有客户管理和对客户的应收账款、结算的分析处理功能，通过对客户、业务员应收账款指标的设定，大大提高了业务管理部门对业务员、客户的业务监督、审核的职能，减少了由此所带来的呆账、坏账等问题。

在仓库实时管理方面，当仓库每进出一批货物时，都能及时通过电话拨号总部进行通信，进行数据交流、处理业务，使仓库库存能及时、真实地得到反映，使营销管理人员能有效地对库存进行控制。

【分析启示】 九芝堂的营销信息系统发挥了巨大的作用，全面提升了企业的营销管理效率。

五、管理信息系统的开发

管理信息系统开发，即管理信息系统的建立过程，要以企业管理者在决策中所要达到的目标为基准，以职能部门所提供的业务处理目标为依据，以优化的业务管理流程为顺序来建设。

(一) 管理信息系统的生命周期

管理信息系统的开发过程是一个连续的、不断循环发展的过程，这一过程被称为管理信息系统的生命周期，如图 8.4 所示。整个周期包含系统起始、系统分析、系统设计、系统发展和系统实施五个主要阶段。

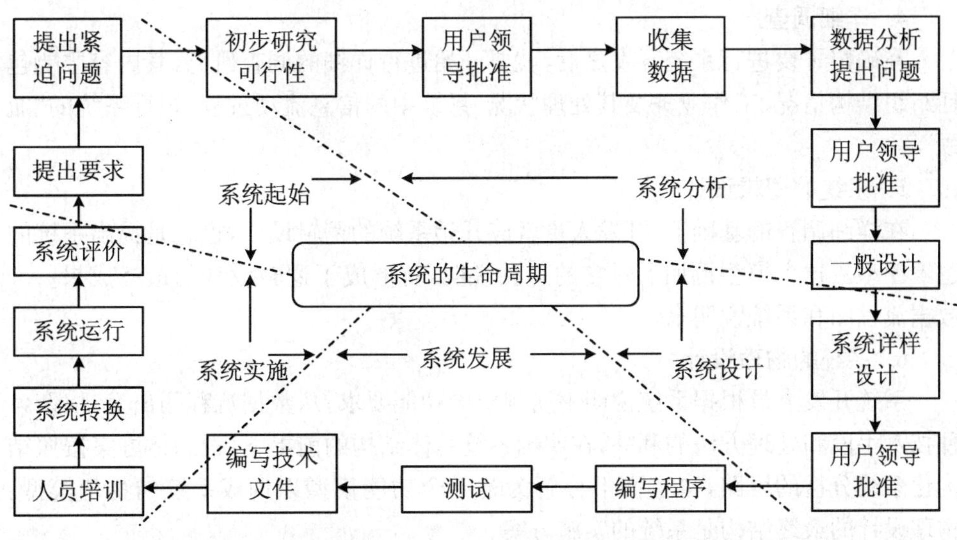

图 8.4 管理信息系统的生命周期

管理信息系统生命周期不仅显示了系统的开发过程，为系统开发提供了一个可行的框架，并且可以用来对一个现行的管理信息系统进行分析研究，找出其中阻碍系统目标实现的瓶颈问题，提出改造或变革的路线。

(二) 管理信息系统的开发过程

在统一规划的前提下，为了便于系统开发工作有条不紊地进行，提高系统开发的效率，需要将开发过程分解为一些较小的、便于管理的步骤。实际操作中，可以根据系统生命周期的五个主要阶段的工作性质和工作内容，将管理信息系统的开发过程分为八个步骤。

1. 开发要求的提出

管理信息系统的研制要求应由系统用户根据实际需要提出，研发人员应对用户的要求进行了解、分析、调整，并做出定性与定量的描述，制定出管理信息系统的开发目标和开发步骤。

2. 明确问题和初步调查

系统开发人员在明确了用户的开发要求之后，接下来就要对企业组织系统的运行情况进行初步的调查，把需要解决的问题明晰化。初步调查的难度较大，需要做大量细致的工作。

3. 可行性分析

研发人员根据初步调查所获得的信息，对开发项目的可行性和必要性进行分析，对开发的结果进行预测，并做出是否开始开发的决策。

4. 详细调查

在确定了要进行系统开发之后，就要开始进行详细的调查研究，其内容主要包括组织结构情况、工作业务及其处理状况、系统中的信息流动过程、现行系统的"瓶颈"等。

5. 系统的逻辑设计

在详细调查的基础上，开发人员就应开始系统的逻辑设计，也就是提出系统的逻辑模型。这个模型再加上对它的各种说明，就形成了逻辑设计的最终成果——数据流程图和系统说明书。

6. 系统的物理设计

系统开发人员根据系统说明书所规定的功能要求，从数据流程图出发，权衡各种技术手段和处理方法的利弊，在明确系统总体结构的前提下，把总体方案按照结构化系统分析的思路，自上而下分解为若干个功能模型以构成系统的物理模型。物理设计的最终结构是系统的实施方案。

7. 系统实施

在系统的逻辑模型和物理设计完成之后，系统开发就进入了实施阶段。这一阶段的主要工作包括硬件设备的购置和安装、调试，软件的购置、编写与调试，系统的分调和总调，操作人员的培训等。

8. 系统的运行、评价与维护

系统试运行是指开发人员将管理系统交给用户试用，以鉴定系统是否实现了设计的目标，是否达到了用户的要求。系统的评价一般采用召开系统鉴定会的形式进行，对系统的性能进行评价。由于系统使用环境对系统运行存在着巨大的影响，所以即使是设计得很完美的系统在使用中还会遇到各种各样的问题，甚至出现错误。对系统进行改错、改进是必然的,即需要对系统进行维护。

六、管理信息系统的运行管理

信息系统运行阶段管理工作的目的与开发阶段有着根本区别,开发阶段要求按时、按质、经济地开发好系统,而运行管理的目的是使信息系统在一个预期的时期内能正常地发挥其应有的效益。围绕这一目的,信息系统运行管理的任务一般包括以下三个方面:

1. 信息系统的日常运行管理

信息系统的日常运行管理是指为了保证系统能长期有效地正常运转而进行的活动,具体有系统运行情况的记录、系统运行的日常维护及系统的适应性维护工作。

严格来说,每天从工作站点计算机的打开、应用系统的进入、功能项的选择与执行,到下班前的数据备份、存档、关机等,都要就系统软硬件及数据等的运作情况作记录。尤其是当信息系统发生故障时,运行情况的记录对问题的分析与解决有重要的参考价值。因此,一般应在系统中配置自动记录功能,完成系统运行情况的记录。

在数据或信息方面,日常维护工作包括备份、存档、整理及初始化等,大部分的日常维护应该由专门的软件来处理。在硬件方面,日常维护主要有各种设备的保养与安全管理、简易故障的诊断与排除、易耗品的更换与安装等。

系统的适应性维护的内容包括:系统发展规划的研究、制定与调整,系统缺陷的记录、分析与解决方案的设计,系统结构的调整、更新与扩充,系统功能的增设、修改,系统数据结构的调整与扩充,各工作站点应用系统的功能重组,系统硬件的维修、更新与添置,系统维护的记录及手册的修订等。系统的适应性维护以系统运行情况记录与日常维护记录为基础,是一项长期的、有计划的工作。

【小思考 8.2】

信息系统的日常维护包括哪些方面?具有怎样的意义?

答:对信息系统的日常维护包括数据或信息方面的维护和硬件方面的维护。信息系统日常维护是保证信息系统长期有效运转的基础性工作。

2. 系统文档的管理任务

系统文档的管理任务主要有:文档标准与规范的制定,文档编写的指导与督促,文档的收存、保管与借用手续的办理等。

3. 系统的安全与保密

信息系统的安全与保密是一项必不可少的极其重要的信息系统管理工作。具体包括：制定严密的信息系统安全与保密制度；制定信息系统损害恢复规程，明确各种应急方案与具体步骤；配备齐全的安全设备；设置可靠的系统访问控制机制，包括系统功能的选用与数据读写的权限、用户身份的确认等；敏感数据尽可能以隔离方式存放，由专人保管。

第三节　企业非在线信息系统的管理

非在线信息系统，是指不需要使用计算机或者只有部分工作需要使用计算机进行管理的信息系统。企业中信息活动的类型很多，包括企业信息生产活动、企业信息发布活动、企业信息保护活动、企业信息利用活动和企业信息服务活动等。在这些企业信息活动中，电子商务、CIO体制的实施、信息化工程等都属于企业在线信息系统管理的范畴，但是企业的大部分信息活动还是属于不使用计算机或部分使用计算机的非在线信息系统管理的内容。非在线信息系统管理的内容十分广泛，本节将从中选择企业竞争情报管理、企业文献信息管理分别作详细的介绍。

一、企业竞争情报的管理

(一) 企业竞争情报的概念

竞争情报，又称竞争性情报(Competitive Intelligence)，是20世纪80年代中期才在国际上兴起的一个新的概念。关于竞争情报的概念目前尚未形成统一的意见，本书采用了司有和所下的定义：竞争情报是关于竞争环境、竞争对手、自身竞争策略的系统化、及时性、可操作的信息产品和研究过程，是为了提高竞争力而进行的专门的合法的情报活动。

这一定义具有六层含义：第一，竞争情报的本质是一种信息，“竞争性”是对信息特征的限定；第二，它的范畴包括竞争对手、竞争环境和本企业的竞争策略；第三，它的成果无论是一篇分析报告，还是一个结论，都是企业所需要的一个信息产品；第四，它是一个研究过程，具有操作性、过程性的特点；第五，它以“提高竞争力”为目标；第六，它是一种合法活动，与一切违法的、不道德的情报活动及商业谍报活动有着本质的区别。

竞争情报可以广泛地适用于个人之间、企业之间、非营利组织之间，乃至于各个国家之间的竞争活动，其中，应用于企业的竞争情报被称为企业竞争情报。

(二) 企业竞争情报工作的基本内容

企业竞争情报工作的基本内容包括三大部分,共五项内容。第一部分为竞争情报的搜集;第二部分为竞争情报的分析,包括企业竞争环境分析、企业竞争对手分析、本企业竞争战略分析等三项内容;第三部分为反竞争情报工作。

1. 竞争情报的搜集

(1) 竞争情报搜集的要求。企业竞争情报搜集要满足"真""快""多""准"的要求。

"真"包括真实、准确、完整。不真实、不确切、不完整的信息会导致决策失误,给企业带来损失。要保证信息的真实、准确、完整,信息的来源必须要真实可靠,搜集信息的渠道要力求最短,在搜集过程中不能带有偏见,在表述信息时要力求做到清楚、明白、准确。虚构杜撰、凭空想象、随意夸张等是信息采集的大忌。

"快"又谓"及时",一是指信息自产生到被搜集的时间间隔短;二是指在急需某一信息时能够很快搜集到该信息;三是指企业搜集某一任务所需的全部信息花去的时间少。如果信息搜集工作不能及时到位,会影响企业及时做出决策。

"多"既指所需搜集信息的"量",也包括所搜集到的信息在内容上的系统、连续。这里的"量"是一个相对值,指相对于具体的搜集目的而言,用较少的时间高效地搜集到比较多的信息。"系统、连续"一方面是指搜集到的若干信息是自成系统、连续的;另一方面是指信息搜集工作是系统、连续的。信息的系统性、连续性越强,其使用价值就越大。

"准"又称针对性,是指所搜集信息的内容与搜集目的和信息管理工作的需求相一致,具有较高的使用价值。在搜集时想判断该信息是否有用往往存在一定困难,所以一般情况下,只要与搜集目的有一定相关度的信息就可以先搜集起来。

(2) 竞争情报搜集的准备。有时候竞争情报搜集工作可以有计划、有步骤地进行,有时候又是在事先无法预料的情况下随机运作的,但不论是哪一种情况,都需要提前有所准备,才能把信息情报搜集工作做好。

① 搜集目的的准备。竞争情报搜集的目标是从企业战略目标、阶段目标派生出来的,是为了满足因为实现企业的战略目标和阶段目标、提升企业竞争力而产生的信息需求。竞争情报搜集的需求有显性需求和潜性需求的区别。显性需求是指管理者明确地意识到的情报需求,潜性需求是指管理者事先没有意识到的,而实际上对提升企业竞争力有用的那些需求。显性需求的准备比较好办,对需求予以明确就可以了。但潜性需求是在管理者面对问题百思而不得其解的情况下产生的,管理者没有意识到需要什么样的信息。但如果管理者在思想上做好了准备,具有很强的搜索意识,一旦这些信息出现时,就有可能马上抓住,适时采集。

② 搜集范围的准备。在信息采集之前应该恰当地划定信息采集的范围,具体包括内容范围、时间范围和地域范围。内容范围是指信息需求所限定的范围,包括事件本身的内容和与该事件相关的内容。时间范围是指信息需求中所需信息的时间跨度。地域范围是指信息需求中所需信息发生的空间位置范围,即资料来源地区的大小。尤其要注意的是,关于信息采集者所在单位的信息和个人亲身经历的现实信息,包括个人的行为、讲话、著作、经历等,最容易被忽略。

③ 情报来源的准备。社会可以提供的情报来源十分丰富,有文献型、口头型、电子型、实物型和内潜型五大类。文献型情报源包括书报刊、政府出版物、专利文献、标准文献、会议文献、产品样本、学位论文、档案文献、公文报表等。口头型情报源,又称个人信息源,包括电话、交谈、咨询、调查等。电子型情报源包括广播、电视、数据库、互联网、局域网等。实物型情报源包括展销会、博览会、销售市场、公共场所以及事件发生、发展的现场。内潜型情报源指的是信息采集者个人头脑中储存的各种内源性信息。在信息采集之前应根据采集目的和情报源特征选择好情报搜集的来源。

④ 搜集方法的准备。信息搜集方法有四大类:自我总结法、直接观察法、社会调查法、文献阅读法。每一类中又包含多种具体的方法,实际情报搜集之前应根据搜集的目的进行选择和组合。

(3) 竞争情报搜集的方法。

① 自我总结法。自我总结法是指信息采集者将自己亲身经历的事件、亲身感悟的体会用文字或语音记录下来的方法。此法最早来源于美国陆军,称作"事后总结"法。因事后总结的英文为 After Action Reviews,故又简称 AAR 法。

② 直接观察法。直接观察法指的是在信息源现场,信息采集者对客观对象不加任何干预,不直接向被采集者对象提问,只是凭视觉、听觉、感觉和基于上述感知的思维,以及借助于录音机、摄像机客观地记录信息源所产生信息的行为过程。

③ 社会调查法。社会调查法指的是信息采集者通过观察和询问,对客观实际进行深入细致的了解,以获取信息的方式。根据在社会调查中调查者和被调查者进行信息沟通的手段不同,可以将社会调查划分为访谈调查、会议调查和问卷调查三种。

④ 文献阅读法。文献阅读法是指通过阅读来获取信息的方法。阅读的文献主要来源于图书、报纸、期刊、资料、网络等载体。

2. 竞争情报的分析

(1) 企业竞争环境分析。

企业竞争环境是企业外部的、影响企业竞争力提升的诸因素的总和。企业总是处在一定的社会环境之中,企业不了解竞争环境,就无法进行生产和经营,就难免在竞争中失败。企业竞争环境分析的目的就是寻找有利因素,抓住市场机会,回避不利因素,化解市场威胁。

企业竞争情报分析中的竞争环境分析,就是对企业的一般社会环境、市场环境、行业环境、自然环境方面的信息进行分析。企业在做好竞争环境分析的同时,还要注意进行环境监测,以便随时了解企业所处竞争环境发展变化情况,分析竞争态势,把握竞争动向,为管理者决策提供参考。

(2) 企业竞争对手分析。

① 识别和确认竞争对手。竞争对手范围的确定至关重要。若确定范围过大,会加大企业监视环境信息的成本;但如果范围过小,会使企业无法应对未监测到的竞争对手的攻击。确定竞争对手的一条简单原则是"那些在市场中与本企业势均力敌、相互争胜的企业"就是本企业的竞争对手。

② 采集竞争对手的信息。竞争对手确定之后,要采集竞争对手的相关信息,一般应当包括其总体经营战略目标和政策、产品和服务、定价、销售和市场营销、技术服务、运行、成本地位、研究与工程、金融、组织结构、管理层、在顾客和竞争者中的市场形象、总体形象等内容。其中,最为重要的是竞争对手的策略信息,因为两家企业采用的策略越是相似,它们之间的竞争就越是激烈。此外,竞争对手的目标信息也非常重要。

③ 评估竞争对手的能力。对竞争对手能力的评估,主要是通过分析,对竞争对手在企业组织、生产运行、产品性能、产品开发、技术动向、营销策略、财务管理等方面的现状和能力做出基本估计。同时,还要关注竞争对手的意图、近期与远期规划、现在的竞争实力和地位、竞争弱点等,特别是要对竞争对手的行为会对本企业产生的影响做出估计,对行业中"领袖企业"与"弱小企业"的特点与行为做出分析。另外,竞争者对生产要素需求的改变是竞争对手改变生产工艺和生产规模的重要信号,是分析竞争对手行为的一个关键因素。

(3) 本企业竞争战略分析。

本企业竞争战略分析包括两个方面:一是明确本企业的竞争地位。通过环境分析、市场结构分析和竞争对手分析,考察本企业作为竞争者,在市场中处于何种地位。二是相应地制定本企业的竞争战略。

【管理寓言】

要　求

有三个人要被关进监狱三年,监狱长决定满足他们三人每人一个要求。美国人爱抽雪茄,要了三箱雪茄。法国人最浪漫,要一个美丽的女子相伴。而犹太人说,他要一部与外界沟通的电话。三年过后,第一个冲出来的是美国人,嘴里、鼻孔里塞满了雪茄,大喊道:"给我火,给我火!"原来他忘了要火了。接着出来的是法国人，只见他手里抱着一个小孩子，美丽女子手里牵着一个小孩子，肚子里还怀着第三个。最后出来的是犹太人，他紧紧握住监狱长的手说："这三年来我每天与外界联系，我的生意不但没有停顿，反而增长了200%，为了表示感谢，我送你一辆劳斯莱斯！"

这个故事告诉我们，什么样的选择决定什么样的生活。我们要选择接触最新的信息，了解最新的趋势，从而更好地创造自己的将来。

3. 反竞争情报工作

由于竞争情报具有竞争性，其对抗性特征十分明显。在企业想方设法获取竞争对手情报信息的同时，竞争对手企业也会千方百计地收集你的情报信息。企业秘密信息一旦被窃，将会对企业产生极大的威胁。所以，企业必须想方设法保护好自己的秘密信息，尽量不让竞争对手能从公开场合获取本企业的情报信息，这就是"反竞争情报工作"。

二、企业文献信息系统的管理

企业文献信息系统管理的内容包括传统纸质文献信息系统的管理和电子档案系统管理两部分。传统纸质文献信息系统的管理即通常所说的档案管理，包括文献存储管理、文献服务管理和文献保护。电子档案信息系统管理包括电子档案的归档、维护、利用和安全管理。

（一）企业文献信息的类型

企业文献信息可分为内源性和外源性文献信息两大类。内源性文献信息产生于企业自身内部，主要由技术档案、人事档案、文书档案、企业经营档案组成；外源性文献信息源自企业外部，主要包括图书、报纸、期刊资料等。

1. 技术档案系统

企业的技术档案是企业在生产工艺设计、产品设计、生产设备设计等活动中形成积累起来的，经过整理、鉴定留作历史记录的技术文件材料，主要包括技术图纸、图表、专利文件、产品标准、操作规程等方面的文字材料、数据材料、照片、影片、录像、录音带、磁带、光盘等。

2. 人事档案系统

企业的人事档案是指企业员工个人在社会实践中形成的，以个人为单位的记述和反映个人经历和德才表现，经过鉴别、整理后保存起来以备查考的文字材料，它包括干部档案和工人档案两种。

3. 文书档案系统

企业的文书档案是指在企业管理公务活动中形成和使用之后，经过整理归档以备查考的各种文件材料。企业文书档案包括上级主管部门发来的指示、规定、批复、通知,企业上报的报告、请示、报表,同兄弟企业互通信息的函件,企业内发的生产计划、总结、规章、制度、会议记录、通知、通告等。

4. 经营档案系统

企业的经营档案是指企业在生产经营管理活动中产生和使用的经过整理归档以备查考的各种文件材料,包括企业客户信息资料和实物,企业各营销点工作计划、数据、方案、业绩等资料,企业所在市场的信息资料,企业竞争对手的资料,企业与供应商、经销商往来的文件资料等。

5. 书、报、刊资料系统

通常企业都要根据自身的需要购置一定数量的图书、报纸和期刊,这些资料也需要加以专门的管理和保护。

(二) 传统纸质文献信息的管理

1. 传统纸质文献信息的存储管理

传统纸质文献信息的存储管理,又称档案保管工作,包括以下五个环节:

(1) 归档。归档是指企业将在生产、经营活动中不断产生的文献信息,在活动结束后由相关业务部门整理立卷,定期移交给企业档案室集中保存的活动过程。根据有关规定,我国档案实行集中统一管理的原则,企业也应建立归档制度,任何人不得私自保存和销毁文件。

(2) 登录。登录就是建立账目。图书馆、资料室的书、报、刊资料在采购入库之后就要登录,而各类档案在归档后档案室的工作人员要对档案进行登记。登录有助于了解档案信息存储的概貌,保持信息资源的完整,便于管理,还有利于形成一种方便的检索工具。

(3) 编目。编目就是编制目录的工作。图书馆、资料室的书、报、刊资料,在登录后要编制分类目录、作者目录、书名目录。而各类档案的编目则包括两个方面,一是编制卷内文件目录,二是编制案卷目录。

(4) 编码。图书馆、资料室的书、报、刊资料,在编目后还要编制分类号;归档的档案也要根据档案室的分类体系编制档案号,其本质是用统一代码替代存储信息的名称,这与代码体系标准化的要求是一致的。

(5) 排架。排架是将经过登记、编目、编码之后的书、报、刊资料或档案在书架上或资料柜中按一定次序进行排列的过程。常用的排架方法有按登录顺序排架、按信息来源排架、按首字笔画排架、按文献内容分类排架、按文献主题排架。

排架之后要进行全宗编号。对于企业文献信息管理来说,一个全宗就是企业内一个部门、一个机构在工作活动中所形成的全部档案材料。

2. 传统纸质文献信息的服务管理

企业文献信息管理者不能只当文献资料保管员，还要做好文献信息的服务工作。企业文献信息服务工作的内容包括文献的阅览服务、报道服务、检索服务和咨询服务。

(1) 企业文献阅览服务。文献阅览服务指企业文献管理机构(图书室、资料室、档案室等)提供专门的阅览条件，让企业成员在指定时间和场所阅读所收藏文献资料的信息服务工作，主要工作内容为阅览室的管理，包括阅览室类型定位、阅览室室藏文献的组织、阅览室现场条件的准备和用户接待。

(2) 企业文献报道服务。文献报道服务指企业文献信息管理机构将自身拥有的文献信息(书刊或者档案)经过加工整理，以便于使用的形式主动及时地向全企业广泛传播。通过报道服务工作，可以让企业内更多的人知道企业自身已经收藏了哪些文献信息资源，以利于这些文献信息的有效利用。

(3) 企业文献检索服务。文献检索服务是指企业文献信息管理机构根据企业用户的要求，从企业收藏的文献信息和社会公共信息库中找出所需信息并提供给用户的过程，它包括三个方面：一是文献线索检索，向用户提供寻找所需文献线索的数量和路径；二是数据检索，直接提供用户所需的确切数据；三是事实检索，直接提供用户所需的特定事实。

(4) 企业文献咨询服务。文献咨询服务是咨询机构根据用户的要求，以专门的知识、技能和经验，运用科学方法和先进手段，进行调研、分析、预测，客观地提供几种可供选择的或最佳的方案，帮助委托方解决疑难问题的服务活动。

3. 传统纸质文献信息的保护

广义的企业文献信息的保护，一是指维护文献实体的秩序状态，使文献在存放和使用中始终有序；二是指保护文献实体的理化性状，使其在存放和使用中不受或少受人为的或自然因素的损害，并尽量延长其物质形体的“自然寿命”。前者实际上就是通常所说的文献信息存储，后者就是狭义的文献保护。狭义的文献保护是指通过研究文献制成材料的损坏规律及科学保护文献的技术方法，以达到最大限度地延长文献寿命的工作。

文献制成材料损坏的内因是材料的性能及其耐久性，它决定于材料的原料质量、化学成分、理化性能和生产过程及工艺。例如，造纸植物纤维的质量、植物纤维的化学性质和造纸过程决定着纸张本身的耐久性。文献制成材料损坏的外因是指文献周围的环境因素、生物因素及人为因素，如不适宜的温度、湿度、光照、空气污染物、虫害、霉菌及有害生物。纸质文献一旦形成，其内因已经确定，对文献寿命起决定作用的就是外部条件了。因此，做好文献保护工作，一方面要不断改进文献载体材料与记录材料本身的性能，提高其抵抗外界不利因素的性能，另一方面在文献已形成后则要不断完善文献的外部条件。

（三）企业电子档案的管理

企业的电子档案是指归档后的、具有保存价值的电子文件的总称。电子档案的优点是存储密度高、传递速度快、便于检索利用、可以大大缩短查档时间，不同地区、不同单位之间很容易实现电子档案信息资源的共享；其缺点表现为缺乏历史凭证性、无法从载体直接阅读以及网络传输的不安全性。

企业电子档案管理和传统纸质文献信息管理的项目相同，也包括档案的存储管理、服务管理和档案的保护。

1. 企业电子档案的存储管理

企业电子档案的存储管理和传统纸质文献信息存储管理大致相同，包括归档、登录、编目、编码、保存和维护等环节。

（1）电子文件的归档。电子文件的归档和档案管理中归档的含义相同，指企业将在生产、经营活动中不断产生的电子文件在活动结束后由相关业务部门整理立案，定期移交给企业档案室集中保存的活动过程。

（2）电子文件的登录、编目和编码。归档后的电子文件和传统档案归档时一样需要登录、编目和编码，不同的是电子文件的处理是通过在计算机上构建树型结构文件夹来实现的。电子文件的分类编目、编码一般主张参照档案室的档案全宗号和档案分类号来划分电子文件的类别，这有利于归档后的电子档案的分类协调管理。

（3）电子文件的保存和维护。电子文件归档保存后即进入电子档案管理时期，首要的工作就是电子文件的保存和维护，具体包括以下三个方面的内容：一是保证电子档案载体物理上的安全，二是保证电子档案内容的可读性，三是对电子档案进行有效的检测与维护。

2. 企业电子档案的服务管理

企业电子档案的服务管理又称“电子档案的利用”，从内涵上看和传统档案文献服务工作是一致的，只不过电子档案服务管理有着独特的方式和对象。电子档案服务管理主要有以下三项工作：

第一，电子档案利用者及利用服务提供者的管理。企业应当根据档案利用者及利用服务提供者的工作性质和责任的不同确定其不同的使用权限，并依此向利用系统注册登录。在实际提供利用中，由系统自动判定当前使用者的身份及其所使用功能的合法性。

第二，对提供利用载体的管理。这主要是电子档案拷贝的提供与回收，提供拷贝时应该依据利用者的需求，并确认其具有使用权限。提供时要有完善的手续，提供者和利用者双方应对提供拷贝的内容进行确认，并对使用载体的类型、数量、使用时间、最后回收期限及双方责任人等情况进行登记。同时，对提供利用的电子文件的拷贝必须及时进行回收，并对回收来的拷贝作消除处理。

第三，电子档案利用中的安全管理。这属于电子档案保护工作的范畴，参见下面的电子档案保护的内容。

3. 企业电子档案的保护

企业电子档案保护工作主要包括电子档案内容的安全管理、电子档案利用过程中的安全管理以及电子档案载体存放的安全管理。

(1) 电子档案内容的安全管理。纸质档案保护中只要保护好档案的载体“纸张”，档案信息就能得到保护。电子档案则不同，电子档案的内容信息与载体是可以分离的，因而随时都面临着被修改、盗窃，甚至被销毁的危险，还会因受到电脑病毒的攻击而损坏。

保护电子档案内容有技术和管理两大途径。技术途径主要有证书式数字签名、手写式数字签名、文件加密、数字水印、数字时间印章、身份验证、防火墙技术、防写只读技术、存取权限控制等。管理途径主要包括建立电子档案管理的记录系统，建立电子档案的制作责任制，建立和执行科学、合理、严密的管理制度、归档制度和保管制度。

【补充阅读】

数字水印技术

数字水印(Digital Watermarking)技术是将一些标识信息(即数字水印)直接嵌入数字载体(包括多媒体、文档、软件等)当中，但不影响原载体的使用价值，也不容易被人的知觉系统(如视觉或听觉系统)觉察或注意到。通过这些隐藏在载体中的信息，可以达到确认内容创建者、购买者、传送隐秘信息或者判断载体是否被篡改等目的。数字水印是信息隐藏技术的一个重要研究方向。

(2) 电子档案利用过程中的安全管理。对电子档案的利用过程中，要实行利用权限控制，防止无关人员对电子档案的非法读取，防止在利用过程中泄密和损伤信息。管理人员应当根据利用者的实际情况选择合适的利用方式，而不是无原则地向所有利用者提供全部利用方式。采用网络传输或直接利用等利用方式时，对有密级的信息内容要进行加密处理，并对所使用的密钥进行定期或不定期的更换。不论采取哪种利用方式，都必须对利用的全过程进行有效地监控，并自动进行相关记录，作为对利用工作查证的依据。

(3) 电子档案载体存放的安全管理。为了电子档案载体存放的安全，必须建立一个适合于磁、光介质保存的环境，载体要直立排放，并满足防火、防水、防潮、防霉、防虫、防光、防尘、防盗、防磁、防震、防辐射的“十一防”要求。

复习思考题

1. 企业信息在现代企业管理中具有什么作用?
2. 企业信息管理的目标和任务有哪些?
3. 基于管理职能的管理信息系统的结构主要包括哪些内容?
4. 简述管理信息系统的开发过程。
5. 企业竞争情报搜集要满足哪些要求?
6. 简要说明企业竞争情报分析的主要内容。
7. 传统纸质文献服务管理包括哪些内容?
8. 企业电子档案保护应注意哪些环节?

案例分析

沃尔玛信息化建设的启示

沃尔玛的神话与其先进信息系统的采用是分不开的,这无疑印证了信息化对现代企业的重要性。沃尔玛创始人山姆·沃尔顿曾经说过,他主张不惜代价建立先进信息系统的理念其实很简单,"我如果看不到每一件商品进出的财务记录和分析数据,这就不是做零售。"

经营之初,相对于其他大的连锁零售企业,沃尔玛只是一个不起眼的竞争者,但这种态势在20世纪末却发生了重大扭转。就在其他连锁零售仍旧以传统方式经营时,沃尔玛开始将重金投入各种信息系统的建设。至20世纪90年代初,沃尔玛在电脑和卫星通信系统上就已经投资了7亿美元,而它自身不过是一家纯利润只有营业额2%~3%的折扣百货零售公司。通过新型信息系统的应用,沃尔玛的经营效率得到了革命性的提升。通过沃尔码的网络在1小时之内就可对全球4000多家门店各种商品的库存、上架、销售量全部盘点一遍。

先进的电子通信系统让沃尔玛占尽了先机。曾有一种说法是,沃尔玛的电子信息系统是全美最大的民用系统,甚至超过了电信业巨头AT&T公司。在公司的卫星通信室里看上一两分钟,就可以了解一天的销售情况,可以查到当天信用卡入账的总金额,可以查到任何区域或任何商店、任何商品的销售数量,并为每一商品保存长达65周的库存记录。

1981年,沃尔玛开始试验利用商品条码和电子扫描器实现存货自动控制。20世纪80年代,沃尔玛开始利用电子数据交换系统(EDI)与供应商建立自动订货系统。到90年代,整个公司销售的8万种商品中,85%由这些配送中心供应,而竞争对手只有大约50%～65%的商品集中配送。

回头来看，信息化正是沃尔玛迈向成功的重要原因之一。一方面，沃尔玛通过供应链信息化系统实现了全球统一采购及供货商自己管理上架商品，使得产品进价比竞争对手降低10%之多；另一方面，沃尔玛还通过卫星监控全国各地的销售网络，对商品进行及时的进货管理和库存分配。当凯玛特也意识到信息化的重要性并效仿前者开始起步时，沃尔玛早已在全球4000多个零售店配备了包括卫星监测系统、客户信息管理系统、配送中心管理系统、财务管理系统、人事管理系统等多种技术手段在内的信息化系统。分析人士指出，当时最强的连锁零售企业的信息化水平至少已落后于沃尔玛五年，也正是这五年的差距使得他们的步伐越来越缓慢，终于被沃尔玛远远甩下。

（资料来源：联纵智达咨询机构“沃尔玛给连锁企业信息化的启示”）

问题：

1. 沃尔玛为什么能在20世纪末从一个不起眼的竞争者，实现竞争态势的重大扭转？

2. 向沃尔玛学习，我国连锁企业应该如何改变它们的业务流程和信息管理策略？

实践训练

选择本地区一家大型企业，调查了解其信息管理的现状，分析其信息管理具有哪些主要特点。

第九章　现代企业技术管理

学习目标

1. 了解技术的生命周期，掌握技术管理的内涵、内容和任务，认识加强技术管理的意义；

2. 掌握技术引进的原则、主要方式和程序，了解引进技术的消化和吸收；

3. 掌握技术创新的动力源，认识技术创新过程中存在的风险；

4. 掌握新产品开发的策略、方式、程序及工艺管理相关知识，了解提高新产品开发有效性的注意事项。

【引例】

"最具创新力企业"的典范——海尔

最近，美国《商业周刊》公布了2010年"全球最具创新力企业50强"名单。其中，海尔集团排名第27位，位列中国家电企业榜首。

海尔从一个濒临倒闭的小厂发展成为中国工业的骄傲、全球"最具创新力企业"的典范，其成功的根本原因在于，把坚持创新并不断完善国际化的创新体系作为企业技术创新工作的根本。

海尔以科学、务实、唯效果的原则，不断深化、优化创新观念。市场是企业一切工作的起点和归宿，技术创新的课题要从市场中来，又要服务于市场。为此，海尔设立了"用户难题奖"，建立了一条能迅速获取消费者需求信息的"绿色通道"。来自消费者的需求信息可得到100%的处理、分析和有效利用。

在技术创新的实施方面，海尔认为关键点是要具有超前意识和竞争意识，敢于把自己置身于国际大舞台上去竞争。海尔以超前的意识建立起国际化的运行机制，通过引进国际领先水平的设备仪器和技术开发手段，多渠道开展"产、学、研"联合，有效提高创新能力，并整合全球资源，保证企业技术创新工作的实施。早在1993年，海尔就同国际CFC无氟替代技术研究水平最高的美国马里兰大学、美国国家环保局、中国国家环保局、北京家电研究所共同开展了"CFC无氟替代+节能"技术的研究，实现了国际上最先进的冰箱"CFC无氟替代+节能"技术。

（资料来源：国研网）

【分析启示】 技术创新在现代企业发展中有着至关重要的意义,海尔通过超前、高起点,同时也是务实的技术创新,使其位于全球企业创新的潮头,完成了从一个濒临倒闭的小厂到国际化大企业的嬗变。

技术在现代文明社会的发展和进步中发挥了至关重要的作用,几乎没有人会怀疑技术的重要性。对于一个企业来说,技术的影响更是显而易见的:技术是企业竞争优势的主要来源,是决定现代企业竞争成败的关键因素。但是,技术在给现代企业带来强劲动力的同时,也给企业带来了巨大的压力。如何保持在技术上的先进性就成了企业必须要考虑的一个重要议题。对于现在企业的决策者来说,涉及技术的决策越来越困难,这就引出了技术管理问题。

第一节　现代企业技术管理概述

一、技术

(一) 技术的概念

技术的概念是伴随着人类历史而不断演化和发展的。在人类社会发展的不同历史阶段,它包含着不同的内容。由于现代科学技术的发展,人类对技术的认识发生了重大变化,技术已经成为一种包含各种因素的综合系统。有人对物质手段加以外延扩展,提出了技术是人类活动手段的总和的定义;也有人看到了科学理论知识在技术形成、发展、应用中的巨大作用,则把技术看做是科学的物化,或者把技术看做是科学规律的应用;还有人从根本上否定技术是一种客观的物质范畴,转而强调技术中人的知识和能力的重要性,主张技术是一种主观的、精神的因素,并且可以通过教育和训练而获得。

综合各种意见、认识,我们可以得到技术是物质手段与知识技能的综合系统的较为全面的认识。无论技术如何发展,它总是“不懈地改造世界和人类,以便它们能相互适应”,并且在技术的发展过程中,人类起着主导作用。概括起来,技术就是指组织或个人在利用、改造、控制和适应自然与社会的过程中,遵循规律创造和发展的、用于满足组织和社会需要的、由有形的物质要素(工具、机器、仪器等)和无形的精神要素(知识、经验、技能等)所构成的整体系统。在技术系统中,物质要素与精神要素的构成不是刚性的、一成不变的,在不同的技术中有所不同。

从企业的角度来看，所谓技术就是指科技、生产以及经营活动中，通过实践获得的知识、经验和技能，以及与之相连接的客观物质手段的集成或结合，它既包含作为一种运作手段而存在于生产、服务以及生活过程之中的有形的物质要素，也包括存在于人大脑之中的、无形的精神要素。

【补充阅读】

科学技术发展的三次革命

技术伴随着人类发展的历史而发展和演化。18 世纪以来，技术发展经历了三次革命。

第一次技术革命始于 18 世纪 60 年代，以纺织技术的改进为开端，以蒸汽动力技术达到实用阶段为标志。第二次技术革命始于 19 世纪 60 年代，是以实用电动机、发电机的发明为开端，以电力技术的广泛应用为标志。第三次技术革命始于 20 世纪 40 年代，是以核技术为开端，以电子计算技术、空间技术、通信技术等为标志。

20 世纪 70 年代中期以来，技术的发展演化正在向第四次技术革命过渡。第四次技术革命将以生物工程技术为核心的交叉技术群为代表，包括生物材料技术、生物能源技术、生物信息技术等。

（二）技术的生命周期

技术或技术系统的发展演化都遵循着生命周期规律，这种生命周期的规律是产品具有生命周期的根本原因。如图 9.1 所示，技术发展演化的生命周期过程一般包括技术创意阶段、技术研究和开发阶段、产品应用开发阶段、应用成长阶段、技术成熟阶段和技术衰退阶段。

1. 技术创意阶段

研究结果表明，当一项技术具有潜在价值时，在其付诸生产之前，技术创意和概念化的阶段就已经开始了。此时企业所面临的问题是判断针对这项技术是否应该做进一步的开发。通常，如果要继续开发，必须要满足以下几个条件：

（1）该项技术的开发和运用与企业的全局战略相关联，且该项技术在一个易于识别的市场上有着明显的应用前景。

（2）该项技术与企业的生产和市场销售能力相适应，并且企业拥有足够的财力来发展这项技术。

（3）与可替代的其他投资机会相比，发展该项技术具有令人满意的回报预期。

需要引起注意的是，上述技术开发条件往往是不易明确区分的，因为一项技术可能有多种潜在的但不明显的和可能相关的应用，在早期其大部分潜在应用都不清楚，即使最明显的应用也很不容易被识别出来，而且它们可能与公司的战略或资源不相适应。

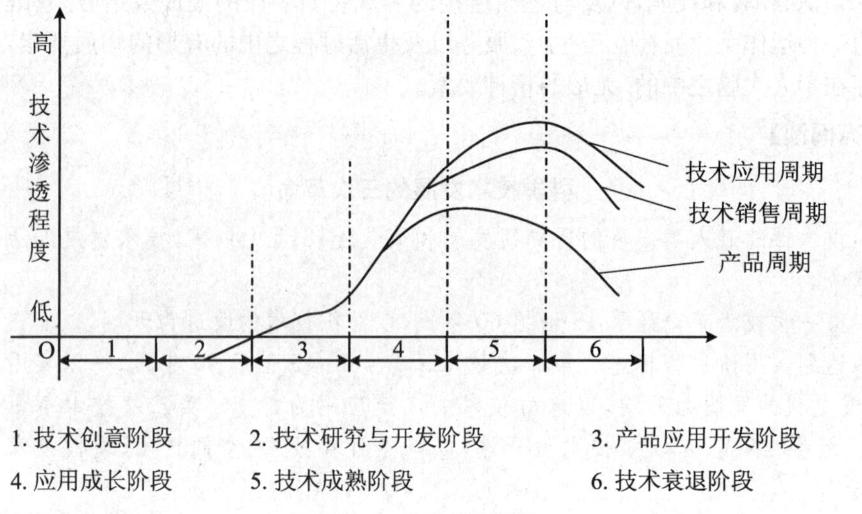

图 9.1 技术生命周期

2. 技术研究与开发阶段

在技术生命周期的这个阶段,企业所需要投入的费用,包括买入相关技术的费用巨大,企业不能仅凭其产品销售的回报来做出是否进行开发的决策,而应该考虑来自该项技术的所有收入,包括产品销售、授予许可权及可能的转手贸易的收入,应该根据所有这些潜在的收益预测来确定其商业价值。

3. 产品应用开发阶段

在应用开发阶段,企业可能进一步开发这项技术,或通过改进产品,将其应用于更宽的产品领域。但如果一项技术发展到这一阶段仍然找不到潜在的买主,技术开发决策就会变得异常复杂。一般会遇到以下几方面的问题:

(1) 市场上可能没有足够多的公司具有利用该项新技术的能力,迅速向这些公司出售许可证很容易损害该项技术的信誉。

(2) 该项技术的出售可能由于较长的导入时间而被拖延,这种技术交易可能取决于政府对买方的支持,也有可能取决于一国的产业政策。此外,当该项技术具有战略或军事用途时,技术销售还可能由于政府对卖方出售权力的限制而受到阻碍。

(3) 必须考虑一项技术的销售将会对买方中的那些负责技术开发的专家们产生何种影响,如果他们把购买技术看作自身失败的标志,则可能竭力拖延和阻碍购买该项技术的决策。

4. 应用成长阶段

在这一阶段,应着重考虑以下几个方面的问题:

(1) 市场规模。基于更广泛应用技术的考虑,企业应在地域上有选择性地确定相关地区来出售许可权,这一决策能迅速增加企业的财务收入,从而快速筹集到足够的资金来不断革新,通过快速的滚动发展来开发出新技术。

(2) 技术领先。技术原创企业通过进一步的研发,能够更好地维持其在技术上的领先地位。不过,这一做法必须要建立在周密的战略评估之上。企业要么具有实力,适于做新的创新,要么实施旧的创意。另外,一个企业如果与其竞争对手分享市场需求,则能够减少对对手发展自己技术的刺激。

(3) 标准化。在技术生命周期的成长阶段,企业的技术标准成为政府和行业的标准是最为重要的。技术原创者有着明显的先发优势,市场上的第一个产品往往就是标准。不过,当前企业之间标准之争已经变得白热化。

5. 技术成熟阶段

在这个阶段,技术已经成熟,不管是原创者还是竞争者,都已经有了相当的改进。此时,技术销售的时机不再是关键,原创企业将更加注重产品成本。

6. 技术衰退阶段

当一项技术实际上达到普遍开发的程度时,该项技术的生命周期就已经进入了最后的阶段。此时,许可生产期已满,技术已广为人知,已经不再具有多少商业价值。

二、技术管理

(一) 技术管理的内涵

技术管理(Management of Technology, MOT)作为专有词汇出现于20世纪80年代。按其角度和侧重点的不同,对MOT的定义有代表性的主要包括三类。第一类以美国国家研究委员会提出的定义为代表:技术管理(MOT)与科学、工程及管理理论相关,它是通过对技术能力的计划、开发和实施,完成组织的战略性和操作性目标。该定义强调了对技术发展的计划。第二类定义主要集中于技术发明和创新,如贝兹提出的:技术管理是对公司产品和生产能力的及时创造和提高,它包括鼓励发明、管理创新两类问题。特威斯等提出的定义也与此类似,强调技术的采用是一个复杂的过程,其成功不仅取决于对技术变化自身的管理,还取决于对实现技术的潜力和环境的处理。因此,技术管理还包括商业文化、战略、组织结构、管理态度、人力资源政策等。第三类定义是由贝德威等提出的:MOT是战略管理的一部分,在目前竞争残酷、社会价值观变化迅速、新技术开发速度加快的环境中,商业和技术的集成十分必要。技术管理实际是公司将商业战略和技术战略集成的实践，集成需要研究、生产、市场、财务、人力资源等部门的协调一致。

综合上述观点，所谓企业技术管理，就是关于如何有效地开发、利用技术，创造竞争优势的专门知识学科。它是包括研究开发等技术活动管理、相关知识与成果管理以及技术组织与人员管理等在内的知识系统。按照企业管理的职能及层次来划分，企业技术管理的内容包括：企业战略层次的管理（技术战略、相关战略协同、新兴技术管理等），企业相关职能的管理（技术组织、工艺设备、知识管理、技术标准、风险管理等），技术活动的管理（创造发明活动、新技术、新产品及新服务开发计划与实施活动、技术交易与合作等）。

（二）技术管理的内容和任务

技术远不只是由某一些要素构成的，更是一个有机的系统，包括企业一切技术活动，像为开发新产品而进行的技术课题的选择过程，新产品的设计，新工艺的方案分析、编制、设计、评定与试验，产品的试制、鉴定与推广，技术标准的制定与贯彻，技术革新与技术改造，技术转移，技术情报活动，技术产品的质量检查；还包括技术资金、技术人员等，所有这些都是企业技术管理的对象。

企业技术管理属于比较微观的和具体的管理层次，它的任务一般包括：制定本企业的技术战略与规划；在正确预测、评估的基础上选准项目或课题，制订技术开发计划；协调好各项研究开发活动，合理配置技术资源（资金、人力、物资、研究条件等）；构建学习型技术组织，完善技术人员结构，并能根据实际进行柔性化调整；加强组织内外的交流和协作，搭建共享的技术、知识和信息平台；完善科技信息与情报工作，有力地支持企业的技术发展与决策；强化技术人才和技术管理人才的培养；做好知识产权的保护以及技术成果的推广；等等。

（三）加强技术管理的意义

1. 加强技术管理是实现企业根本任务的需要

企业的根本任务是不断追踪和满足市场需求，这就决定了企业只有加强技术管理，采用新工艺、新技术，不断提高企业的技术水平，才能增加产量和品种，保证产品质量，降低原材料消耗和生产成本，才能全面实现企业的根本任务。英国产业革命最初阶段，即1770年，技术成就的生产率和手工劳动的生产率的比例是4∶1，到1840年两者的比例是108∶1。经过短短的70年，由于技术的进步使劳动生产率提高了26倍。这一事例充分说明了技术进步对提高劳动生产率的重要作用。随着现代科学技术的发展，科技作为第一生产力，对劳动生产率的促进作用不断增强。

2. 加强技术管理是现代企业生产的需要

现代企业的生产环节多，生产连续化程度高，生产工艺流程复杂。要想使各环节配合协调、设备技术状态良好以保证均衡生产，就必须加强技术管理。先进的技术和先进的管理是现代企业发展的“两个车轮”，二者相辅相成，缺一不可。没有先进的管理，技术的先进性很难充分发挥。同时，随着科学技术的发展，现代企业的生产具有高度的科学性、技术性，有的产品生产要在复杂的技术条件下进行，而现代企业工人往往又是数以千计的，企业分工精细，协作关系复杂，要使这些单位和工人有条不紊地进行工作，也必须加强技术管理。

3. 加强技术管理是市场经济的客观要求

随着社会主义市场经济的不断发展、完善，企业间的竞争日益激烈。为了求得生存和发展，企业必须不断适应人们持续变化着的需求，不断研制新产品，不断提高产品质量。这就要求企业必须在技术管理工作上下大力气，不断提高设备性能，不断优化工艺流程，采用科学的管理方法。

第二节 技术引进

普遍认为，技术引进具有“后发优势”，能在较短的时间内，以较低的代价缩短与先进国家的技术差距，实现技术跨越和赶超。对于企业来说，通过技术引进能将国外的先进技术应用到自己的生产中去，使之转化为现实生产力，提高产品的竞争能力。许多国家在其工业化进程中都选择了技术引进的途径，并取得了显著的成效。我国的经济发展和科技赶超，毋庸置疑也离不开技术引进。

一、技术引进的概念

技术引进(Acquisition of Technology)，是指一个国家、一个部门、一个企业乃至个人，通过各种途径从国外引进本国没有或者尚未完全掌握，而又急需的先进技术。它是国与国之间技术交流与合作的一种重要形式。

我国1985年颁布的《技术引进合同管理条例》规定，技术引进是指中华人民共和国境内的公司、企业、团体或个人通过贸易或经济合作的途径，从中华人民共和国境外的公司、企业、团体或个人获得技术，其中包括专利权或其他工业产权的转让或许可、专有技术、技术服务。由定义可知：

(1) 技术引进包括贸易和经济合作两大途径，其中贸易途径包括专利或其他工业产权所有权的转让，专利许可证贸易，专有技术许可贸易，涉及专利、专有技术、商标中两项或两项以上的混合许可贸易和技术服务等。经济合作途径包括直接投资、工程承包、成套设备项目、加工装配与补偿贸易、合作生产等。

(2) 技术引进所涉及的技术主要是专利和其他工业产权及专有技术。

(3) 技术引进不包括单纯的机器设备进口。

(4) 技术引进的双方当事人必须分别为中国境内和境外的公司、企业、团体或个人。在中国设立的外商投资企业从境外取得技术属于技术引进的范围。但中国境内的外商投资企业或内资企业从境内其他外商投资或内资企业取得技术则不属于技术引进的范畴。

二、技术引进的意义

1. 通过技术引进可以节省时间和费用,加速企业技术进步

通常一项科学技术从酝酿、研究、试制到最终投产要花10年左右的时间,需要大量的经费投入,项目的成败具有很大的风险。而通过技术引进,一般只需要2～3年时间就可以投入生产、产生效益,在可以节约大量研制费用的同时,还规避了研制失败的风险。

2. 通过技术引进可以填补技术空白,增强企业竞争力

从短期来看,似乎技术引进企业付出了很多的引进费用,给技术输出者送去了巨大的经济利益。但从长远来看,由于企业引进技术时总会着重于自身的技术薄弱方面,通过技术引进可以及时填补自己的技术空白,并结合自身原有的优势,使企业在新的起点上增强竞争的能力。

3. 通过技术引进可以提升产品质量,提高生产效率

企业通过技术引进,可以突破自身发展中的一些瓶颈问题,改进产品设计和生产工艺,迅速提高企业的生产效率,改进企业产品的质量。例如,早年我国上海石化总厂的塑料厂引进高压聚乙烯成套装置后,大大提高了生产的效率和效益,投产不到两年就收回了全部的引进技术投入。

4. 通过技术引进可以增强自主创新能力,实现赶超式发展

自主创新是我国企业发展的根本动力,但自主创新不等于闭关自守、盲目排外。随着商品、技术贸易和技术交流在国际范围内的不断增速,世界上没有任何一个国家能够不引进他国的技术长处而取得高速的发展。企业通过引进、消化、吸收国外先进技术,可以提高自身创新发展的起点。例如,我国从国外引进和消化、吸收了国外的高铁技术,并在此基础上进行创新攻关,实现了技术的突破。目前,我国高铁技术已经处于国际领先水平,开始向国外转让高铁技术和设备。

三、技术引进的基本原则

技术引进是一项重要而复杂的工作，投资大、技术要求高、风险高，涉及政治、经济、技术、生产、贸易、外交、法律等诸多方面。因此，在技术引进工作中，既要做好技术的选择、评价、消化和吸收工作，更要注意引进的重点、方向和规模。为此，必须遵循以下基本原则：

1. 实事求是，紧扣实际

企业引进技术要坚持从实际出发，统筹安排，循序渐进，量力而行。技术引进要考虑企业自身的能力，要与企业的资源情况、技术水平和管理水平相适应，要确保企业具有一定的资金实力，要分清轻重缓急，有计划、有步骤、有重点、有选择地进行。

2. 实用先进，平等互利

引进的技术必须先进，同时更要关注实用。要能真正提高企业的科技水平；能生产和发展出科技产品；能提高产品质量，降低成本，节约能源和材料；能充分利用本国资源，扩大产品出口；有利于改善生产条件和保护环境；有利于改善和提高企业经营管理水平。另外，在引进技术时，要在引进方和输出方之间寻找一个合适的利益平衡点，遵循互利共赢的原则。

3. 精心选择，讲究效益

为使技术引进项目能够充分发挥效益，在项目选择过程中必须要保证技术的先进性、生命力和经济性。更要在可供选择的技术方案中货比三家，在符合先进性和生命力要求的前提下，选择能够提供良好配套服务的、经济上更合理的国家和企业的技术，从而保证引进技术能够实现最佳的经济效益。

4. 消化吸收，创新发展

这是技术引进的后期工作，企业只有对引进的技术充分地消化和吸收，并以之为起点和手段，不断创新，才能进一步发展引进的技术，才能创造出不断获取新技术的力量源泉。

四、技术引进的主要方式

1. 成套设备项目

引进成套设备，就是从国外购买生产某种产品的全套设备，属于产品贸易的范畴。而成套设备项目是指输出方不仅提供设备，还需要承包几乎全部的工程，包括拟订建设方案、厂址选择、工程设计、选购设备、指导施工与安装、调试、培训人员等。这是一种一揽子的技术转让，亦称“交钥匙”项目。这种技术引进方式主要是引进生产力，技术有保障、风险小，对于迅速突破生产技术中的薄弱环节和填补空白有显著效果，但要花费大量外汇，而且也学不到关键技术，不利于提高本国的科技水平。所以，工业发达国家一般不采用这种方式，发展中国家在认识到这种方式的弊病之后，也逐渐减少了成套设备项目在技术引进中的比重。

2. 补偿贸易

补偿贸易就是技术引进企业向卖方购买成熟的技术和设备，并在双方商定的时间内，用所购买技术和设备生产出来的产品分期偿付技术和设备的购买费用（包括利息），或者用双方协商的其他商品来进行偿付。补偿贸易是技术引进和商品贸易相结合的一种方式，简单易行。对于技术的引进方来说，采用这种方式可以不必支付现汇，而且由于是用产品偿还的，可以促使卖方关心输出技术和设备的使用情况，以保证产品质量。另外，还可以利用卖方的销售渠道，组织出口，以平衡进出口贸易。

3. 合作生产

合作生产就是与国外企业在一定时间内分工合作，各自生产同一种产品的不同零部件，然后由一方或双方装配出售。合作生产的双方按照统一的技术标准和设计进行生产，技术一般由一方提供，另一方可以在合作生产过程中达到引进技术的目的。有的采取更高级的合作形式，包括共同设计、共同研究、共同确定零部件的规格、互相交换零部件等。也有的发展到合作销售，利用一方的销售网络，建立起共同的销售渠道。对于技术引进企业来说，这种方式更有利于提高工作效率，尽快生产出产品并逐步掌握所引进的技术。

4. 对外加工、装配业务

对外加工业务可分为来料加工、带料加工、来图或来样加工等形式。开展对外加工、装配业务，不仅需要外商提供原材料、辅助材料等，还需要提供相应的技术和设备，以及有关的技术服务。所以，承担加工、装配任务的企业可以从中学习到加工、装配过程中的技术，尽快掌握对方提供的技术和使用设备的技能，使工人和技术人员得到培养和提高，以达到技术引进的目的。

5. 许可证贸易

许可证贸易是将制造技术和“工业产权”作为商品，实行标价交易的技术转让，是国际技术转让中最常用的一种方式。许可证贸易实际上是一种作价的技术转让，是本义上的一种技术引进方式。它转让的一般不是技术输出方拥有的“工业产权”和技术知识的所有权，而是使用权。许可证贸易的核心是技术使用权、产品制造权和销售权的许可。许可证贸易的对象大致是专利、专有技术知识和商标三项。

6. 咨询、服务

咨询、服务是技术引进方因为需要解决技术问题向输出方提出咨询，输出方向其提供经验和技术服务的一种引进方式。这种引进方式不是为了获得某种产品的专利或特有的专有技术,仅仅是以某种服务方式进行的技术转移。如委托完成一个可行性研究,委托完成工程设计、资源勘察、分析化验以及现场指导、人员培训等。

7. 其他方式

除了上述方式以外,企业技术引进还可以通过技术合作,如合办工程设计公司、合作培训人才等方式进行,也可以通过科学技术交流,如派遣留学生、进修或出国考察、参加国际学术会议;邀请有真才实学的专家到国内讲学,或者聘请这样的专家参加自己的工程项目;与相关国际组织建立业务关系,充分利用国际组织提供的技术服务;等等。

在企业引进技术的实际工作中,各种技术引进方式往往是综合起来运用的,如合作生产常常和许可证贸易相结合,成套设备项目通常伴有大量技术专利和专有技术的许可证贸易,许可证贸易又往往包括技术服务和进口某些必要的关键设备与测试仪器等。

五、技术引进的基本程序

1. 确定技术项目

技术引进企业根据所在国家和企业自身的发展战略,从当前的需要、未来的发展计划及今后的前景等方面出发,确定自己所需要引进的技术项目。

2. 确定技术来源

新技术可以从国外的生产企业或发明人、科研机构直接取得,也可以通过中介人的介绍取得。有了新技术的来源后,引进企业应该对科技成果进行筛选,必要时可向熟悉有关技术并了解输出方情况的咨询公司进行咨询。通过中介人获知技术的来源时,完全依赖中介人将会有很大的风险,应特别注意进行调查摸底。此外,在确定技术来源时,还要进行技术文献的检索(如专利文献检索)和出国实地考察,了解技术与输出方的情况及该行业的近期发展趋势,以便对技术项目做出正确的评估。

3. 对技术的评估

对引进的技术项目进行评估,就有必要吸收行业专家组建评估小组,制定出合理的评估程序;再由评估小组对拟引进技术是否符合引进企业战略发展的需要,技术是否先进适用,以及技术引进项目的经济性等从现实和未来发展的角度进行可行性研究和分析;最后做出评估报告。

4. 谈判签约及合同审批

技术引进的谈判包括技术谈判和商务谈判。技术谈判的任务是具体确定拟引进技术的内容范围、转让或合作形式、技术传授方式、技术的性能指标要求、技术和权利的保证及验收办法等。商务谈判在技术谈判的基础上进一步明确有关技术价格、支付方式、税费、侵权保密、违约与索赔、履约保证、合同期限、生效、适用法律、争议解决方法等内容。双方就所有问题达成一致意见后即可签订合同，报有审批权的机构批准生效。

5. 输出方提供技术及相关权利

不同内容的技术引进项目提供和转让技术的方式有所不同。在技术引进合同签订生效以后，技术输出方将运用适当的方式将技术转让和传授给技术的引进方。具体的方式主要包括：提供专利使用权；提供商标使用权；提供专有技术资料，包括说明书、工艺配方、产品使用手册等；提供有关工厂布局、机器设备、原材料、工程设计、建设、管理、销售等方面的技术咨询；提供技术指导以及对引进方人员进行技术培训等。

6. 技术的消化和吸收

技术引进企业通过对输出方提供的技术资料的分析研究，经过技术输出方的技术培训指导，完成对引进技术的消化吸收，直至最终掌握技术。在多数情况下，输出方转让和传授技术不是一次性的，而是一个长期、连续的过程。技术的提供和传授应根据引进企业工程和生产计划进度的要求，甚至在合同产品正式投产后，输出方依然要继续提供某些技术。

【小思考 9.1】

技术的消化吸收在技术引进流程中具有怎样的意义？

答：引进技术的消化吸收解决了引进技术的“落地”问题，通过这一过程，才能真正掌握所引进的技术，使其发挥应有效用，并为在此基础上的自我技术创新奠定基础。

7. 使用技术进行生产和销售

技术引进企业在掌握了技术后，就会将其应用于自身的生产和销售，从中获取经济利益。在这一阶段，技术引进企业使用技术不应受到某些原因干扰，如专利侵权、专利被宣告无效等，否则应由技术输出方负责。此外，引进企业在此阶段还可要求输出方进一步提供改进技术，使产品或工艺不断得到更新。

8. 技术创新

技术引进企业在消化、吸收所引进技术的基础上对其进行改进和再创造，提高现有技术的水平，发展自己的新产品、新方法，形成具有自主知识产权的技术和产品，这是技术引进企业引进技术的最终目的，是企业技术引进战略的重要内容。

六、引进技术的消化和吸收

技术引进不仅仅是技术的简单的“买卖”或“转移”，它包括从技术知识和技能的传授直至引进企业掌握技术并用它生产、销售产品的全过程。技术与设备不同，不能在引进后产生效益，必须要经过引进企业的消化吸收，才能转化为现实的生产力。因此，引进技术的消化吸收是引进企业掌握技术、发挥技术效益、实现技术引进目标的重要环节。

引进技术的消化吸收工作包括许多内容，如翻译、消化输出方提供的技术资料；接受输出方的技术培训，在培训中学习与吸收技术资料中反映不出来的知识经验和技巧等。一般来说，技术引进企业所在国家的工业基础、人员素质和管理水平与输出方国家存在较大差距，很多情况下技术引进企业都难以完全按照输出方提供的图纸、标准、工艺流程或检验方法组织、安排生产，而是要结合自身的实际对其进行转化、修改。要做好引进技术的消化吸收，技术引进企业应努力做到以下几点：

(1) 在技术引进前，企业就应组建专门的班子，开始技术消化吸收的各项准备工作。

(2) 技术引进企业应该在引进合同中规定具体的实施进度，应该按照规定的实施进度取得输出方提供的技术，并实施引进技术的消化吸收。

(3) 引进企业要重视自身技术人员的素质。引进技术的消化吸收是一个学习的过程，其成功与否在很大程度上取决于引进企业技术人员的素质，既需要过硬的技术能力，又要有坚韧不拔的钻研精神。

(4) 技术引进企业应为有关技术人员提供必要的条件。在可能的情况下，企业应让自己的技术人员直接参与引进项目的可行性研究、技术谈判与交流或参加出国考察、培训，使他们对技术引进项目有较全面的了解，从而能够更好地实施引进技术的消化吸收。

此外，与引进技术项目有关的原材料、零部件的供应或协作加工也是消化吸收工作的重要内容。技术引进企业应物色适当、可靠的合作伙伴，要求他们按时、按质、按量地提供所需的原材料、配件及完成生产加工任务。引进技术的消化、吸收过程具有长期性和连续性，技术引进企业通过对技术知识的不断积累，加深对技术的认识，最后逐步实现引进技术的消化、吸收和掌握。

第三节 技术创新

在经济大变革的时代,技术创新有着特别重要的意义。组织靠创新而发展,企业从创新中求得生存。但实践证明,创新不是一件轻而易举的事。为促进企业的技术创新,打开企业的生命之源,需要有效的创新管理。

一、技术创新的含义

20世纪初,著名的美籍奥地利经济学家熊彼特在《经济发展理论》一书中,首次提出了"创新"的概念,并将其定义为"企业家对生产要素的重新组合",指出了创新是革命性的破坏,就是变革。创新包括技术创新、管理创新、市场创新和制度创新。之后,人们继续对技术创新做出了种种不同的解释。

目前国际上对技术创新尚无统一的严格定义,胡哲一归纳各种见解后提出:技术创新是以创造性和市场成功实现为基本特征的周期性技术经济活动的全过程。值得注意的是,这个定义强调创造思想的成功实现。这表明,单单停留在纸面上的创造并不是真正的创新。

技术创新与技术变革、发明和创造的意义有所不同。技术创新的内容包括产品创新、工艺创新、设备创新、材料创新、组织创新、管理创新。而技术变革的过程是发明、技术创新、技术扩散。

【伴随案例】

创新才是企业发展的硬道理——奇瑞汽车创新之路

截至2011年10月底,奇瑞汽车出口突破60万辆,占中国乘用车出口量的三分之一,创下中国乘用车出口量之最。奇瑞公司国际部负责人说:"创下中国汽车出口之最,靠的是我们持之以恒的技术创新。"

奇瑞公司从创建以来,十分注重研发投入,每年都会将销售收入的5%～10%投入研发,十多年来,已经累计投入研发和装备费用近200亿元,正是这些立足自主创新和核心技术的研发投入,使奇瑞成为国内汽车行业专利数最多的企业。

在奇瑞中央研究院,一系列"面向未来"的新技术令人眼界大开:利用生物材料研制的汽车装备,重量较过去减轻一半;车载信息化系统让人对未来的汽车驾驶体验充满向往……奇瑞中央研究院院长陈效华告诉记者,研究院的所有技术研发都是面向未来10到20年的前沿技术。"我们几年前开始研发的多项新技术,对目前的汽车行业来说依然十分前沿，一些企业才开始做。”

近些年来，奇瑞还不断加大对国外市场的适应性研发，针对俄罗斯市场开发了全黑色的内饰系统；针对巴西市场特点，专门派遣工程师到该国，花了一年半时间开发了可任意比例混合的乙醇汽油混合燃料车，并获得了巴西政府颁发的认证证书……正是这些适应市场需求的技术研发，使得奇瑞在国外市场不断获得认可。今年，奇瑞瑞虎荣获巴西市场的年度车型，并在埃及市场成为销量冠军，SUV市场占有率达60%。

正是“先人一步”的技术创新，让奇瑞获得了竞争优势，也让我们看到了奇瑞未来发展的巨大潜力。

【分析启示】 奇瑞通过持之以恒的技术创新，挑起了我国民族汽车工业的大旗，并走出国门，在国际市场上占领了一席之地。

二、技术创新的特征

1. 创造性

创造出新的资源以及对生产要素进行重新组合，必然伴随着改进与提高的创造性活动，这是技术创新的最基本特征。技术创新是企业的一种创造性行为，是企业创新精神的实践，它要求创新的主体——企业必须要具有强烈的创新意识，富有创造性的决策能力、勇于承担风险的胆识以及创造性的组织才能。正是基于这一特征，熊彼特将创新活动形容为一种“创造性的破坏”。另外，从创新成果来看，不管创新程度如何，所有的技术创新都具有一定程度的独创性，或是创造出全新的功能价值，或是对原有功能、价值的增加或革新。

2. 累积性

每一轮新的创新都是在先前创新成果的基础上进行的，新一轮的创新并不是全盘否定原有的产品和生产要素组合，而是在知识累积到一定程度时对旧有产品和工艺的一种扬弃和技术突破。技术创新的累积性的另一层含义是，技术创新并不一定会带来技术上的突变，企业创新实践过程中的大量成功的创新往往是渐进的，是通过点点滴滴累积而得到的，而不一定是技术上的新飞跃。

3. 效益性

任何层次及规模的技术创新活动，都需要一定数量的资源投入，这是开展技术创新活动的物质保证。同时，伴随着这种投入，每一次成功的技术创新又总会获得相应的新增财富或比较利益，这也是企业进行技术创新活动的根本动力所在。企业技术创新的效益性，不仅表现为企业的经济效益，而且还会有一定程度的社会效益以及宏观的经济效益。诸多的理论研究及实践均已证实，企业持续不断的技术创新是促进一国经济增长的基本保证。

4. 扩散性

企业的技术创新活动不仅有利于企业自身的发展，而且还具有正的外部效应。一旦技术创新取得成功，会对企业的发展直至整个社会经济的增长发挥一定的推动作用。促使技术创新活动产生最大的经济效益和社会效益的一个重要途径就是技术创新成果的扩散。技术创新及其扩散的过程，才是真正地促进发展、增进财富的过程。通过扩散，技术创新的综合效益才能得以实现。

5. 风险性

并非所有技术创新活动都必然会为企业带来增量收益，技术创新活动是一项高风险的创造性的技术经济活动，技术创新活动所能获得的增量收入的多少与创新活动所面临的风险大小是相对应的。在技术创新的过程中，有些因素是企业可以控制的，有一些因素是不可控的，是事先难以估计和把握的。即便在发达的工业化国家，也有将近90%的技术创新项目在进入市场实现商业化之前即宣告失败。所以，企业在创新过程中始终要保证严密的组织、控制和决策，从而将风险性降到最低。

三、技术创新的类型

1. 产品创新与工艺创新

这一分类是按照创新对象的不同而划分的。顾名思义，产品创新的创新对象是产品，创新的目的是获得与已有产品不同的新产品；而工艺创新则是创造出不同的加工方法和工艺流程。

2. 渐进型创新与突破型创新

这是按照创新技术的变化性质和技术创新程度及重要性的不同而划分的。渐进型创新是指对现有产品和工艺的非质变性的改革与改进，这是一种渐进式的连续创新，创新的思路常常源自于一线的工程师、工人乃至直接用户。虽然这是一种非质变性的创新，但其重要性却不可轻视，这种改进的不断进行最终也可能使某项技术产生质的突破，给人们的生产、生活方式带来巨大的影响，具有良好的商业价值。

突破型创新也被称为根本性创新，则是指技术上的重大突破，并在商业化方面取得成功，获得相应效益的创新活动。这些技术突飞猛进的创新过程，会大大促进企业的发展。通常，这类创新活动都是研究开发部门精心研究的结果。

3. 资本节约型技术创新和劳动节约型技术创新

这类创新是为了节约生产要素，提高企业的经营效益。企业生产过程所需的两大基本要素是资本和人力。所谓资本节约型技术创新的效益主要体现在缩小了生产要素构成中物化劳动的投入比例，会使企业生产向劳动密集型生产方式转移。而劳动节约型创新的效益主要是减少了活劳动的价值构成比例，会促使企业生产方式向资本密集型方式转移。

4. 自主创新与合作创新

这是按照技术创新活动过程中参与创新活动主体的不同来划分的。企业自主创新是指企业完全依靠自身的技术力量，依靠企业自身的努力来攻克某些核心技术难关，取得有价值的、突破性的研究成果，并将这一成果有效地加以运用，自主完成技术成果的商业化过程。

与自主创新相对应，合作创新过程中的创新主体范围大大扩大，合作创新的主体可以是不同企业之间的合作，也可以是企业与科研机构或大专院校之间在资源共享或资源互补前提下的合作性经济技术行为，各合作方共同投入，共担风险，也共享技术创新成果的利益。

自主创新与合作创新不仅是企业的两种不同形式的技术创新行为，从创新对企业发展的战略意义角度来看，自主创新和合作创新又是企业技术创新活动的两种不同类型的战略选择。

5. 首次创新与二次创新

按照技术创新基础不同，还可以把技术创新活动区分为首次创新与二次创新。首次创新的主要特点表现为创新活动的率先性和创新活动成果的独占性，这种技术创新的成果可以主导这一技术的形成和发展轨迹，并主导技术范式；同时还意味着取得首次创新成功的企业在实现新技术的商品化过程中优先享有一定的垄断收益。但与这些优点相伴随的是首次创新需要很高的投入，具有高风险性，且有些技术创新在此方面会表现得较为突出和明显。

二次创新是相对于首次创新而言的，是在首次创新结果的基础上进行的，在首次创新结果的商业化过程中出现的。其运行过程可以简要地归结为：技术选择——技术引入——引入技术的消化与吸收——对引入技术的再度创新。与首次创新相比，其创新周期短而且创新成本投入也大大减少，相应的创新风险程度也大为降低。

6. 企业技术创新与产业技术创新

这两种技术创新活动的规模及影响不同。企业技术创新是以某个企业为主体的创新活动，而产业技术创新则是指某一类技术创新活动的产业化。产业技术创新或者表现为创新技术的规模化和群体化，并因此而兴起一种新兴的高新技术产业；或者表现为由某类创新技术的商业化及扩散过程而使传统产业的传统技术得以突破性改进，大大提高整个产业的整体效率。

四、技术创新的动力

关于企业技术创新的动力来源，国内外学者研究总结出了许多理论，其中比较有代表性的有以下几种：

1. 科学发现或技术发现推动

以熊彼特为代表的早期的技术创新理论认为，技术创新的动力来源于科学发现或技术发现。按照这一理论，技术创新是由科学技术的新发展推动而产生的，科学技术上的重大突破是技术创新的原动力。通过成功的科技创新，使这些科学发现或技术发现转化为全新的产品，创造出全新的市场需要（如图 9.2 所示）。

图 9.2 技术创新的科学发现和技术发现推动模型

在这一模式下，技术创新活动受科学发现或技术发现所驱动。也就是说基础研究是科技创新的起点，并通过技术创新为基础研究成果找到市场、实现商品化。在人类的生产生活实践中也不乏这一模式的例证。如人造橡胶、尼龙、半导体等技术创新，就是典型的由科学发现或科技发现推动的技术创新。

从西方国家技术发展的历程来看，20 世纪中叶以前的早期技术创新多是由科学发现或技术发现推动的。由技术创新者将发明者在实验室中取得的成果产品化，并寻找相应的市场。科学发现或技术发现推动型的技术创新一般都是重大的创新，往往会由此而形成新的产业或一大类新的产品，但这类创新的周期一般都很长，风险性也很高。

不过，第二次世界大战以后，社会化大生产提高了劳动生产效率，产品的供给不断增加，竞争更加激烈，企业的经营观念不得不由过去的利润导向转变为市场需求导向，企业开始将市场需求作为生产经营活动的中心。在这一背景下，出现了一些无法用上述理论解释的现象，如日本在半导体、复印机等多个领域具有强大的产品创新实力，但这些成功的取得借助的却是美国的科研成果。这一现象表明，科学技术的突破与发展确实给企业带来了一定的创新推动力，但它却并不是企业创新动力的唯一源泉，我们还必须撇开科学技术发展，到市场中去寻找答案。

2. 市场需求拉动

这一理论认为技术创新的动力来自于市场需求。具体来说，就是市场需求信息是技术创新活动的出发点，它对产品和技术提出明确的要求。相应地，企业通过技术创新活动，创造出适合这一需求的适销对路产品，来满足这些市场需求（如图 9.3 所示）。

图 9.3　技术创新的市场需求拉动模型

现实生活中很多技术创新的动力都源自于市场需求。这里的市场需求是一个广泛的概念,既包括消费者的需求,也包括企业生产的需要。市场需求拉动理论强调了分析研究市场机会对企业的重要性。通常,市场需求拉动的技术创新大多数都是产品创新或工艺创新,创新周期较短。相对于科学发现或技术发现而言,企业对市场需求变化的反应更为敏感,因为市场需求为企业提供了更为明确的创新目标,并且由于存在现实的市场需求,创新的风险性较小。所以,企业利用市场需求拉动型创新机会的积极性往往会更高。

3. 科技和市场需求综合作用

尽管科学发现或技术发现推动和市场需求拉动的技术创新活动都存在着很多成功的实例,但是单独使用以上两种模式中的任何一种,都无法对现代企业的技术创新活动进行全面的解释。更重要的是,科学技术的迅猛发展使得技术的综合程度越来越高,涉及的因素越来越多,越来越复杂,很难明确断定哪些是纯粹的科学发现或技术发现推动型的创新,哪些又是纯粹的市场拉动型创新。实际上,这两种动力往往同时存在,但又无法明确区分哪种动力起的作用更大。因此,在 20 世纪 70 年代末,有学者提出了综合作用理论。

综合作用理论认为,现代技术创新是一个复杂的过程,事实上是科学发现或技术发现推动力和市场需求拉动力共同作用的结果,科学技术进步和市场需求是共同决定科技创新成功与否的两个重要因素。这两个因素相互作用,相互影响。企业既要寻找技术上的可能性,即技术支持,又要确定是否存在市场机会,即市场需求支持,技术创新活动是这两方面力量共同作用下的结果,这两种力量构成了企业技术创新活动的根本动力(如图 9.4 所示)。

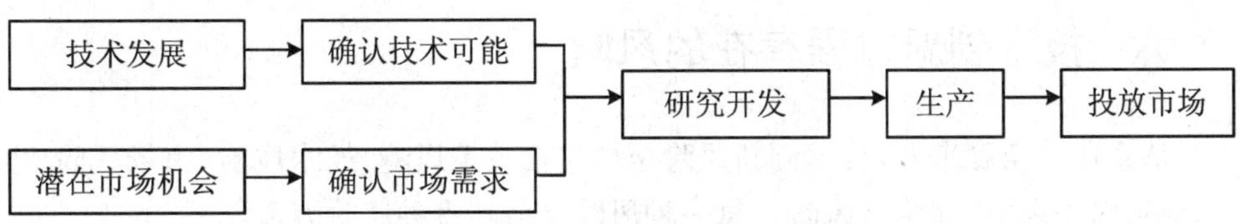

图 9.4　技术创新的综合作用模型

综合作用模式下的技术创新以市场的潜在需求为出发点,以技术应用为支撑,其创新成果往往是开发出全新的产品,从而将潜在的市场激活为一个现实的市场。如信用卡,就是信息技术在金融领域内的新应用,它不仅改变了货币的传统形式,也改变了人们使用货币的方式,开辟了前景广阔的电子货币市场。另外,综合作用模式下的创新产品，不但具有新颖性，而且还具有一定的持久性，其生命周期一般比较长。

五、技术创新的过程

技术创新是一个动态的过程，以创新思维的形成为起点，随着信息、资源、人力、物力等要素的不断投入，创新活动不断深入。在这一过程中，各个环节必须紧密配合，才能顺利实现创新目标。鉴于技术创新过程中的这种关键性特点，澳大利亚经济学家唐纳德·瓦茨引入了“技术创新链”的概念来描述技术创新的过程。

“技术创新链”由七个主要环节相连而成，它们依次为：因某项发明或实际需要而产生创新设想；为市场分析、企业计划和技术开发活动筹集资金；进行技术开发活动；进行市场分析，拟定发展计划；为生产和销售进行投资；投入生产并销售；取得应有的收益。

将这一过程加以进一步的概括，我们可将技术创新活动过程总结为四大环节：

一是创新思路形成阶段。

二是将创新思维转化为新产品或新工艺的开发阶段。

三是新产品的市场营销活动阶段，也就是技术创新成果的商业化阶段。在这一阶段中，创新企业会因其技术领先优势而享有一定的垄断收益。

四是创新成果的扩散阶段。在这一环节，技术创新成果开始形成规模效益和累积效应，其结果是推动了企业乃至整个产业的技术进步与发展。

技术创新的这一过程循环不息，最终会推动整个国家技术水平的不断提高，进而推动国民经济的日益繁荣。当然，这是以技术创新成功为前提的。在这一过程中，无论哪一个环节出现问题，都会使“技术创新链”断裂，会使技术创新过程无法继续。

六、技术创新过程存在的风险

从企业的角度来看，技术创新风险至少包括政策风险、技术风险、市场风险、生产风险、财务风险、和管理风险。每一种风险又包括多种风险因素：

1. 政策风险

政策风险主要包括项目不符合国家或地方的环保政策、能源政策、科技政策和外贸政策；无法获得产品、原辅材料、设备、技术的进口许可证等。

2. 技术风险

技术风险主要表现在技术开发难度大，关键技术预料不足；技术知识无法获得；关键技术难于突破；存在技术障碍和技术壁垒；实验基地、设备和工具缺乏等方面。

3. 市场风险

市场风险主要包括新产品由于性能、稳定性或消费者惯性等因素一时难于被市场接受；市场需要开拓且难度较大；因价格等原因市场需求不旺或增长不快；市场定位不准，营销策略、营销组合失误；新产品寿命短或开拓的市场被更新的产品代替等。

4. 生产风险

生产风险主要有难以实现大批量生产；工艺不合理或现有工艺不适应；生产周期过长或成本过高；原材料供应无法解决；测试手段落后，产品质量难于保证，可靠性差等。

5. 财务风险

财务风险主要表现在技术创新资金不足以及融资渠道不畅等方面。

6. 管理风险

管理风险主要包括高层领导关注不够；领导人做出错误的决策；调研不充分，市场信息失真；组织协调不力，其他部门配合不好；风险决策机构机制不健全，研发过程不协调。

【小思考 9.2】

创新的本质决定其具有高风险，强调高风险会不会导致因循守旧？

答：强调技术创新的不确定性和高风险性，并不是说企业从此不要再开展技术创新，而是提醒企业要冷静分析技术创新的各种制约因素，将技术创新的不确定性降低到最低程度。

第四节 新产品开发

一、新产品的含义

（一）新产品的概念

所谓新产品，是指从未在市场上出现过的产品。新产品是一个相对的概念，既相对于老产品，又相对于一定的时间和地域。因此，从广义的角度来看，新产品至少可以从下面三个角度来进行定义：

（1）企业视角的新产品。指企业推出的现在自己没有的产品，包括产品的新的形式、新的技术或新的效用。

（2）市场视角的新产品。即企业推出的目前市场上没有的产品，如改进的产品、变型产品或全新产品等。

（3）技术型新产品。指采用新技术、新工艺或新材料，功能和效用改进的产品。

（二）新产品的分类

1. 按产品具有的质的新颖程度划分

（1）全新新产品。即完全应用新原理、新技术、新材料制成的市场上未曾出现过的产品。全新的产品问世，往往伴随着科学技术的重大突破。

（2）换代新产品。即在现有产品基础上，为满足社会需求，采用新原理、新材料、新结构、新技术制造出来的性能有重大提升的产品。

（3）改进新产品。即在原来的老产品基础上加以改进，使之在性能、结构上具有新的特点，用途上有所扩大。

（4）仿制新产品。指企业合法仿制其他企业生产的产品，在自己生产并销售的区域内这种产品还是首次出现。

2. 按地域范围划分

（1）世界范围的新产品。这种新产品是在全世界首次出现，它的出现往往标志着在技术上的突破。它是所有新产品中的一小部分，是同类产品中的领先者，并且开拓了一个全新市场。

（2）国家级新产品。这属于在国内首次设计、试制、生产，填补了国内空白的产品。根据我国统计局的相关规定，只有在国内第一次研制并生产的产品，才能称为国家级新产品。

（3）企业新产品。即对于市场来说已经不是新产品，但对于某些特定企业而言是新的，是以前没有生产过的，它们为企业提供了一个进入竞争市场的机会。如佳能生产自己的复印机系列和施乐竞争时，它就进入了文件复印机市场。

3. 按产品开发决策的方式划分

（1）企业自主开发的新产品。指企业通过市场调研，预测市场需求的发展趋势，并据此来开发的新产品。

（2）用户订货开发的新产品。指企业依据用户提出的要求（具体产品方案），进而开发出的新产品。

二、新产品开发的策略

（一）新产品开发策略的类型

1. 技术领先策略

又称为领先者策略，企业采用这种新产品开发策略，目的是赶在所有竞争者之前率先采用新技术，并使新产品最早进入市场，争取创立名牌产品，从而获取较大的市场占有率和利润。采用技术领先策略要求企业要具有雄厚的实力，有较强的应用研究与开发研究的能力，能先发制人，保证技术处于领先地位。但采用这种策略进行率先开发，投入大，风险也较大。

2. 紧随领先者策略

采用紧随领先者策略的企业通过迅速地仿照领先者的产品技术，在产品生命周期成长期的初期将自己的新产品投入市场。企业采用这种新产品开发策略需要拥有较强的开发能力与工程技术力量。在营销方面，和采用领先者策略的企业有所不同，营销的重点不在于激发用户的初始需求，而是如何把现有用户吸引过来，同时需要总结领先者成功的经验和所犯的错误，从而开发出性能更好、可靠性更高、具有先进性的产品。

3. 仿制策略

执行这种技术开发策略的企业，通过仿制，以较低的成本实现市场开拓。这一策略要求企业的设计与工艺部门具有较强的降低成本与费用等方面的能力，产品进入市场的时机一般也选择在成长期或稍后一段时间里，这时产品的销售量较大，可以接近在经济上最合理的产量规模。同时，可以使企业自身的大量投资发生在产品定型化或标准化之后，大大降低产品开发的风险。

4. 特定市场策略

企业采用部分市场策略来开发新产品，就是将自身的基本技术专门用来为少数具有特定需求的客户服务。采用这种新产品开发策略要求企业具有较强的设计与工艺力量，并要求制造力量有较大的弹性。产品投入市场的时机可以选在导入期或成长期，也可选在后期市场进一步细分的阶段。

由于采用不同的新产品开发策略的企业选择进入市场的时期有着明显的不同，因而也可按进入市场的时间来划分新产品开发策略，即把“技术领先者策略”称为“第一进入市场策略”，把“紧随领先者策略”称为“第二进入市场策略”，把“仿制策略”称为“晚进入市场策略”。

（二）新产品开发策略的选择

不同的新产品研究与开发策略，具有不同的适用条件，不同的企业也具有自身的优势和特点，并面临不同的市场。所以，企业在选择新产品开发策略时，必须要考虑到自身的技术、设备、资金等条件，因地制宜，做出客观、科学的选择。

新产品开发策略的选择受到很多因素的影响，其中影响最大的就是企业的总体经营战略，以及企业的技术策略，即企业新产品开发的重点是放在创新还是放在仿制上。此外，风险因素也非常重要，只有对于社会而言有利，对于企业而言预期收益大的项目，才值得冒更大的风险。

企业在具体选择新产品开发策略的过程中，如果条件具备，比如具有专利保护或新产品要用的特种设备容易解决等，则可以采用技术领先策略，率先进入新市场，成为领先者。而采用仿制策略的企业，一般来说在价格竞争上处于劣势，且必须在占领市场方面花费很大的投入，在整个产品生命周期中，企业所获得的利润比较低，但它所承担的风险也相对较小，因为技术领先者已在前面做了大量的市场试销与开拓工作。在很多情况下，技术领先者不可能占领所有的市场，从而为后进入市场的仿制者开创了机会。另外，企业究竟采用何种新产品开发策略还将取决于企业的具体条件，其中最主要的是新产品的类型与性质、企业研究与开发的力量、企业在新产品开发上的投资力度以及企业的营销实力等。

【伴随案例】

娃哈哈的新产品开发战略

创立于1987年的杭州娃哈哈集团，能在短时间内由一家校办工厂发展成为中国最大的食品饮料企业，与其实行的创新战略密不可分。娃哈哈已形成年产饮料500万吨的生产能力及与之相配套的制罐、制瓶、制盖等辅助生产能力，主要生产含乳饮料、瓶装水、碳酸饮料、热灌装饮料、罐头食品、医药保健品六大类30多个品种的产品，其中瓶装水、含乳饮料、八宝粥罐头多年来产销量一直位居全国第一。不断推出的新产品体现了娃哈哈一贯的以守为攻、伺机而动的防御性战略，这也是娃哈哈市场制胜的法宝。

严格地说，娃哈哈集团推出的大部分产品都是跟进模仿的，节省了大量的前期费用，减少了市场风险，提高了新产品推出的成功率。其成功要素有三：

一是在模仿中创新，不做第一创新者，但紧跟并超越第一创新者。娃哈哈开发的第一个产品是儿童营养液，当时国内做营养液的企业虽已多达30多家，但没有一种是针对儿童这一目标消费群的。娃哈哈抓住了这一细分市场，并挖掘出“吃饭香”这一卖点，采用“喝了娃哈哈，吃饭就是香”这样的感性诉求，同时引发大人和儿童的互动。AD钙奶是乐百氏先推出的，娃哈哈跟进时加上了“吸收”的概念。娃哈哈做茶是跟进康师傅和统一的，但先行者只是宣传这类产品的共性，娃哈哈推出时省略了共性宣传，强调其个性“天堂水，龙井茶”。娃哈哈“非常”系列中，非常可乐跟进可口可乐和百事可乐，针对男性市场；非常柠檬模仿雪碧，针对女性市场；非常橙汁模仿芬达，针对儿童市场。且“非常”系列在市场推广初期避开了可口可乐公司的核心市场——城市市场，走“农村路线”，这是一种“柔道战略”。

二是掌握投放时机，在规模化市场形成的时候投放。

三是讲究速度。可口可乐公司自认在市场推进速度方面比不过娃哈哈，这得益于娃哈哈的网络优势和统一、集中的组织构架与决策机制。有了这个基础，才能在快速推出的同时，迅速形成规模优势，进而转化为成本优势和竞争优势。

【分析启示】 娃哈哈通过独特的模仿战略——在模仿中创新，在节省了大量前期费用的同时，实现了紧跟并超越第一创新者。

三、新产品开发的程序

新产品开发是一项科学性很强的管理工作，涉及面广，对企业的生存和发展具有重大影响。新产品开发既要解决技术问题，又要解决许多管理问题，因此必须按照一定的程序进行运作和管理。完整的新产品开发过程如图 9.5 所示，一般包括以下几个阶段：

1. 调查研究与前期开发阶段

这一阶段的主要任务是以企业经营目标、企业资源条件和国家经济发展的方针政策为基础，通过调查研究来确定产品开发的目标，形成新产品的构想，并进行方案评价。新产品的总体设想可以来自于用户的要求、竞争对手的产品状况、社会科研成果以及企业内职工的建议等。在整理出多种设想方案后，企业要有针对性地对市场需求、技术发展和竞争状况进行调研，并根据企业的经营目标和能力进行方案的评价和筛选，最后提出新产品开发建议书。

2. 样品设计和试制

样品设计和试制又被称为设计性试制，这一阶段的主要任务是根据新产品开发建议书制订出新产品开发（设计）任务书，进行产品设计，编制工艺文件，完成样品的试制和鉴定。产品设计通常分为初步设计、技术设计和工作图设计三个步骤（见图 9.6）。样品试制和鉴定的目的，是检验产品设计的质量，看其能否满足用户需要，能否定型生产。

3. 小批量试制阶段

小批量试制也被称为生产性试制，这一阶段的任务是验证、审查和修改全部工艺文件和工艺装备，通过试制鉴定和试销进一步改进产品，为正式投产和推向市场

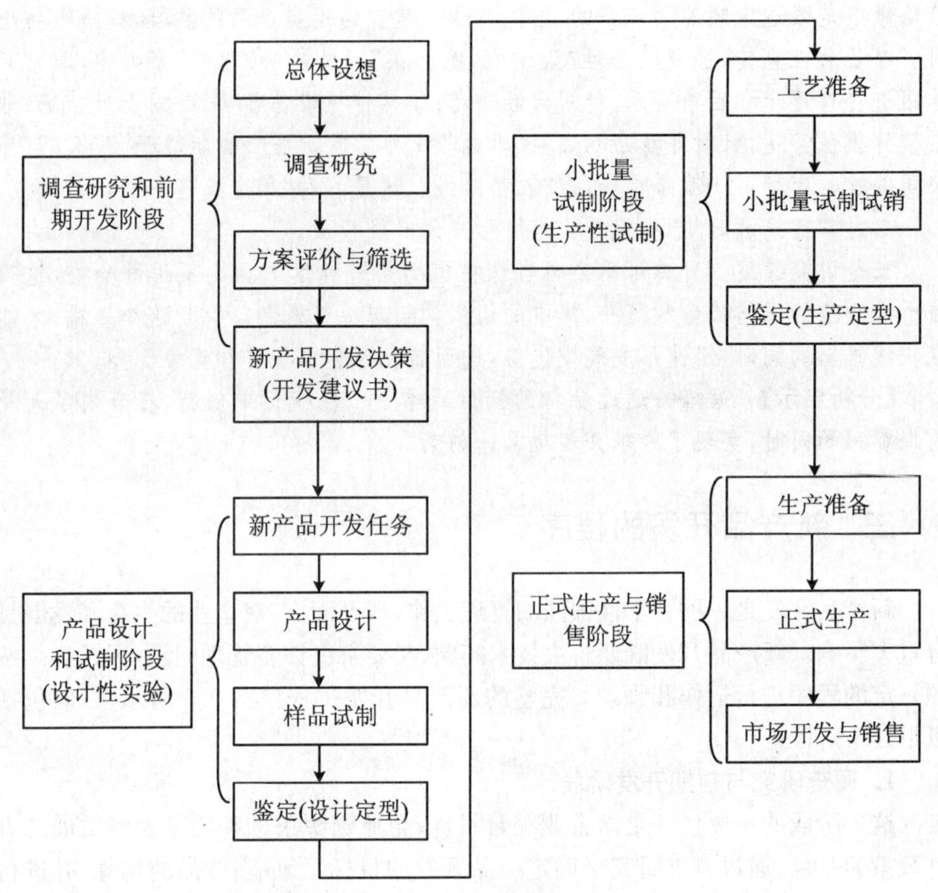

图 9.5 新产品开发的程序

做好准备。这一阶段通过工艺准备、小批量试制和试销、生产定型鉴定等工作,使产品正式定型,并保证成批生产的产品能够达到设计标准,具备正式生产所需要的各种条件,且具有市场销售成功的有力保证。

4. 正式生产与销售阶段

正式生产与销售阶段是新产品商业化阶段,这一阶段的主要任务是完善工艺准备和生产组织,健全销售服务体系,使各项准备工作达到进行正常生产和销售的要求。在这一阶段要重点抓好两项工作:一是生产技术,包括正式投产所需的工艺准备、物资准备、生产组织准备,制订生产技术准备计划;二是新产品的市场开发,主要解决新产品何时推出、何地推出、向谁推出以及如何推出等问题。

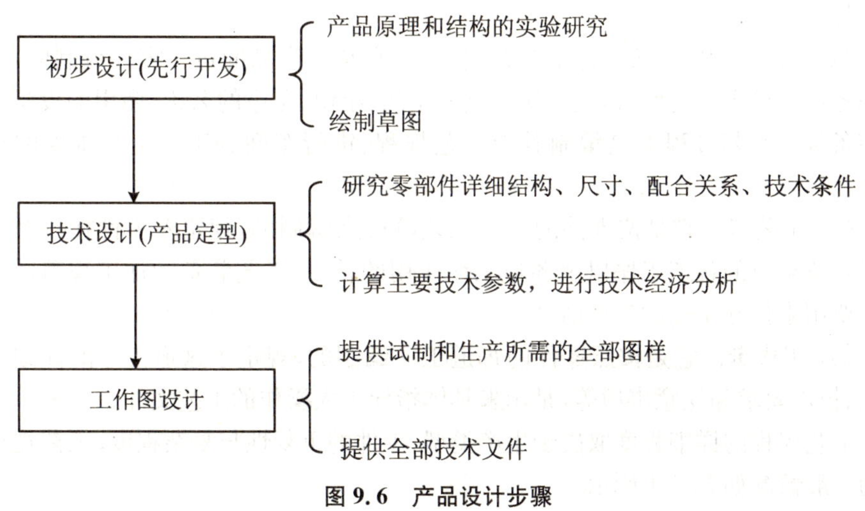

图 9.6 产品设计步骤

四、工艺管理

工艺管理是企业保证新产品试制和正式生产达到设计要求，指导工人操作，保证产品质量的一项重要工作。它的内容包括产品结构的工艺性分析与审查、工艺方案的拟订及选择、工艺文件的编制、工艺装备的设计与制造等。

1. 工艺性分析与审查

产品结构的工艺性分析与审查，是从工艺的角度检查产品的结构是否合理，是否便于加工。新产品的图样必须经过工艺性审查才能作为工艺设计的依据，通过工艺性分析与审查，可以使新产品的结构尽量符合本企业的生产条件，达到最佳的经济效果。

2. 工艺方案

工艺方案是为新产品生产或老产品改进进行工艺准备的总纲，也是进行各项工艺设计及准备的指导性文件。工艺方案主要解决如何在保证设计质量和经济效果的前提下进行制造的问题。它的主要内容有：产品的性能、精度及特点和特殊要求，关键性工艺及解决方案，工艺路线的安排原则，工艺规程的形式、详尽程度、种类数量的原则，工艺装备的设计原则与工艺装备系数，工艺方案的经济效果分析等。

3. 工艺文件

工艺文件包括工艺规程、检验规程、工艺装配图、劳动定额表、材料定额表等，其中最主要的是工艺规程。工艺规程是指导产品加工和工人操作的技术文件，其

6. 企业提高新产品开发的有效性措施有哪些？

案例分析

从"赶超"到"领跑"——高铁演绎自主创新的"中国速度"

耗时半个世纪，日本新干线铺设了2325千米，平均运营时速243千米；历经20载，德国城际高铁贯通了1560千米，平均运营时速232千米；仅用5年，中国高速铁路突破了2700千米，平均运营时速逾300千米，不仅总里程与运营时速双双跃居世界第一，技术体系还赢得了美国、俄罗斯等传统铁路强国的垂青。

从"赶超"到"领跑"，中国铁路在短短5年时间里，实现了从高铁技术输入国到输出国的完美转身，演绎了自主创新的"中国速度"。

1. 科学决策——引进先进技术体系，铁路迎来黄金机遇期

21世纪初，中国铁路被嵌入了一个尴尬的历史坐标系。我国铁路列车平均时速仅55千米，客车装备制造水平仅相当于发达国家20世纪70年代的水平……铁路已成为严重制约经济发展的瓶颈。

2004年1月7日，国务院批准了我国历史上第一个《中长期铁路网规划》，以高速动车组为代表的铁路现代化建设的黄金机遇期悄然而至。然而，高速铁路是新学科、新技术、新材料和新工艺的集大成者，中国铁路要凭借自己的力量从55千米跨越到300千米乃至350千米的时速等级，这在当时看来简直是"天方夜谭"。因此，经过艰苦细致的谈判，中国引进了当今世界最先进的机车车辆技术，而转让价格与国际价格相比降低了15%以上，保证了技术引进的"质价双优"，实现了国家利益的最大化。

2. 艰难开拓——消化吸收搭建平台，实现高铁技术储备

以低成本引进的先进动车组和大功率机车技术，为掌握高速铁路的关键技术，实现"中国高铁中国造"打下了坚实的基础。但事实证明，"引进"只是万里长征第一步，"消化、吸收"是更艰难的跋涉。在阿尔斯通意大利工厂，在西门子德国车间，在庞巴迪意大利组装线，在日本川崎重工焊接工地……从管理到技术，从设计到总装，中国第一代高铁工人全方位地汲取着营养。正是这样一批海归工人边学习、边实践、边完善，完成了交流电力机车总成、铝合金车体、转向架等高速动车九大关键技术体系的消化吸收，实现了高铁技术的原始积累。

中国铁路在与时间赛跑。不到一年时间，基础研发平台、制造平台和产学研联合开发平台在各大企业迅速搭建成型。在短短3年多的时间内，中国不仅实现了时速200千米动车组国产化批量生产，而且搭建起了国际先进的高速动车组技术平台，自主研制出了中国首批时速300千米动车组。

3. 后来居上——开放的研发模式,激发创新的“中国速度”

关键技术可以买,但创新能力是买不来的。我们必须先把别人的技术吃透,然后产学研紧密结合,联合设计生产,创造中国自己的技术标准。

中国高铁的研发生产,打破了门户之见,主管部门、科研院校、中外企业的积极性被充分调动,不仅使高速铁路技术研发拥有了一支响当当的国家队,还使得科研成果转化为现实生产力的时间缩短了十几倍。

如今,世界上运营里程最长的高速铁路在中国,世界上首条修建在大面积湿陷性黄土地区的高速铁路在中国,世界上运营时速最高的高速铁路也在中国……在高铁项目的拉动作用下,中国高速铁路产业链被迅速培育成熟整体升级,保证了关键技术不受制于人。美国、俄罗斯、印度等国纷纷正式提出全套引进中国高速铁路技术的意向,高速铁路不仅有了中国标准,中国标准还将走向世界。

(资料来源:王政,陆娅楠.从“赶超”到“领跑”:高铁演绎自主创新“中国速度”[N].人民日报,2010-3-1(01).)

问题:

1. 通过技术引进和技术创新,我国铁路取得了怎样的成就?
2. 我国铁路技术引进取得巨大成功主要有哪些经验?
3. 结合案例说说在技术引进中注重开展技术创新的重要意义。

实践训练

选择本地区某大型企业,调查了解其技术管理的状况、主要特点及竞争能力。

第十章　现代企业文化管理

学习目标

1. 了解现代企业文化的内涵和由来；
2. 掌握现代企业文化建设的原则；
3. 理解企业形象识别含义和具体内容；
4. 明确交叉企业文化的含义和相关内容。

【引例】

鹰的重生

TCL 集团董事长李东生写了一篇《鹰的重生》的文章，文中李东生首次公开反省了自己的三大管理失误，并且首次阐述了 TCL 集团管理高层前不久“大震荡”的真正理由。

2006 年 6 月 7 日，TCL 集团对外发布公告称，袁信成已经辞去其担任的集团董事及首席运营官(COO)职务，胡秋生辞去其所担任的集团董事及高级副总裁职务，胡秋生同时还辞去 TCL 与汤姆逊的合资企业——TTE 公司执行董事长职务。TCL 集团品牌中心新闻发言人郭伟向记者表示，袁信成和胡秋生此前所担任的职务，目前还没有其他确定人选，他俩此前负责的工作，目前都由李东生亲自负责。从 TCL 移动前总裁——“手机狂人”万明坚的辞职，到袁信成和胡秋生的辞职，再到 TTE 不少中层管理人员的离开，TCL 集团近两年来，一直处于“人事震荡”的风口。目前，李东生一人身兼 TCL 集团董事长、总裁、首席执行官、TTE 董事长等数职，在 TCL 集团可谓树立了多年来空前的“集权管理”地位。

“鹰是世界上寿命最长的鸟类，它一生的年龄可达 70 岁。要活那么长的寿命，它在 40 岁逐渐衰老时必须做出困难却重要的决定。鹰首先用它的喙击打岩石，直到其完全脱落，然后静静地等待新的喙长出来。鹰会用新长出的喙把爪子上老化的趾甲一根一根拔掉，鲜血一滴滴洒落，当新的趾甲长出来后，鹰便用新的趾甲把身上的羽毛一根一根拔掉。5 个月以后，新的羽毛长出来了，鹰重新开始飞翔，重新再度过 30 年的岁月！”

李东生在《鹰的重生》一文中，以鹰为例来说明 TCL 集团此次文化变革创新的必要性和紧迫性，声称："我们在企业文化变革创新、创建一个国际化企业方面并没有达到预期的目标。我认为，这也是近几年我们企业竞争力相对下降、国际化经营推进艰难的主要内部因素。"李东生检讨认为，就其个人而言，反思过往推进企业文化变革创新的管理失误，主要有几点：

(1) 没有坚决把企业的核心价值观付诸行动，往往过多考虑企业业绩和个人能力，容忍一些和企业核心价值观不一致的言行存在，特别是对一些有较好经营业绩的企业主管。

(2) 没有坚决制止一些主管在一个小团体里面形成和推行与集团愿景、价值观不一致的价值观和行为标准，从而在企业内部形成诸侯文化，形成许多盘根错节的小山头和利益小团体，毒化了企业的组织氛围，使一些正直而有才能的员工失去在企业的生存环境，许多没有参与这种小团体和活动的员工利益往往受到损害或失去发展机会。

(3) 对一些没有能力承担责任的管理干部过分碍于情面，继续让他们身居高位。其实这种情况不但有碍于企业的发展，影响公司经营，也影响了一大批有能力的新人的成长。久而久之，使公司内部风气变坏，员工激情减退，信心丧失，一些满怀激情的员工报效无门，许多员工也因此而离开了我们的企业。回想这些，我感到无比痛心和负疚。也因此，过往几个月，集团的管理组织正在发生改变，我们决心通过推动新一轮的变革创新从而使企业浴火重生。

【分析启示】 市场经济大潮，大浪淘沙，现代企业要保持可持续发展，必须有"鹰"的重生的勇气，同时还要有重生的智慧。李东生对 TCL 集团企业文化的变革创新之路就是 TCL 集团的重生之旅。这也是现代企业发展、变革的必由之路。

第一节　现代企业文化管理概述

现代企业是当今社会经济的基础，而现代企业文化又是现代企业的灵魂。无数理论和实践已使人们达成共识：国家的富强靠经济，经济的繁荣靠现代企业，现代企业的发展靠企业文化。成功的企业必然拥有"两个卓越"，其一是卓越的现代企业家，其二是卓越的企业文化。企业文化也是一种生产力。

一、企业文化的内涵

企业文化理论是在 20 世纪 80 年代初由美国学者在研究日本企业与美国企业

管理方式差异的基础上首先提出来的。所谓企业文化，从广义上说，是指组织在社会实践过程中所创造的物质财富和精神财富的总和。从狭义上说，企业文化是指在一定的社会政治、经济、文化背景条件下，组织在社会实践过程中所创造并逐步形成的独具特色的共同思想、作风、价值观念和行为准则。它主要体现为组织在活动中所创造的精神财富。

企业文化作为一个整体系统，其结构与内容是由以精神文化为核心的三个层次构成。如图 10.1 所示。

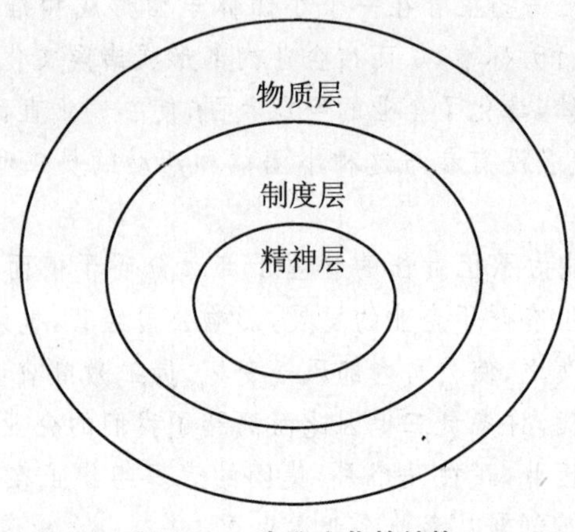

图 10.1 企业文化的结构

(一) 精神层(观念层)

这主要是指组织的领导和成员共同信守的基本信念、价值标准、职业道德及精神风貌。精神层是企业文化的核心和灵魂，是形成物质层和制度层的基础和原因。企业文化中有无精神层是衡量一个组织是否形成了自己的企业文化的标志和标准。企业文化精神层包括以下几个方面：

1. 组织最高目标(组织愿景)

组织最高目标是组织全体成员凝聚力的焦点，是组织共同价值观的集中表现，也是组织对成员进行考核和实施奖惩的主要依据。组织最高目标又反映了组织领导者和成员的追求层次和理想抱负，是企业文化建设的出发点和归属。在美国，许多公司把它称为"组织愿景"。

2. 组织哲学

它又被称为组织经营哲学，指组织领导者为实现组织目标而在整个生产经营管理活动中的基本信念，是组织领导者对组织长远发展目标、生产经营方针、发展战略和策略的哲学思考。组织哲学是在组织长期的生产经营活动中自觉形成的，并为全体成员所认可和接受，具有相对稳定性。

3. 组织核心价值观

它是指组织全体成员共同信奉的价值标准和基本信念，也可称作组织的基本信仰。这是企业文化理念层的核心，也是企业文化中最稳定的内容。随着组织内外环境的改变，组织的竞争策略、经营理念和管理模式可以调整变化，但其核心价值观不会轻易变化，而且长期坚持不变。

4. 组织精神

它是组织有意识地提倡、培养成员群体的优良精神风貌，是对组织现有的观念意识、传统习惯、行为方式中的积极因素进行总结、提炼及倡导的结果，是全体成员有意识地实践所体现出来的。

5. 组织风气

它是指组织及其成员在组织活动中逐步形成的一种带有普遍性的、重复出现且相对稳定的行为心理状态，是影响整个组织生活的重要因素。组织风气是企业文化的直观表现，企业文化是组织风气的本质内涵，人们总是通过组织全体成员的言行举止感受到组织风气的存在，并透过它体会出组织全体成员所共同遵守的价值观念，从而深刻地感受到该组织的企业文化。

6. 组织道德

它是指组织内部调整人与人、单位与单位、个人与集体、个人与社会、组织与社会之间关系的行为准则。组织道德就其内容结构来看，主要包含调节职工与职工、职工与组织、组织与社会三方面关系的行为准则和规范。作为微观的意识形态，它是企业文化的重要组成部分。

7. 组织宗旨

它是指组织存在的价值及其对社会的承诺。组织对内、对外都承担着义务。对内，组织要保证自身的生存和发展，使成员得到基本的生活保障并不断改善他们的生活福利待遇，帮助成员实现人生价值。对外，组织要为社会的物质文明和精神文明进步做出贡献。

(二) 制度层(行为层)

这是企业文化的中间层次，主要是指对组织和成员的行为产生规范性、约束性影响的部分，它集中体现了企业文化的物质层和精神层对成员和组织行为的要求。制度层规定了组织成员在共同的组织活动中应当遵守的行为准则。它主要包括以下三个方面：

1. 一般制度

它是指组织中存在的一些带有普遍意义的工作制度和管理制度及各种责任制度。这些成文的制度与约定及不成文的组织规范和习惯，对组织成员的行为起着约束的作用，保证整个组织能够分工协作，井然有序、高效地运转。

2. 特殊制度

它主要是指组织的非程序化制度，与一般制度相比，特殊制度更能够反映一个组织的管理特点和文化特色。如“日清日高”制度（OEC）、“三工并存”制度、“三干”制度、“中层干部受控”制度等，就是海尔集团的特殊制度。有良好的企业文化的组织，必然有多种多样的特殊制度；企业文化贫乏的组织，则往往忽视特殊制度的建设。

3. 组织风俗

它是指组织长期相沿、约定俗成的典礼、仪式、行为习惯、节日、活动等，如歌咏比赛、体育比赛、集体婚礼等。组织风俗与一般制度、特殊制度不同，它不是表现为准确的文字条目形式，也不需要强制执行，完全依靠习惯、偏好的势力的维持。组织风俗由精神层所主导，又反作用于精神层。组织风俗可以自然形成，又可以人为开发，一种活动、一种习惯一旦被全体成员所共同接受并沿袭下来，就成为组织风俗的内容。

（三）物质层

这是企业文化的表层部分，它是组织创造的物质文化，是形成企业文化精神层和制度层的条件。从物质层中往往能折射出组织的经营思想、管理哲学、工作作风和审美意识。它主要包括下述几个方面：

1. 视觉识别要素

它是指组织名称、标志、标准字、标准色等，是组织物质文化的集中的外在体现。

2. 物质环境

它是指组织的自然环境、建筑风格、办公室和车间的设计和布置方式、绿化美化情况、污染的治理等，是人们对组织的第一印象，这些无一不是企业文化的反映。

3. 产品特色

产品特色包括产品的功能特点、式样、外观和包装等。产品的这些要素是企业文化的具体反映。

4. 技术工艺设备特性

产品的技术工艺要求不同，所使用的设备不同，必然反映出文化的不同。

5. 厂徽、厂旗、厂歌、厂服、厂花

这些因素中包含了很强烈的组织物质文化内容，是企业文化的一个较为形象的反映。

6. 组织的文化体育生活设施

这些用于企业文化建设活动的设施，带有很浓厚的企业文化色彩。

7. 组织造型和纪念性建筑

组织造型和纪念性建筑包括组织环境中的雕塑、纪念碑、纪念墙、英模塑像、纪念林等。

8. 组织纪念品和日常用品

组织定制的纪念品、礼品和日常办公用品等往往具有很强的个性特点，鲜明地反映了企业文化品位。

9. 组织的文化传播网络

组织的文化传播网络包括组织自办的报纸、刊物、有线广播、闭路电视、计算机网络、宣传栏（宣传册）、广告牌、招贴画等。

企业文化的三个层次是紧密联系的。物质层是企业文化的外在表现和载体，是制度层和精神层的物质基础；制度层则约束和规范着物质层及精神层的建设，没有严格的规章制度，企业文化建设无从谈起；精神层是形成物质层和制度层的思想基础，也是企业文化的核心和灵魂。

二、现代企业文化的功能

1. 导向功能

企业文化有助于把组织成员的思想、行为引导到实现组织所确定的目标上来。它通过对组织群体共有的价值观念的塑造，从精神上引导员工的心理和行为，使员工在潜移默化中接受共同的价值观念。

2. 凝聚功能

企业文化有着把组织成员紧密团结起来，形成一个统一体的凝聚力量。这种凝聚力的产生，一方面是由于企业文化重视人的价值，珍惜和培养人的感情，注重集体观念的形成，因而有利于促进员工间的团结；另一方面企业文化注重从多方面的文化心理去沟通人们的思想，使人们产生对组织目标、准则、观念的认同感、使命感、归属感和自豪感，从而使组织产生一种强烈的向心力和凝聚力。

3. 激励功能

企业文化有助于激励组织成员培养自觉为组织发展而积极工作的精神。企业文化的这种激励作用，一方面是由于企业文化是一种以人为中心的管理，尊重人，爱护人，注重对人的思想、行为的“软”约束；另一方面，企业文化的激励功能是通过组织的共同价值观的形成，使其转化为员工实现自我激励的动力，自觉地为组织的生存和发展而工作。

4. 约束功能

企业文化具有对组织成员的思想和行为进行约束和规范的作用。由于企业文化是组织群体的文化，必然影响组织中每个成员的认识、感觉、思想、伦理、道德等心理过程。使其自觉或不自觉地按共同价值观行事，一旦违反这种价值观念，无论别人知道与否，自己都会感到内疚和不安，从而使自己在思想和行为上做出调整，以服从价值观念的规范。

5. 辐射功能

企业文化对组织内外都有着强烈的辐射作用。对内，企业文化通过强烈的感染传播力量对员工产生影响。对外，通过各种渠道对社会产生影响。例如，通过高质量的产品和满意的服务，使顾客感受到企业独特的文化特色；通过利用各种宣传手段，如电视、广播、报纸、书刊、会议等传播方式，宣传企业文化等。企业文化对内对外的辐射过程，也正是组织形象的塑造过程，因而对组织的发展有着重要的意义。

【小思考 10.1】

对有能力的人，请将不如激将，要"鞭打快牛"，压力容易产生动力。而鞭子落在慢牛、病牛、馋牛身上，往往不如在他们的鼻子前挂一把嫩草。请问这种说法正确吗？

答：正确。对不同的人要用不同的激励手段。

第二节　企业文化建设

一、企业文化建设的原则

1. 人本化原则

以人为本，是企业文化建设的第一原则。目前，世界企业 500 强中卓越的企业，已将尊重人的价值作为第一追求目标。如松下电器的"松下之道"就是将倡导尊重成员放在首位。沃尔玛创始人山姆·沃尔顿曾总结出事业成功的"十大法则"，其中有七条与成员关系有关。企业文化建设要真正把人放在中心地位，强调以人为中心的管理，以对人的价值关怀为目标，充分尊重人、理解人、关心人、爱护人，为成员搭建充分施展才华的舞台，创造宽松和谐的良好环境，最大限度地调动和发挥人的积极性、创造性。以人为中心的文化，还要坚持顾客至上、消费者优先，实现组织与顾客双赢。组织只有得到消费者的信任，才能在激烈的市场竞争中立于不败之地。因此，要树立"顾客永远都是最重要的人"的观念，并贯穿于活动之中，落实到每一个为顾客服务的环节之中。

2. 个性化原则

每一个组织发展的历程不同，组织结构不同，经营的业务不同，地理环境不同，面对的市场不同，他们应对市场的策略和处理内部冲突的方式也可能不同。所以，各个组织应创建符合本组织特点的企业文化。个性化是企业文化建设的灵魂所在。组织只有形成了自己独特的文化，才能构建核心竞争力。提到迪斯尼公司就让人想到“让迪斯尼乐园的每个人都成为一个尽兴的孩子”的组织理念，提到沃尔玛就让人想到“低价销售，顾客满意”的组织价值观。纵观肯德基、微软等世界著名组织，无不具有深厚的文化意蕴和独特的个性风格，组织的管理者应该认识到一个组织区别于其他组织的特征不只是在产品上、组织的外在形象上，更多的应该是在组织的文化特色上。

3. 长期性原则

企业文化建设不是一时权宜之计，也不是阶段性工作，它是一项系统的长期性的战略任务。要克服急功近利倾向和急躁情绪，不能奢望通过一两个活动、三五个月的建设就能取得立竿见影的成果。思想观念的改变、行为方式的变革、机制和制度的健全和完善，都需要一个过程，需要经过不懈的努力，不可能一蹴而就。因此，我们必须树立长期作战的思想，把企业文化融入组织发展战略，进行战略管理、整体规划，在系统思考的前提下，制订分步实施计划和年度工作计划，与生产经营管理同步实施、同步建设、同步发展。

4. 创新性原则

组织在进行文化建设时，一定要突破思维定势和传统习惯，换个角度想问题，尝试“不按常理出牌”，处理好破和立的关系，大胆进行变革和创新。同时，要勇于挑战自我，超越自我。没有创新的文化是平淡乏味的，只有创新的文化、与时俱进的文化，才是有活力、有朝气的文化。企业文化的创新是群众性的，不是领导个人的；是连续性的，不是一曝十寒的。把创新植入组织价值观，全方位融入企业文化诸多要素和建设的全过程，培育全体成员的创新精神，使创新成为组织的品质，这是企业文化建设必须始终关注的焦点，也是所有成功组织的共同经验。总之，创新应成为企业文化建设的主旋律。

5. 群众性原则

领导者倡导和认同的文化叫做领导文化，管理层认同和实践的文化叫做管理文化，只有广大成员认同并实践的文化才叫企业文化。在企业文化建设中，要尊重成员和主体地位和心理需求，广泛发动成员，认真听取成员意见，激发和调动成员的积极性和创造性，从而使成员能积极自觉地参加与企业文化各个方面的建设过程。同时，要把建设的过程作为宣传、渗透、提升的过程。这样，不仅便于集中群众的智慧，而且容易达成共识，更重要的是有利于贯彻执行。组织领导既是企业文化的倡导者，又是组织者和缔造者。所以，在强调群众性的同时，不能忽视企业文化塑造中的关键作用。

6. 竞争力原则

企业文化是组织竞争力的核心要素。企业文化要素与物质要素相比，具有不可模仿性和不可复制性。这种独具的特质，是组织最具竞争力的优势部分，一旦拥有，其市场竞争力将难以匹敌。企业文化建设，要以提高核心竞争力为出发点和落脚点，认认真真做工作，实实在在搞建设，不能图虚名、走形式、搞花架子。在文化建设过程中坚持竞争力原则，必须避免单纯的设计型文化，避免单纯的政治化文化，避免把企业文化建设与组织的生产经营隔离和对立起来，避免把组织建设与组织的制度化隔绝开来，避免把塑造成员当成企业文化的目的。

7. 科学性原则

企业文化的建设虽然是一项主观的活动，但必须立足于组织的客观实际，以科学的态度，实事求是，遵循其自身发展的规律，按照科学、合理的程序来进行。要根据组织的定位和目标，确定企业文化的定位和目标；要根据组织发展所处的历史阶段和实际情况来确定企业文化建设的层次和类型。文化理念的提炼和确定要内涵清楚、准确，具有质的规定性。制度文化、行为要能为成员接受和认同，并能在实践中执行和落实；形象文化要实事求是，不能任意拔高、夸大其词。总之，只有经得起时间和空间考验的文化，才是有生命力的文化。

【小思考 10.2】

有人说组织文化很像一个人的个性，正确吗？

答：正确。组织文化，是指一个组织共有的价值体系，它是“我们在这儿办事的方式”，很像一个人的个性。

二、企业文化建设的要素

美国哈佛大学教授迪尔和肯尼迪把企业文化整个理论系统概述为 5 个要素，即组织环境、价值观、英雄人物、文化仪式和文化网络。

1. 组织环境

组织环境是指组织的性质、组织的经营方向、外部环境、组织的社会形象、与外界的联系等方面。它往往决定组织的行为。在企业文化中组织的环境一般通过组织所宣称的使命和目标来体现，它是组织价值观念的基础。

2. 价值观

价值观是指组织内成员对某个事件或某种行为好与坏、善与恶、正确与错误、是否值得仿效的一致认识。统一的价值观使组织内成员在判断自己行为时具有统一的标准，并以此来选择自己的行为。

3. 英雄人物

英雄人物是指企业文化的核心人物或企业文化的人格化，其作用在于作为一种活的样板，给组织中其他成员提供可供仿效的榜样，对企业文化的形成和强化起着极为重要的作用。

4. 文化仪式

文化仪式是指组织内的各种表彰、奖励活动、聚会及文娱活动等，它可以把组织中发生的某些事情戏剧化和形象化，来生动地宣传和体现本组织的价值观，使人们通过这些生动活泼的活动来领会企业文化的内涵，使企业文化"寓教于乐"。

5. 文化网络

文化网络是指非正式的信息传递渠道，主要传播文化信息。它是由某种非正式的组织和人群及某一特定场合所组成的，它所传递出的信息往往能反映出员工的愿望和心态。

【伴随案例】

1. 麦当劳：培养共同的价值观

世界最大的快餐企业——美国麦当劳快餐公司，有11000多家连锁店，遍布世界五大洲。它们不是靠行政命令和直接监督统一起来的，而是靠独特的企业文化、共同的价值观统一起来的。公司制定了共同的经营原则：保证质量、讲究卫生、服务周到、公平交易，并长期培育起共同的价值观：质量、服务、清洁、实惠。为了增强一体化的感觉，无论在哪个国家的连锁店，其建筑外形、内部装饰、服务人员制服均采用统一的样式，并使共同价值观和经营原则深入人心，化为自觉行动。

2. 松下的"横轴"团队

松下电器公司是日本十大财团之一。松下的奇迹依赖于它的创始人松下幸之助。他把儒家文化与西方管理科学完美地结合在一起，高举"以人为本"的管理旗帜，把松下公司建设成了一支具有强大凝聚力的一流团队，被对手称为"可怕的用人机器"。

松下的团队思想源自于他著名的"横轴观念"。松下认为，思想的坐标轴分为横轴和纵轴。纵轴是"从自然世界中探寻真理"，横轴则是"集中众人的智慧"。松下说："即使再伟大的人其个人智慧也是有限的，以其有限的智慧看事物、思考问题，则常以出现错误的结果而告终。"松下本人运用这一思想在后台指挥团队。松下还认为，世上没有完满的事情，只要公司能雇佣到70%的中等人才，说不定就是公司的福气，因为成功说到底要依靠大家的力量和智慧。

为加速"横轴团队"的开发建设，松下提出了"公开式经营法"，即财务、经营方式、经营状况三公开,公司内的透明度越高,公司的团队精神越强,共同经营、共担风险、共享成果的决心越大。

松下创业之初就提出"松下七精神"宣言:产业报国、光明正大、和睦一致、力争向上、感谢报恩、顺应同化、礼仪谦让。以上要求每一员工必须牢记、遵守。

(资料来源:朱吉玉.管理心理学[M].北京:北京大学出版社,2010.)

三、企业文化建设的途径

(一) 培养组织精神

组织精神的培养必须经过提倡、实践、总结、提炼的过程,必须是组织成员的自觉意识和迫切要求。它的确立与发展,与整个组织生存与发展息息相关,并反映了组织的发展过程。培养组织精神是一项长期而艰巨的工作,主要可以通过以下途径进行:

1. 思想教育

组织精神作为一种先进的群体意识,不可能自发形成,不可能在组织实践中自然而然地产生,必须经过对全体员工长期的思想教育,向组织成员灌输组织精神,为实现组织的整体目标提供强大的精神动力。

2. 确立激励性的组织目标

首先要建立组织成员共同认可的目标,即共同目标。组织共同目标可以使组织成员个人的理想与组织的追求同一化,从而使组织的成员达成价值共识,这是培养组织精神的重要的条件。其次,提出的组织目标要适度,必须从本组织的实际出发,既考虑组织的现状,又着眼未来的发展;既不能过高,又不能过低。目标过高难以实现,目标过低不能激发员工的动力,都起不到应有的激励作用。因此,必须采用科学的方法,确立适度的、能够对员工起到充分激励作用的共同目标。

3. 榜样示范

在组织内部树立榜样,可以使精神形象化、具体化,使员工有学习、追赶的目标,从而增强组织精神的可信性和感召力。

榜样的力量来自两方面:一是组织领导者的垂范,二是组织中模范人物的启迪。领导者的垂范是培养组织精神的关键。领导者的特殊地位,决定了他们对组织精神的培养和形成起着重要的作用。领导者越是自觉地实践组织精神,群众的自觉性、积极性和创造性就越高,所形成的群众意识就越强,对实现组织目标、振兴组织就更有力。从一定意义上说,组织精神是组织领导者思想、觉悟、文化素质、经营作风、管理水平、工作态度的反映。先进模范人物则有很强的示范作用。他们的一言一语、一举一动，会使本组织精神人格化，产生生气和吸引力，会使其他员工去模仿，激发出行动热情，久而久之，就会变为自觉的习惯行为。

4. 重视舆论宣传

组织精神作为一种群众意识，要在组织成员心中扎根，需要组织采用多种宣传手段，如利用广播电视、厂报、期刊、画廊等反复宣传自己的组织精神和先进典型，营造一种良好的、浓厚的舆论环境，使员工时刻都能感受到组织精神，并把组织精神自觉地贯彻到行动中。

【管理寓言】

最好的标准

有一个村庄有一种风俗：求婚时用牛的多少来决定姑娘的美丑，最贤惠漂亮的需要九头牛，这是最高规格的聘礼。

李老汉家有三个女儿，前两个女儿既聪明又漂亮，都是被人用九头牛作聘礼娶走的。第三个女儿到了出嫁的年龄，却一直没有人肯出九头牛来娶，原因是她非但不漂亮，还很懒惰。后来一个远方叫张三的人听说了这件事，就对李老汉说："我愿意用九头牛娶你的女儿。"李老汉非常高兴，真的把女儿嫁给了远方的张三。

过了几年，李老汉去看自己远嫁他乡的三女儿。没想到，女儿能亲自下厨做美味佳肴来款待他，而且从先前的丑女孩变成了一个气质超凡的漂亮女人。

李老汉很震惊，偷偷地问女婿："难道你有魔法吗？你是怎么把她调教成这样的？"

李老汉的女婿说："我没有调教她，我只是始终坚信你的女儿值九头牛的价，所以她就一直按照九头牛的标准来做了，就这么简单。"

分析启示：信任、鼓励、暗含期待，都是对人的一种激励。

（资料来源：朱吉玉.管理心理学[M].北京：北京大学出版社，2010.）

（二）加强制度文化建设

组织制度文化是组织精神文化向物质文化转化的中间环节。在企业文化的各种形态中，它体现其他文化的结果。组织制度文化的建设主要包括以下内容：

1. 树立科学的制度意识

科学的制度意识首先应当体现组织精神文化价值。组织的价值观是企业文化的核心和基石，也是组织制度文化的核心与基石。制度文化之所以被称为一种文化形态，就在于它从制度这个侧面体现了企业文化的价值观念。其次，科学的制度意识应当坚持实事求是的原则。应当正确认识组织的传统与现状，以制度的形式巩固优良传统和纠正不良传统，同时，还要科学地分析组织各个方面的情况，包括员工素质的分析、市场的状况、行业特点等。然后，在此基础上制定制度文化建设的规划与目标。

2. 科学地制定制度

(1) 按民主程序制定制度。只有通过民主程序才能使广大员工积极参与到制度文化中,才能制定出切合实际的制度,才能使制度观念与条文深植于员工的头脑之中,才能体现出文化领导的作用。

(2) 制度应当体现责、权、利相统一的原则。这既是制度科学性的要求,更是企业文化建设的要求,其目的在于使广大员工从义务和权利两个方面体会到自己的主人翁地位。义务和职责作为一种限定,实际是从另一个角度对员工主人翁地位的肯定。

(3) 组织制度应当具有系统性、统一性和可操作性。系统性要求制度应当包括各个方面的内容,既有生产程序的管理,又有人员管理,还有财务管理等多方面,不应有缺口,否则会使行为无章可循;统一性要求所有制度应当互相协调,不得互相矛盾与抵触,使人员无所适从;可操作性要求制定规章必须明确具体、切实可行。

(三) 提高组织成员的素质

1. 提高管理者的素质

提高管理者的素质,首先是培养管理者的判断力和决策力,包括经营战略决策、经营信息系统、组织决策等。其次,培养管理者高度的经营管理能力,包括长期的经营计划与预算控制、经营目标的制定、组织成长与经营多样化、市场战略、权力的委任与责任等。第三,培养管理者卓越的领导能力和指挥能力,包括人际关系管理、员工能力的开发与培训及通过不断提高自身的知识水平在组织中树立威望等。

2. 提高普通员工的素质

普通员工是一个组织中所占比重最大的群体,也是组织最主要的参与者和执行者。因此,他们素质的提高会直接促进组织文化建设水平的提高。对普通员工培育的内容有:培养员工应有的价值观、集体观;提高员工的专业知识水平、科研技术能力;提高员工的基础科学文化知识。具体的培养途径有:培训,举办各种文化活动,先进工作者的评选,岗位标兵的传、帮、带等。

(四) 建立融洽的人际关系

融洽的人际关系对增强组织的凝聚力、活力和竞争能力,保证组织健康发展是非常重要的。要形成融洽的人际关系,必须做好以下工作:

1. 加强思想教育

思想工作是加强人际关系的基本方法。组织员工思想觉悟和道德水平的提高,有助于组织内上下级之间、员工之间形成相互尊重、相互帮助、关心社会、关心他人的新型的人际关系。组织思想教育中很重要的一项工作就是加强集体主义观念教育。集体主义观念的增强,可以提高组织的凝聚力,进而增强组织的竞争力和生命力。

2. 开展各种集体活动

开展多种形式的集体活动,对培养员工的集体主义观念、增强凝聚力、形成融洽的人际关系尤为重要。因为,要建立和谐、团结、友好的新型人际关系,就要加强人与人之间的交流、人与人之间的理解。通过举办各种集体活动,如一些联谊活动、体育比赛、郊游等,可以增加员工之间相互认识、了解的机会,加深人们之间的感情,加强组织团结,有利于组织成员统一思想、统一行动。

3. 建立、健全民主管理

通过建立民主管理,采用多种方法调动员工的积极性,吸引员工积极参与组织的管理活动,不仅能够发挥员工的聪明才智和工作能力,而且还能体现出员工在组织工作中的主人翁地位,使员工对组织的重大决策有发言权和否决权,对领导者有监督权、选举权与罢免权。这就能够帮助领导者深入群众,关心群众疾苦,听取群众的批评和建议,不断改进领导作风和工作作风,从而促进领导者和被领导者之间的关系融洽,增进干群之间的沟通了解,改善干群关系。

【管理寓言】

南风效应

法国作家拉封丹写过一则寓言:北风、南风比威力,看谁能将行人大衣脱掉。北风先来一个冷风凛凛寒风刺骨,结果行人将大衣裹得更紧。南风徐徐吹动,风和日丽,春暖上身,行人纷纷脱衣。

分析提示:在管理工作或处理人际关系时,要特别注意讲究方法。方法不一样,结果大相径庭。

(资料来源:朱吉玉.管理心理学[M].北京:北京大学出版社,2010.)

(五)塑造良好的组织形象

组织形象就是社会公众和组织成员对组织的整体印象和评价。组织形象包括的内容很广,主要有组织外表形象、组织产品形象、组织成员形象、组织公共关系形象等。良好的组织形象要靠组织自身规范的行为去创造。

1. 提高产品质量、服务质量与工作质量

消费者认识组织首先是从组织提供的产品和服务开始的。所以,一个组织要树立良好的组织形象,维护自己的信誉,首先应当提高产品质量、服务质量与工作质量,树立起良好的产品形象和服务形象。

2. 设计自己的形象标志

每个组织都有自己的标志，有的组织还有自己的产品商标、代表色和建筑风格，这些都是组织的形象标志。由于形象标志能加强公众对组织的印象，使组织成员产生认同感、责任感和自豪感，所以，在设计组织形象标志时，应注意突出本组织特点，设计出具有鲜明个性化特色的形象标志，并反复宣传，使标志频繁出现在公众面前，促使公众加深对本组织的印象。

3. 积极参与社会公益事业

参与公益活动的组织或个人都会被认为是对社会"行善"，是在做好事，社会公众对这种行为总是报以高度的赞誉。组织参与这种活动，直接或间接地在公众心中树立了良好的形象，这就在客观上为组织产品的畅销创造了条件。

4. 加强广告宣传活动

一个组织良好形象的树立，仅仅靠优质的产品和服务是不够的，还必须十分注意用广告来宣传自己。一方面，通过商品广告使消费者对产品留下深刻的印象，激起他们拥有和享受该产品的欲望；另一方面，通过广告宣传组织的目标、宗旨和价值观，从总体上塑造组织形象。

5. 加强和新闻界的沟通

一方面，组织形象的塑造有赖于新闻媒介的传播，另一方面，新闻机构的报道又不可能总是客观准确、毫无偏见的。因此，组织必须十分注意同新闻界的沟通，向记者通报真实的情况。组织可以通过举办新闻发布会、记者招待会等形式，帮助记者挖掘出他们认为是最重要的和有价值的新闻素材，使其报道有利于组织形象的塑造。

【小思考 10.3】

企业宣传就是扩大企业知名度，正确吗？

答：不完全正确。企业宣传不仅要扩大知名度，更要塑造美誉度。

【管理寓言】

三个尼姑

三个尼姑在破落的庙宇里相遇。"这个庙为什么一片荒废凄凉呢？"尼姑甲触景而发，随口提出了这个问题。

"一定是尼姑不虔诚，所以诸神不灵。"尼姑乙说。

"一定是尼姑不勤劳，所以庙才不修。"尼姑丙说。

"一定是尼姑不敬谨，所以信徒不多。"尼姑甲说。

三人你一言我一语，最后决定留下来各尽所能，看看能不能够成功地拯救此庙。于是尼姑甲恭谨化缘招呼，尼姑乙诵经礼佛，尼姑丙殷勤打扫。果然香火渐盛,朝拜的信徒络绎而来,而原来的庙宇也再度恢复鼎盛兴旺的旧观。

"都是因为我四处化缘,所以信徒大增。"尼姑甲说。

"都是因为我虔心礼佛,所以菩萨才显灵。"尼姑乙说。

"都是因为我勤加整理,所以庙宇焕然一新。"尼姑丙说。

三人为此日夜争执不休,庙里的盛况从此又一落千丈。分道扬镳后,她们总算得到一致的结论:这庙之所以荒废,既非尼姑不虔诚,也不是尼姑不勤劳,更非尼姑不敬谨,而是尼姑不和睦。

(资料来源:朱吉玉.管理心理学[M].北京:北京大学出版社,2010.)

四、企业文化建设的程序和方法

(一) 建设企业文化的基本程序

1. 企业文化现状的调查研究与评价

建设一种新文化,必须对现有文化进行清理,即通过调查研究,把握组织现有的文化状况及影响因素,对现有文化的优势、劣势及总体适应性做出适当的评价,为企业文化的科学定格做好准备。

调研和评价的主要内容包括:

(1) 组织的经营领域及其竞争特点。

(2) 组织管理的成功经验及优良传统。

(3) 组织领导者的个人修养和精神风范。

(4) 组织成员的素质及需求特点。

(5) 组织现有"文化理念"及其适应性。

(6) 组织发展面临的主要矛盾和障碍。

(7) 组织所处地区的经济与人文环境。

2. 企业文化理念的定格设计

企业文化理念的定格设计,是在分析、总结和评价组织现有文化状况的基础上,充分考虑组织内外环境因素的影响,用确切的文字语言,把主导的组织价值观、道德观和行为准则表述出来,形成固定的文化理念体系的过程。

企业文化理念体系的定格设计大体包括以下内容:组织的事业领域,组织使命和战略目标,组织基本价值观,组织伦理道德和职业道德,组织精神及组织风尚,组织经营理念和经营方针,组织管理理念及人才观,组织服务理念及服务规范,成员基本行为准则,组织的主打理念及文化形象定位。

3. 企业文化的传播、推展与实践巩固

第一,企业文化理念的灌输与传播。要使已定格的文化理念能够在较短的时间内得到成员的认同并付诸实践，积极地灌输和有效地传播是必不可少的。具体措施有：组织编写企业文化手册，举办文化理念导入仪式，强化文化训导，开展文化演讲传播活动，利用或"制造"重大事件，建立文化网络，营造文化氛围。

第二，企业文化的推展与实践巩固。在创造良好的文化环境的基础上，通过有效的形式强化和固化文化理念，使先进的文化理念变成成员可执行的规范、可模仿的标版，并积极践行，由精神转化为物质。

(1) 积极创造适应新的企业文化运行机制的条件。与组织管理改革和思想政治工作创新相结合，推选科学管理和民主管理，开发人力资源，加强成员的道德、业务培训，提高成员队伍的整体素质，创造民主和谐的文化环境，建设牢固的组织精神共同体。

(2) 利用制度、行为准则、规范等进行强化。要巩固无形的组织价值观念，不能单纯停留在口号上，必须寓无形于有形之中，把它渗透到组织的每一项规章制度、政策及工作规范、标准和行为准则当中，使成员从事每一项工作、参与每项活动都能够感受到企业文化在其中的引导和控制作用。

(3) 以各种活动为载体，推广企业文化。如赋予科技攻关、生产劳动竞赛、主体营销与服务等活动以文化主题，开展如英模报告会、读书会、经验交流会、文艺晚会、表彰会、运动会、合理化建议评奖会等文娱、体育活动，让成员潜移默化地接受新的价值观，以指导自己的行为。

(4) 组织领导者以身作则，率先示范。组织领导者在企业文化建设中既要积极倡导，更要身体力行，当好表率，让成员看到组织提倡什么、反对什么及应以什么样的规范和作风从事工作。

(5) 鼓励正确行为，建立激励机制。对符合组织价值标准的行为不断地给予鼓励和激励，如表扬、授予荣誉称号、晋升职务等。这是巩固企业文化不可或缺的重要一环。

(6) 塑造品牌与形象，增加文化价值。企业文化最终要转化为生产力。通过与CI、CS等科学方法相结合的方式，把组织抽象的文化理念注入有形的品牌和形象当中，既能够提高组织及品牌的文化含量，增加组织的无形资产价值，使社会进一步认可组织；同时也是对企业文化理念的检验和考验，使组织产生压力，自觉改进不足，推动企业文化健康发展。

4. 企业文化的完善与创新

企业文化在实践中得到推展和巩固以后，尽管其核心的和有特色的内容不易改变，但随着组织经营管理实践的发展、内外环境的改变，企业文化还是需要不断充实、完善和发展的。

企业文化的完善提高，既是企业文化建设一个过程的结束，又是下一个过程的开始，是一个承上启下的阶段。企业文化建设与企业文化的演变规律相适应，是一个不断积累、传播、冲突、选择、整合、变革的过程，循环往复，永无休止。企业文化建设的任务在更多的情况下是积极地积累、传播、充实和完善，只有当组织内外环境发生了急剧变化，企业文化产生了激烈冲突，需要选择、整合和变迁的时候，企业文化建设的任务才是对原有文化实行彻底的扬弃，再重新构塑和创造新型的企业文化。

(二) 企业文化建设的一般性方法

1. 示范法

示范法即组织通过总结和宣传本单位先进模范人物的事迹，发挥核心骨干员工的模范带头作用，以弘扬英雄事迹等方法给组织员工提供示范的模式和学习的榜样。这些榜样的事迹和行为，就是企业文化中关于道德规范与行为准则的具体样板。开展这方面的工作，就是把组织所要建立的文化意识传播给组织员工。全球著名的直销组织安利公司，采用的管理模式是极其松散的架构，员工对组织的承诺和认同完全取决于员工个人，组织对其没有什么制度约束。但该公司却表现出惊人的凝聚力。2005 年，安利公司的产品只有 1/3 在中国市场推出，但却创造了 197 亿美元的销售业绩。公司对员工激励和管理最有效的办法就是通过选拔工作业绩和团队管理俱佳的员工，树立榜样，介绍经验，传播信息，这种方法起到了巨大的带动作用。

2. 激励法

激励法即运用精神的与物质的鼓励，包括开展竞赛活动、攻业务技术难关活动，提口号、提目标、提要求、评先进等，使职工感到自己的事业进取心将有满足的机会，从而主动地努力工作。与此同时，还必须从生活方面关心职工，通过不断改革分配制度去满足员工物质利益上的合理要求。通用电气公司的杰克·韦尔奇激励下属的方法很简单，就是将他手写的便条转交给他的下属，给他们一个意外惊喜——公司的最高层领导在百忙之中还在关注着他们个人，否则公司的首席执行官无法了解下属，特别是低层管理者的特定情况和感觉情绪，从而也就没有了便条里的内容。

3. 感染法

感染法即组织设计和开展一系列的文艺活动、体育活动、读书活动和社会活动，培养员工的组织自豪感和向心力，使之在潜移默化的过程中形成集体凝聚力。华为集团的老板任正非推崇在组织中贯彻“贤人治理”。在华为，任正非以身作则，每月必做的一件事，就是将手机话费明细单上的私人电话逐一划出；他还不设专车，工作用车赶上什么车就是什么车，没车就坐的士。所以，华为文化很大程度上就是老板行为的示范和感染的结果。这也是人们更愿意将华为文化看做是任正非文化的原因。

4. 自我教育法

自我教育法即运用谈心活动、演讲比赛、达标活动、征文活动等形式让员工对照组织的要求找差距，进行自我教育，转变价值观念和行为。例如，海尔集团在企业发展的成长阶段，当市场需求迅猛增长时，员工产生了松懈心理，一些投入到市场上的电器产品有质量上的问题，于是海尔在张瑞敏的大力主张下，采取了砸冰箱的行动。当时的冰箱是“千金难求”，许多冰箱的问题也仅仅是磕磕碰碰的小毛病，一些员工流着眼泪要求将有问题的冰箱自己买回去，但张瑞敏却认为，公司大张旗鼓将砸冰箱作为一个事件来处理，就是要强化员工头脑中的质量意识，而不是要弥补公司的损失。一定要将冰箱砸掉，才能将这一事件牢牢地记在员工的心中，给员工带来思想上的震撼。现在来看，正是当年张瑞敏将企业的危机意识及时上升为企业的生存意识，才有了海尔今天的辉煌。

5. 灌输法

灌输法即通过讲课、报告会、研讨会等宣传手段进行宣传教育活动，把组织想要建立的文化目标与内容直接灌输给员工。例如，中国电讯交换设备代理商——华为公司从一个注册资本 2 万元的小企业起家发展成为一个总资产上百亿元的民族企业，企业文化建设功不可没。其中不能不提的就是华为创始人——任正非。华为建设和维护自身文化的重要方式就是“文化洗脑”。华为在高速发展时，每年都要招聘大量的大学毕业生。当他们进入华为时，要过的第一关就是“文化洗脑”。这是基于任正非的坚定认识：华为的大部分员工都受过高等教育，容易形成自己的思想和见解。如果认识不统一，就可能产生许多错误的导向，产生管理上的矛盾。所以，他坚持并不断完善公司的“洗脑法”，以此来实现他的“文化同化”的目的。在他看来，既然文化可以灌输，个性就可以改造。而他在公司文化建设中也一直是这样做的。

6. 定向引导法

定向引导法即有目的地举行各种活动引导组织员工树立新的价值观念，并创造出新的价值观念氛围。韦尔奇在接任通用电气董事长时，发现这一组织已经患上“大企业病”：管理层思想僵化，组织运行缓慢，对市场反应迟钝。他下决心要改变这种现状，于是花费巨资装修公司的培训中心，他希望通过大量的管理人员在培训中的“洗脑”，使他们领会自己的变革思想，重新焕发公司的活力，事实证明他这一招比较有效。

【伴随案例】

联想企业文化建设规划

第一阶段(1984～1994 年):创业期,以求生存为目标,公司上下团结,规模扩大,柳传志提出在公司内部营造湿润空气,制定管理三要素,强调建班子、带队伍,“小公司做事,大公司做人”,体现以人为本的管理理念。

第二阶段(1995～1996 年):起步期,联想电脑公司成立。面对激烈的市场竞争,杨元庆选择销售骨干组成“18 棵青松”抱成团打市场,公司业绩上升,与员工直接分享成功;公司继承集团“严格、认真、主动、高效”风格,保持与外界良好的发展关系,树立业务形象。

第三阶段(1997～1998 年):发展期 1,公司规模和业绩不断增长,出台一系列 HR 制度,完善岗位责任制,统一薪酬福利体系,鼓励员工在公司长期发展,给员工创造各种成长和培训机会;在公司内部提出互为客户的理念,要求发扬合作精神;在公司许多部门采用项目团队工作方式。

第四阶段(1999～2002 年):发展期 2,提出亲情文化,通过推行工间操、举办运动会、实行“称谓无总”等活动,倡导“平等、信任、欣赏、亲情”;推行矩阵式管理模式,要求各部门和层次之间相互配合,资源共享。

(资料来源:黄河涛,田利民. 企业文化概论[M]. 北京:中国劳动社会保障出版社,2006.)

第三节 企业形象识别

企业文化与企业形象是两个相互包含的概念和范畴,是一种你中有我、我中有你的相辅相成的关系,两者共同构成企业的精神资源。企业文化具体反映和表现企业理念,同时也丰富企业理念的内涵。企业文化是在企业理念指导下,由员工群体所创造的并得到全体员工认可的价值标准和行动规范的总和。

一、企业形象识别概述

1. 企业形象识别概念

企业形象识别或称企业形象识别系统(Corporate Identity System,简称 CIS),其主要思想是将企业的经营理念、行为规范和视觉识别进行系统分类,从战略角度来研究企业内涵,丰富企业文化,塑造企业形象,从而使企业逐步走上规范化、系统化和不断完善的轨道。企业引入CIS的意义,是通过这一系统将企业的经营理念、企业精神等文化通过员工的行为表现和整体识别系统传达给社会公众,使企业得到社会公众的理解认同和信任,树立良好的企业形象,使企业得到更好的发展。

2. 企业形象识别系统分类

企业形象识别系统主要包括企业理念识别MI(Mind Identity)、企业行为识别BI(Behavior Identity)、企业视觉识别VI(Visual Identity)三方面组成。这三部分是相辅相成的:企业需要确定核心的经营理念,市场定位以及长期发展战略是企业发展的主导思想,也是BI和VI展开的根本依据;行为识别是经营理念的进一步延伸,也是MI的具体实施,具体体现在公司机构设立、管理制度制定和员工激励机制等方面;视觉识别是企业综合信息的视觉管理规范。在市场经济条件下,企业竞争日趋激烈,信息日趋繁杂,如何将企业的实力、信誉、服务理念传达给社会公众,是VI实施的重要任务,也是MI、BI的具体体现。

20世纪50年代中期,美国IBM公司在"透过一些设计来传达IBM的优点和特点,并使公司的设计在应用统一化"的倡导下,首先推行了CI设计。1988年CIS传入我国,以广东太阳神集团有限公司导入CI为标志,我国企业进入CI新时期。随后在我国沿海地区及广大内地推广开去,包括中国电信、中国建设银行、大庆石油管理局等大型国企导入CI战略,将"中国CI"推向一个新的高潮。

【伴随案例】

丰田公司和美菱公司的CIS设计

日本的丰田公司,那三个椭圆的标志,那"好产品、好主意,一如既往地坚持研制更好的汽车以飨世界"的目标,那"丰田公司应成为和平企业的旗手"的口号,那世界一流汽车的开发与生产管理,那每个员工必须记日记提建议的制度,那凡是世界级汽车赛必拿第一的参赛战略,那一年一度全世界水平最高的"丰田杯"俱乐部足球赛,还有那遍布世界各地的丰田车广告……这一切互相联系、互为因果的举措,树立起了世界级的丰田集团的整体形象。丰田的CIS设计统摄了千万人各方面的广义灵感。

又如,荣获首届中国企业形象战略研讨会评选的导入CIS十佳企业之一的美菱集团,它的菱形标志,它的"追求卓越"的目标,它的"双向质量管理",它的售后实行三个"24小时服务",它的"引导冰箱市场、进行冰箱革命"的决策,均具创造性,都为树立美菱形象起了重要作用。这些措施的统一、升华,是在美菱与深圳力创企业形象设计有限公司合作并系统地导入CIS之后。公众可以发现,自1993年下半年以来,美菱的形象明显得到强化、美化;其原因便是,美菱开始实施"力创"为之设计的CIS工程。此时,美菱建立了"超越平凡,再创奇迹"的理念,完成了"国际化、集团化、高科技化"的形象定位,在标志、标准字、标准色、象征图片、吉祥物、产品设计、包装物，乃至全国各地维修站外观等方面实行了统一化。也就是说，至此，美菱人一切创意的广义灵感，均纳入到系统化的背景之下。

（资料来源：夏昌祥.现代企业管理[M].重庆：重庆大学出版社，2004.）

二、企业理念识别(MI)

1. 企业理念识别内涵

企业理念是指能够指导企业行为并具有企业哲学内涵的思想意识形态，主要指企业经营思想、经营意识、经营观念等。企业理念识别系统基本内容主要包括企业使命、企业精神、企业价值观和企业目标等。其具体的表现形式有信念、口号、标语、守则、歌曲、警语、座右铭以及企业高层人员的精神和讲话等。

企业理念是由企业家积极倡导，全体员工自觉实践而形成的代表企业信念，激发企业活力，推动企业生产经营的团体精神和行为规范。企业理念识别系统可分为两个层次：一是企业制度和组织结构层，包括各种管理制度、规章制度、生产经营过程中的交往方式、生产方式、生活方式和行为准则；二是企业精神文化层，包括企业员工的观念、心理和意识形态等。

2. 企业理念塑造

企业形象(CI)必须围绕企业理念来进行创意、设计和实施。企业形象设计是一项创造性的精神劳动，大多数设计人员往往习惯于凭借自己的专业知识来从事设计，而不顾及企业的战略目标和企业理念，这往往导致不能正确阐述企业理念。如果我们对企业的文化背景、战略目标和企业理念在时间和空间上所具有的共性和个性有正确的分析和把握，也就是对企业形象战略有一个正确而全面的理解，这样，我们就可以发现，突出理念的CI设计是其他设计的先导，并且必定要决定其他设计的基本方向与风格。可以断言，一切其他的设计必须服务于企业理念，只有从理念出发，才不会偏离CI的本意。

在制定企业理念时，需要将其具体化为理念识别的基本要素和相关的应用要素。从企业理念的基本内容及其功能、含义可知，理念识别的基本要素包括企业经营策略、管理体制、分配原则、人事制度、人才观念、发展目标、企业人际关系准则、员工道德规范等。理念识别的应用要素主要包括企业信念、企业经营口号、企业标语、守则和座右铭等。

企业理念的制定需要发动企业全体员工参与，通过诊察企业的现状，确认企业的远景；根据调查研究结果和企业远景作理念识别的基本要素，将企业理念识别基本要素的草案适当进行企业内外的测试；就测试结果对理念识别基本要素作修正定案，根据修正的理念识别基本要素制定企业理念识别手册。

企业的发展是动态的，因此，企业理念也在不断发展和变革。企业面临的内外环境变化后，原来的企业理念也应有所变革。将竞争对手和企业所处的环境进行分析，考察行业竞争环境对企业价值体系的直接、间接的影响，并制定出可以不断适应动态革新的企业理念。此外，企业在转型时面临许多新情况、新问题，为了重振士气，也需要重塑企业理念。

3. 企业理念实施

企业理念的实施过程，实质上是理念识别渗透于企业与员工行为以及企业视觉标志的过程。企业理念的实施要经过全体员工的了解、领悟和实践。了解是企业理念渗透工程的第一步。要使企业理念内化为员工的信念和自觉行动，必须让员工知晓企业的经营方针、发展目标、行为准则、企业口号，以便使企业理念初步为员工所认识。员工对企业理念的了解程度从企业内部来讲主要取决于两个方面：一是企业领导对企业理念传播的态度，二是企业信息的沟通渠道及传播载体。两者从主观决策者到信息载体，构成企业理念传播渗透的必要条件和基础。

优秀企业的领导干部都十分注重让广大员工了解企业理念及其具体内容。他们往往通过创业史的教育、先进模范人物的典型宣传、重要的动员大会、厂史厂规等知识竞赛进行渗透性灌输。通过经常性的群众性活动，使企业员工在潜移默化中逐渐熟悉并了解企业理念。

企业理念的实施和渗透工程有许多方法，目前广泛采用的有反复法、翻译法、环境法、仪式及游戏法。

（1）反复法，通常采用所谓“唱和”的做法，朗读企业理念的小册子，或宣读贴在墙上的企业理念等。也可借助传播工具请播音员朗读或利用流行歌曲进行演唱。这种形式要求采用洗练、精简的口语化方式，要有亲切感，避免命令式口吻。

（2）翻译法是指结合自己的切身体验阐释自己公司的理念，使共有的企业理念化为每个员工的理解，使自己的工作实际与企业抽象理念融为一体，并在此理念引导下，重新审视自己的工作。

（3）环境法是将企业理念视觉化，使之适用于企业环境。例如，以图案来象征企业理念，作成匾额、壁画或海报，设置于办公室、工厂或其他工作地方的墙上。

（4）仪式及游戏法就是将企业理念的传播融进仪式或游戏之中。比如，在仪式中，主持人将企业理念传达给员工，最后大家一起喊口号，或做游戏、开展各种游艺活动，在欢笑中融入企业理念。

三、企业行为识别(BI)

（一）企业行为识别内涵

企业的理念必须通过一定的途径进行阐述和表达，才能使感觉并认识。企业的行为正是反映企业理念最有效的途径。以企业行为反映企业理念、塑造企业形象就是企业的行为识别。企业行为和员工行为关系密切，但企业行为和员工行为并非同一概念，企业行为是抽象的，而员工行为是具体和外在的。

行为识别系统的基本内容可分为对内和对外两方面。对内的活动有业务培训、组织建设、制度建设、管理实施、员工教育、奖惩活动、工作环境、职工福利等。对外的活动有市场调查、广告活动、公益文化活动、促销活动、竞争策略以及公共关系等。

（二）企业行为塑造

企业行为是企业理念的动态展示，行为识别意在通过各种有利于社会大众以及消费者认知、识别企业有特色的活动，塑造企业的动态形象，并与理念识别、视觉识别相互交融，树立起企业良好的整体形象。建立企业行为识别系统，需要长期规划和全体员工的共同努力，而不是短期就能立竿见影的。长期规划的内容有五个方面：

1. 条件分析

这是建立企业行为识别系统的前提，主要涉及客观方面——企业行为管理历史以及实施经费的问题。任何一个有一定规模的企业，都有员工守则之类的行为规范，并曾持续或间断地实施过这种方案。经费条件也是一个重要的问题，在企业状况好的情况下，经费问题可能比较容易得到解决；企业困难时，或在决策者并不想投资太大的情况下，经费就难以得到保障。

2. 目标设定

目标需要一个定量化的标准，而一般运行标准又很难确定。制度好定，效果难测。企业知名度、美誉度如何衡量？提高了销售额、生产效率和效益，又如何区分是视觉识别还是行为识别的功劳？所以，目标设立必须跟一种考评标准与方法相结合。

3. 培训计划

培训是规划的重要部分。行为识别的规范管理，在很大程度上依赖于有效的培训。它将规范中一些具体的执行细节落到实处，反复演示，反复练习。

4. 检查监督

只有培训，没有执行与实施，或只有执行而没有完备的考核督导制度也是不行的。通过检查、考核、督导，可以发现问题，改善规划，加强薄弱环节，这是一种合理的反馈调节机制。

5. 奖惩制度

奖惩制度对管理的成效具有很大的作用。在行为识别规范的执行过程中，有必要制定一套合情合理的奖惩制度，以调动广大员工的积极性，使行为识别规范更富有成效。

(三) 企业行为实施

在企业行为实施过程中，首先要明确实施原则和落实机构，并在整体上加以协调，以最优效率达到BI规划设定的目标。在制定实施原则和落实结构中，最重要的是职责说明、控制幅度和授权。

职责说明必须明确在实施行为识别规范管理的过程中，大到一个部门、小到一个人的职责是什么，他们在不同场合、不同工作环境中应如何表现；人际关系、部门关系应如何处理；员工、部门在对外服务与交流时应遵循哪些规范，这些行为规范的恰当含义是什么，在具体执行时应如何把握“度”的合理性，以及他们必须履行的责任的含义和尺度。

BI的实施还需要经过相当阶段的训练，它将构成员工岗位培训的一部分。培训必须有计划地进行。计划内容包括：

(1) 说明BI的意义与行为识别规范的必要性。

(2) 确定导入CI整体工程中BI规范的具体目标。

(3) 选择、制定最佳的培训方案。

(4) 合理评估BI规范培训的成绩。

行为识别规范培训不仅要有计划，还要讲究方式方法，否则不但达不到预期的效果，还会造成员工的抵触情绪。可选择的培训方法有讨论与座谈、演讲与模范报告、实地观察与示范演练、纠偏以及重复性演习与比赛。培训的目的在于使广大员工自觉地接受这套行为识别系统的规范，将它不折不扣地贯彻在日常行为之中。

四、企业视觉识别(VI)

(一) 企业视觉识别内涵

企业视觉识别是企业形象的静态表现，是一种具体化、直观化的企业形象的表达方式。它是以视觉传播为感染媒体，将企业文化、企业规范等抽象语意，转换为具体符号，转化为具体可见的识别系统，进而达到广泛传播的目的。在企业识别系统的三因素中，可以说视觉识别系统的影响面最大。一个良好的视觉识别设计需要将企业精神、企业特色和风格充分表达出来，使社会公众很容易掌握其内涵，继而识别、认知、接纳企业。

企业视觉识别系统的基本内容包括两大部分：基本要素和应用要素。基本要素又包括企业名称、标志、标准字、造型等；应用要素包括办公事务用品、产品包装、广告、建筑、环境等。视觉识别要素是综合反映企业整体特色的重要载体，是企业形象外传的符号化的表现形式。

在当今信息爆炸的时代，人的大脑对于外部世界的反映显得力不从心。在这种情况下，企业所做的不仅是“善其身心”，还要珍惜与每一位消费者每一次“目光捕捉”的机会。企业视觉识别往往决定了企业与消费者的“第一印象”。

（二）企业视觉识别的作用

心理学研究表明，一个人在接受外界信息时，视觉接受的信息占全部信息量的83%，11%的信息来自听觉，可见，在企业的CI战略中，VI系统具有相当重要的地位和作用，它是表达企业文化、企业理念的重要载体，是企业个性的重要体现。

一个优秀的企业视觉识别设计的作用表现在：

(1) 在明显地将企业与其他企业区分开来的同时又确立企业明显的行业特征或其他重要特征，确保该企业在经济活动中的独立性和不可替代性；明确该企业的市场定位。

(2) 传达该企业的经营理念和企业文化，以形象的视觉形式宣传企业。

(3) 以自己特有的视觉符号系统吸引公众的注意力并产生记忆，使消费者对该企业所提供的产品或服务产生最高的品牌忠诚度。

(4) 提高该企业员工对企业的认同感，提高企业士气。

（三）企业视觉识别的设计原则

1. 以MI为中心的原则

视觉形象中的标志设计要素与一般商标有着本质上的不同。最重要的区别在于VI的设计传达着企业文化、企业理念和企业精神，而脱离了企业文化、企业理念的符号只能称作普通的商标。优秀的视觉形象设计无不是在表达理念方面取得成功的。视觉设计是企业个性的重要体现，以此为基础的标志设计才拥有持久的生命力。

2. 目标原则

所谓目标原则，是指VI的设计必须根据对企业的剖析，以追求不同时期的外部形象目标为原则。一个企业在创业伊始,需要有一个强有力的新形象来冲击消费者的视觉;发展形象即企业进入全面上升阶段的整体形象,一个发展中的企业需要有一个蓬勃向上、充满生机的稳定形象来提高自身的知名度,扩大自身的形象影响力;竞争形象即企业达到稳定时的整体形象,一个稳定、成熟的企业需要有一个富有号召力、感染力、竞争力的鲜明形象来强化企业的竞争力度,稳定本企业已拥有的消费群。

3. 现实性原则

这是指视觉形象设计过程必须基于对企业和行业的确切了解,不能夸大成绩、掩盖不足,也不可脱离企业和行业现状而空谈理想化设计。

4. 习惯性原则

不同的文化区域由于社会制度、民族文化、宗教信仰、风俗习惯的不同,因而有不同的图案及色彩禁忌。各国都有专门的商标管理机构和条例,对牌号、形象有不同的解释。在设计标志、商标时应特别留心,尤其在产品出口到某一国家、地区时。

5. 人性化原则

现代工业设计,需要以充满人性的作品来使消费者接受,使人感到被关心,产生亲切感。理解人、关心人、尊重人就是人性化原则的体现。

6. 民族化原则

由于各国家、民族的思维模式不同,在美感、素材、语言沟通上存在差异,所以应考虑带有民族特色的设计才能被他人所认同。

7. 普适性原则

在 VI 标志设计中应具有清晰的可读性及辨识性,具有竞争优越性,具有国际性,具有系统展开所获得的相乘累积效果,具有相关产品能顺利推广的适应性符号和语言,从而达到管理效率化、成本最低化。

8. 3E 条件原则

这是指在 VI 设计中应具备工程学、经济学、美学三个学科方面的知识及工作开发与作业能力。

9. 法律原则

视觉识别符号渗透于商业活动的始终,所以视觉识别符号必须符合商业规则,遵守商业和知识产权的有关法律,这就是法律原则。

(四) 企业视觉识别的设计

所谓企业视觉识别的设计是指在企业理念的指导下,利用平面设计等手段将企业的内在气质和市场定位视觉化、形象化的结果,是企业作为独立法人的社会存在与其周围的经营及生存的经济环境和社会环境相互区别、联系和沟通的最直接和常用的信息平台。

在品牌营销的今天，没有 VI 设计对于一个现代企业来说，就意味着它的形象将淹没于商海之中，就意味着它是一个缺少灵魂的赚钱机器，就意味着它的产品与服务毫无个性，消费者对它毫无眷念，就意味着团队的涣散和低落的士气。企业视觉识别系统的基本要素包括以下几个方面：

1. 企业名称

企业的名称是企业外观形象的重要组成部分。因为企业名称是人们经常要记忆且能给人突出印象的一种符号密码，是视觉识别时首要应考虑的问题。

企业命名要有利于差别化战略的演进，避免同其他企业混淆。一个出众独特、与众不同的企业名称，自然会给公众留下深刻的印象。据相关调查显示，企业名称的文字越简短越占优势，如果文意相同，则笔画越少越方便，如长虹、海尔、联想等都较简洁。

具有高度概括力和较强吸引力的企业名称，对大众的视觉刺激和心理等方面都会产生重要影响。一个设计独特、易读易记、朗朗上口并富有艺术和形象性的企业名称，一定能迅速抓住大众的视觉，让人过目不忘，并能诱发浓厚的兴趣和丰富的想象。

2. 企业标志

企业标志是通过造型简单、意义明确的统一标准的视觉符号，将经营理念、企业文化、经营内容、企业规模、产品特性等要素传递给社会公众，使公众识别和认同企业的图案和文字。

企业标志是视觉形象的核心，是构成企业形象的基本特征，体现企业的内在要素。企业标志不仅是调动所有视觉因素的主导力量，也是整合所有视觉要素的中心，更是社会大众认同企业品牌的代表。因此，企业标志设计在整个视觉识别系统设计中具有重要的意义。

企业标志设计不仅仅是一个图案设计，而是要创造出一个具有商业价值的符号，并兼有艺术欣赏价值。标志图案是企业形象化的艺术概括。设计师需要以自己的审美方式，用生动、具体的感性形象去描述它、表现它，促使标志主题思想深化，从而达到准确传递企业形象信息的目的。

3. 标准字设计

标准字是指企业名称或品牌名称经过特殊设计而确定下来的规范化表达方式，是企业识别系统中的基本视觉要素之一。标准字的设计要能够表达企业文化的丰富内涵，具有企业自身特色，能够将企业的规模、性质、经营理念，通过特定的字体组合在各种媒体上进行传播以达到被社会公众识别、接受的目的。

标准字的设计要遵循以下基本原则：第一，要容易辨认；第二，要有艺术性；第三,要讲究协调性;第四,标准字造型要与标志造型相融合;第五,标准字设计应该与企业的形象战略相符合。

4. 标准色设计

企业标准色是企业选定的代表企业形象的色彩。标准色实际上是一种或多种颜色的搭配,与企业标志和标准字组合在一起使用。标准色广泛运用于企业的广告、包装、服饰等。标准色的应用原理来源于心理学。心理学家调查研究发现,不同色彩对人的感觉、注意力、思维会产生不同的影响,如橙色能使人血液循环加快,代表了活泼、渴望等感觉,而红色则是热烈、喜悦、兴奋和残暴的象征。

企业的色彩不仅影响着视觉识别的传播,也影响着人们的社会心理认同。企业标准色设计须考虑三个主要因素:企业形象、经营战略、成本与技术。

【补充阅读】

著名企业的企业文化

许多成功的企业,之所以在市场经济的海洋中乘风破浪,得益于他们高明的企业文化。

(1) 日本松下公司靠大量生产的"自来水哲学"和仿制为主的"后发制人"策略,长期保持优质低价,成为家电行业的"超级大国"。

(2) 日本太阳组织集团奉行"大则死,小则活"的哲学,用"见缝就扎根"的蒲公英精神和化整为零的灵活经营方式,不断壮大。

(3) 世界最大的快餐企业——美国麦当劳快餐公司,在全世界拥有 11000 多家连锁店。其共同的经营原则是"保证质量、讲究卫生、服务周到、公平交易";共同的价值观是"质量、服务、清洁、实惠"。

(4) 中国海尔的企业文化。海尔的精神:敬业报国,追求卓越。海尔的作风:迅速反应,马上行动。用人理念:人人是人才,赛马不相马。质量理念:优秀的产品是优秀的人干出来的。营销理念:先卖信誉,后卖产品。市场理念:只有淡季思想,没有淡季市场。服务理念:用户永远是对的,真诚到永远。出口理念:先难后易。资本运营理念:东方亮了再亮西方。技术改造理念:先有市场再建工厂。职能服务理念:您的满意就是我们的工作标准。生存理念:永远战战兢兢,永远如履薄冰。

(5) 北京同仁堂集团有 320 多年的历史。它的成功,得益于中华民族优秀传统文化与现代文明的结合。同仁堂从创业开始,就以"济世""养生"为宗旨,遵循诚实敬业的药德,提出"修合无人见,存心有天知"的信条。

(资料来源:朱吉玉. 管理心理学[M]. 北京:北京大学出版社,2010.)

第四节　交叉企业文化与管理

一、交叉企业文化概述

交叉企业文化主要是研究针对来自不同国家、不同民族的人们在同一组织内工作时，所形成的组织管理问题。特别是当前经济全球化迅速发展，跨国公司越来越多，因而对交叉企业文化心理的研究，就成为管理学的一个新课题。

在对企业进行跨国管理时，其管理方法与技术、决策方式、控制程序已基本趋同，而更有弹性和差异最大的则是企业文化因素。不同的文化背景在很大程度上决定了不同的价值观念、工作态度与工作行为。因而，跨国企业的管理者不仅要解决组织结构、资金投向、投资收益等问题，更重要的是解决由于交叉文化因素而产生的各种新问题。

管理学的交叉文化组织心理研究侧重于从文化价值观角度，提出交叉文化组织心理模型，制定更为有效的组织结构和管理制度，在不同的文化环境下有效地开发和利用人力资源，并运用各种可能的手段和方法，激励、引导和约束各类相关因素，促进企业文化的协调和融合。

二、交叉企业文化心理与管理

（一）跨国公司的文化趋同和文化差异

“我愿替全球买杯可乐……”这样一句广告词，传达了这样一种观点：世界文化的全球性。全球文化有着相同的地方，许多理论也为各国人民所认同，但是完全趋同永远是不可能的。

任何一个公司用一种文化、用同样的方法来进行跨国经营的管理，必然会失败。因为不同国家的人有着不同的习惯。由文化差异而产生的对人及对经营管理上的问题，常常会使跨国公司的动作失灵。一个管理者在进行国际合作时，必须对文化差异造成的影响有较深刻的认识。文化差异很容易导致合作策略的冲突。

(二) 跨国经营中的人事问题

1. 跨国经营管理者

不同国家的人有着完全不同的背景、文化和宗教信仰,而且生活在各种社会政治、经济制度下,管理人员必须考虑所有这些因素,因为这些因素可能对其工作产生相当明显的影响。

一位成功的国际化经理应具备以下特点:了解所在国尤其是有古老文化的国家的历史,理解不同国家的基本经济和社会观念,了解和使用其语言,尊重不同的生活哲学和道德观念,等等。

2. 员工管理策略

跨国公司在员工招聘方面,常依据成本效益原则,尽量雇用当地人,使其“本土化”。但是只注意成本,可能会导致所聘员工的工作不能令人满意,其工作失败的代价远远高于选择的成本。

为外籍员工与本国人设计整个报酬方案是尤为棘手的事情。有的公司用一种单一的政策适用于所有员工,也有相当多的公司依据员工情况制定标准。当考虑全世界员工的报酬水平时会出现如下问题:在与其他国家的公司联合的情况下,是否应该使双方的报酬系统综合成统一的系统?是按当地市场的水准来调整报酬率,还是与合伙人本国内的类似工作相联系?通常每一个联合的组织是不同的,但其合作双方在主要目标上至少是一致的。

(三) 跨国营销中的文化问题

另一个反映文化差异的管理问题则是营销领域。1994 年世界杯足球赛生动地证明了忽视文化敏感性的后果。当时,麦当劳和可口可乐公司均犯了个大错误。他们将沙特阿拉伯国旗图案印在用于促销的可抛弃的包装纸上,而此旗帜的图案上印有古兰经中的箴言。全世界的穆斯林,除了在为沙特队入围世界杯欢庆的时刻以外,都一致抗议这种亵渎圣物的行为。于是两家公司都面临着严峻的形势。

一些大公司已成功地树立起全球统一的形象,但即使是像可口可乐这样的公司也必须允许在各种文化的表达形式上作一些细微的修正。可口可乐的商业化策略多数是标准化的,然而各地代理商被授权可改动手法,使之更突出,更贴近当地的生活。

【伴随案例】

向中国人卖钢琴

20 世纪初,英国占领中国香港后,一钢琴商人想到中国销售钢琴。他想,中国有 4 亿多人口,几乎是整个欧洲人口的总和,喜不自禁。就盘算着:每一万人拥有一台钢琴，就需要四万台，这可是个大市场。他便先运来200台，在中国香港、广州等地试销。可是，一年过去了，销售却寥寥无几。显然，这是他不了解中国的传统文化所致。

【分析提示】 了解不同国家的民族文化，有助于公关的顺利进行。

【补充阅读】

中、美、德、日的行为差异与文化差异如表10.1所示。

表10.1 中、美、德、日的行为差异与文化差异

行为差异	中国文化	美国文化	德国文化	日本文化
价值观念	注重精神、思想，认为义重于利	注重物质，强调金钱就是一切	精神与物质并重	精神与物质并重
思维方式	注重整体观念，以团队意识为主，时间观念较差	强调个人利益，具有较强的自我意识，时间观念较强	具有自我意识，时间观念较强，善于理性分析	团队意识和时间观念较强
工作方式	因人设事，行中庸之道，避免竞争，法律意识弱	选人做事，自由竞争，法律意识极强	选人、因人做事，竞争有限，法律意识强	因人设事，团队内部和谐，团队之间竞争激烈，法律意识强
人际关系	关系具有强制性，关系圈子选择性较小	关系无强制性，关系圈子选择性大	关系无强制性，关系圈子选择性大	关系具有强制性，关系圈子无选择性

复习思考题

1. 简述企业文化的含义及构成。
2. 企业文化的功能有哪些？
3. 企业文化建设的内容和途径有哪些？
4. 简述企业形象识别系统的含义及其构成。
5. 举一实例分析企业形象识别的主要内容。
6. 什么是交叉文化？研究它有何意义？

案例分析

摩托罗拉注重文化理念的培养

作为美国电子、电气设备行业的领头羊，摩托罗拉1999年的营业收入达到

309.31亿美元,利润额为8.17亿美元,在全球拥有12100名员工。由于摩托罗拉(中国)的出色业绩,公司被评选为中国最受欢迎的外资企业。作为一家跨国的大企业,摩托罗拉非常重视企业理念和文化氛围的培养。摩托罗拉的企业理念是:

(1) 尊重不渝,每位职员不会因家庭背景、学历或种族不同而受到任何歧视,只要为公司发展做出贡献,就会受到重视,得到发展机会。

(2) 肯定个人尊严,正式员工每年都要做一个"个人发展计划",表明自己要实现的业务目标、实现方式和预料困难等具体情况,要及时和自己的主管谈话沟通,进行调整,以保证在年末做出满意的工作总结。

摩托罗拉在中国提倡的文化氛围是:

(1) 为职业女性"打碎玻璃天花板",在公司内部用三到五年时间提高女性比例。

(2) 正直不渝,主要是对员工品质提出要求,在与员工、老板及供应商在内的交往中,必须遵守国家法律和公司规定。

对于进入摩托罗拉的新员工,摩托罗拉提倡:

(1) 要有一种工作精神,工作态度要勤奋好学,注重团队合作,并且要使自己顺应公司的文化。

(2) 注重不同员工之间的合作沟通,让团队包含不同的元素,这非常有助于激发团队的创造力。

(3) 那些想开公司做老板的人,可能不适合在摩托罗拉工作。

(案例来源:中国资源网)

问题:

1. 摩托罗拉的文化理念是什么?
2. 摩托罗拉企业文化中最值得我们借鉴的是什么?
3. 结合案例谈谈企业如何确立正确的文化理念。

实践训练

选择本地区一家著名企业,了解并分析其企业文化的特点和表现。

实训要求:

1. 分组:将全班大致分为四组;

2. 收集材料:每组通过网络、报纸等各种渠道收集与该企业企业文化有关的资料;

3. 分组发言:了解该企业企业文化的表现,分析其企业文化的特点,评价其企业文化的得失,并提出自己的建议。

参 考 文 献

[1] 王利,许国银,黄颖. 现代企业物流管理[M]. 北京:机械工业出版社,2007.
[2] 刘华. 现代物流管理与实务[M]. 北京:清华大学出版社,2004.
[3] 马红光. 企业管理[M]. 北京:科学出版社,2005.
[4] 尤利群. 现代管理学[M]. 杭州:浙江大学出版社,2003.
[5] 杜玉梅,周颖. 企业管理[M]. 上海:上海财经大学出版社,2003.
[6] 霍红,李楠. 现代物流管理[M]. 北京:对外经济贸易大学出版社,2007.
[7] 单凤儒. 管理学基础[M]. 北京:高等教育出版社,2004.
[8] 徐光华,蔡丽艳. 管理学原理与应用[M]. 北京:清华大学出版社,北京交通大学出版社,2004.
[9] 林光. 企业生产动作管理[M]. 北京:清华大学出版社.
[10] 余凯成,程支文,陈维政. 人力资源管理[M]. 大连:大连理工大学出版社,2001.
[11] 方光罗. 企业文化概论[M]. 大连:东北财经大学出版社,2002.
[12] 方光罗,朱吉玉. 消费心理学基础[M]. 北京:中国财经出版社,2005.
[13] 郑承志,骆泽敬. 管理学基础[M]. 合肥:中国科学技术大学出版社,2008.
[14] 方光罗. 市场营销学[M]. 大连:东北财经大学出版社,2007.
[15] 王瑶. 市场营销基础实训与指导[M]. 北京:中国经济出版社,2009.
[16] 李宏宇,金安. 市场营销管理:教程和案例[M]. 北京:经济科学出版社,2009.
[17] 耿锡润. 营销管理学[M]. 北京:中国金融出版社,2007.
[18] 居长志. 市场营销实务[M]. 北京:中国经济出版社,2008.
[19] 李光明. 市场营销学[M]. 北京:清华大学出版社,2007.
[20] 齐严. 营销管理[M]. 北京:中国发展出版社,2007.
[21] 吴涛. 市场营销管理[M]. 北京:中国发展出版社,2005.
[22] 段从清. 企业战略管理[M]. 北京:人民出版社,2006.
[23] 赵有生. 企业战略管理[M]. 北京:经济科学出版社,2008.
[24] 希尔. 战略管理[M]. 北京:中国市场出版社,2007.
[25] 杨文士. 管理学原理[M]. 北京:中国财政经济出版社,1999.
[26] 刘文华. 工商企业经营与管理[M]. 北京:对外经济贸易大学出版社,2006.
[27] 陈文安. 企业战略管理[M]. 北京:经济科学出版社,2008.
[28] 周三多. 管理学[M]. 北京:高等教育出版社,2003.
[29] 徐晓鹰. 现代企业管理[M]. 北京:中国商业出版社,2000.

[30] 张仁侠.现代工商企业管理[M].北京:首都经济贸易大学出版社,2003.
[31] 黄渝祥.企业管理概论[M].北京:高等教育出版社,2006.
[32] 夏昌祥.现代企业管理[M].重庆:重庆大学出版社,2004.
[33] 吴照云.管理学[M].北京:经济管理出版社,2006.
[34] 江博宇.经典管理寓言[M].哈尔滨:黑龙江出版社,2005.
[35] 舒咏平.实用策划学[M].北京:中国商业出版社,1996.
[36] 方正松.企业管理基础[M].北京:中国财政经济出版社,2006.
[37] 黄梯云.管理信息系统[M].修订版.北京:高等教育出版社,2000.
[38] 杨善林.企业管理学[M].北京:高等教育出版社,2004.
[39] 杨善林.信息管理学[M].北京:高等教育出版社,2003.
[40] 费志敏.企业管理基础[M].北京:中国计量出版社,2002.
[41] 刘耀.企业管理决策支持系统的理论与应用[M].北京:中国经济出版社,2001.
[42] 冯仁德.现代企业决策支持系统[M].成都:西南财经大学出版社,2003.
[43] 常晋义.管理信息系统:原理、方法与应用[M].北京:高等教育出版社,2005.
[44] 黎志成.企业管理专家模拟系统[M].武汉:华中理工大学出版社,1991.
[45] 尹朝庆.人工智能与专家系统[M].北京:中国水利水电出版社,2002.
[46] 鲁若愚.企业技术管理[M].北京:高等教育出版社,2006.
[47] 蔡荣先,冯鑫永.企业管理[M].北京:北京理工大学出版社,2006.
[48] 叶京生.技术引进实务[M].上海:上海交通大学出版社,1996.
[49] 景巍.工业企业管理知识:谈技术引进[M].天津:天津人民出版社,1980.
[50] 储雪林.技术管理概论[M].合肥:中国科学技术大学出版社,1997.
[51] 孙一民.创新制胜:现代企业技术创新[M].太原:山西经济出版社,1998.
[52] 薛昭莹.技术引进管理[M].广州:广东高等教育出版社,1989.
[53] 刘晓欢.现代企业管理[M].2版.上海:华中科技大学出版社,2004.
[54] 熊银解.现代企业管理[M].武汉:武汉理工大学出版社,2006.
[55] 李海波.财务管理[M].上海:立信会计出版社,1999.
[56] 财政部注册会计师考试委员会办公室.财务成本管理[M].大连:东北财经大学出版社,2000.
[57] 王庆成.财务管理[M].北京:中国财政经济出版社,1997.
[58] 许艳芳,王庆成,戴君棉.财务管理教程及学习指导[M].北京:高等教育出版社,2002.
[59] 李自如.现代企业管理学[M].长沙:中南大学出版社,2002.
[60] 李严峰,张丽娟.现代物流管理[M].大连:东北财经大学出版社,2009.
[61] 梁金萍.现代物流学[M].大连:东北财经大学出版社,2008.
[62] 张亚,郑予婕.现代企业管理[M].北京:科学出版社,2006.
[63] 汤谷良,王斌.企业财务学[M].北京:中国商业出版社,1997.